**2050
한국 교회
다시
일어선다**

2050 한국 교회 다시 일어선다

© 생명의말씀사 2023

2023년 9월 25일 1판 1쇄 발행
2023년 11월 15일   2쇄 발행

펴낸이 | 김창영
펴낸곳 | 생명의말씀사

등록 | 1962. 1. 10. No.300-1962-1
주소 | 서울시 종로구 경희궁1길 6 (03176)
전화 | 02)738-6555(본사) · 02)3159-7979(영업)
팩스 | 02)739-3824(본사) · 080-022-8585(영업)

지은이 | 최윤식, 미래목회전략연구소

기획편집 | 서정희, 장주연
디자인 | 김혜진
인쇄 | 영진문원
제본 | 보경문화사

ISBN 978-89-04-16848-4 (03230)

저작권자의 허락 없이 이 책의 일부 또는 전체를
무단 복제, 전재, 발췌하면 저작권법에 의해 처벌을 받습니다.

하나님이 마련해 두신
새로운 대부흥기를 위한
거룩한 전략

2050 한국 교회 다시 일어선다

최윤식
미래목회전략연구소 지음

생명의말씀사

CONTENTS

들어가는 말_ 두 번의 재부흥기 기회가 한국 교회 앞에 놓여 있다! | 6

PART. 1
2050 한국 교회 대전망

CHAPTER. 1
교회가 무너지면, 30년 후에 한국은 이단과 무신론자의 나라가 된다

| 이대로 가면, 2050년 한국은 이단과 무신론자의 나라가 된다 | 15
| 영국 스코틀랜드 교회, 22년 만에 반토막 났다 | 20
| 한국 기독교인 숫자의 실제 | 24
| 앞으로 30년, 한국 교회는 황폐화된다 | 34
| 2060년, 노인과 디지털 노마드 성도만 가득해진다 | 37
| 앞으로 30년, 한국 교회를 향한 사탄의 공격을 예측한다 | 41
| 예배의 타락이 우려된다 | 47
| 새로운 성도, 디지털 노마드의 탄생 | 51

CHAPTER. 2
헌금 기근의 시대가 온다

| 헌금이 줄었다 | 57
| 경제적으로 위태로운 교인들 | 60
| 헌금 기근 시대, 지금부터 시작이다 | 63
| 2050년, 헌금이 3분의 1로 준다 | 68
| 목회자 10명 중 9명, 은퇴 생활비 못 받는다 | 73
| 경고의 목소리, 듣지 않으면 망한다 | 75

PART. 2
하나님이 주실 두 번의 기회, 전략 목회로 대부흥기의 파도를 타라

CHAPTER. 3
앞으로 두 번의 대부흥이 온다

아직 희망이 있다 | 85
한국 교회에는 앞으로 두 번의 대부흥기 '기회'가 온다 | 89
소멸하는 교회, 재부흥하는 교회, 새롭게 탄생하는 교회 | 104
소멸하지 않으려면 '패배주의' 동굴에서 나오라 | 113
패배주의에서 벗어나야 하나님이 쓰신다 | 117
하나님이 일하시는 방법을 다시 기억해 내자 | 120
위기는 기도의 본능을 깨운다 | 125
위기를 두려워 말라. 하나님은 위기 속에서 일하신다 | 129
하나님은 우리가 어떻게 일하기를 원하시는가? | 132
통일이 되면, 기독교인 2천만 명의 시대가 열린다 | 140

CHAPTER. 4
하나님께 칭찬받는 7가지 사역 전략으로 두 번의 대부흥기에 동참하라

사역 전략 1. 하나님의 칭찬을 사역 열매의 평가 기준으로 삼는다 | 149
사역 전략 2. 중요한 것을 먼저 한다 | 165
사역 전략 3. 작은 것에 충성한다 | 263
사역 전략 4. 할 수 있는 것을 한다 | 279
사역 전략 5. 시대 변화를 통찰하며 사역을 한다 | 282
사역 전략 6. 이미 정해진 위기를 빨리 대비한다 | 311
사역 전략 7. 천국을 소망하게 한다 | 322

나가는 말_ 무너진 한국 교회를 다시 세우는 유일한 길 | 324
주 | 332

들어가는 말

두 번의 재부흥기 기회가
한국 교회 앞에 놓여 있다!

1885년 4월 5일 부활주일 아침 미국 장로교와 감리교를 대표하는 헨리 아펜젤러(Henry G. Appenzeller)와 호레이스 언더우드(Horace G. Underwood) 선교사가 조선 제물포항에 첫발을 내딛고 복음 전파를 시작한 이후 138년이 지났다. 한국 교회는 138년 역사에 세 번의 대부흥기를 경험했다.

한국 교회 첫 번째 대부흥기는 '사도행전 부흥기'였고, '평양 대부흥'이 상징적 사건이었으며, 핵심 특징은 '열정적인 성경 읽기'였다.

한국 교회의 두 번째 대부흥기는 1950년 발발한 6·25전쟁을 전후로 일어났다. 제2차 대부흥기는 제1차 대부흥기를 통해 형성된 평양을 중심으로 한 북쪽 기독교인들의 강력한 신앙과 열정이 남북 분단과 6·25전쟁을 계기로 남쪽으로 전수된 것이 특징이다. 신유와 축사 등 성령 사역과 부흥회, 기도원 사역 등이 활발했고, 초교파적으로 시작된 민족 복음화 운동도 그 특징 중 하나다.

한국 교회의 세 번째 대부흥기는 1970년대 한국 경제 부흥기 시작과 6·25전쟁 이후 베이비부머 세대 등장으로 인한 인구 성장 수혜로 1990년대까지 만들어진 대부흥기였다. 제3의 대부흥기를 촉발시킨 결정적 사건은 빌리 그레이엄(Billy Graham) 전도 집회였다. 세 번째 대부흥기의 특징은 거대한 대중 집회를 연달아 개최하며 강렬하고 거대한 복음의 물결이 전국으로 펼쳐진 것이었다.

한국 교회는 세 번의 대부흥기마다 적게는 2-3배(제2, 3차 대부흥기), 많게는 10배 이상(제1차 대부흥기) 성도 수가 증가하는 폭발적 성장을 경험했다.

2023년 현재, 한국 교회는 쇠퇴기 가속화 단계에 접어들었다. 세 번의 대부흥기를 겪으며 한국 교회는 전 세계에서 가장 빠른 성장 속도를 기록하고, 다수의 한국 교회가 세계 30대 교회 안에 들었으며, 단일 교회 역사상 가장 큰 교회를 보유했다. 1990년대 한국 교회는 전 세계 기독교와 선교의 미래를 짊어질 나라로 평가받기까지 했다. 이런 한국 기독교는 2000-2010년 사이를 기점으로 총 교인 수 감소라는 대반전을 맞았다. 그리고 2020-2022년 '코로나19'라는 전염병 팬데믹 사태를 맞으며 양적 쇠퇴 가속화의 위기에 직면했다.

10년 전, 필자는 교회 성장이 멈춘 한국 교회를 향해 '다가오는 위기'를 예측하고 경고했다. 당시 한국 교회를 향한 부정적 평가가 안팎에서 흘러나오고, 일부 목회자의 성 윤리 문제, 돈에 대한 탐욕, 교회 권력의 다툼, 시대에 맞지도 않고 성경적이지도 않은 타 종교를 향한 현대판 십자군 전쟁의 문제, 타락한 중세 시대에나 있었던 교권의 절대화 문제 등이 터져 나왔다. 필자는 "한국 교회는 지금 존립 자체가 흔들릴 수 있는 엄청난 위기 속으로 빠져들고 있다"라고 평가했다. 하지만 지금이라도 '갱신'을 한다면 한국 교회는 위기를 극복할 잠재력이 충분하다고 역설했다. 그리고 앞으로 10년이 한국 교회에 매우 중요한 시간이라고 말했다.

10년이 지났다. 한국 교회는 갱신되었을까? 교회다움과 성도다움을 회복했을까? 본질로 되돌아갔을까? 이 질문에 대한 대답은 객관적 숫자가 말해 준다. 한국 기독교 최대의 양대 교단인 예장합동과 예장통합은 지난 10년 동안 연평균 1%씩 교인 수 감소가 일어났다. 양대 교단에서 매년 수만 명대 감소폭이다. 최근 2-3년에는 그 속도가 2-3배 빨라졌다. 코로나 19 기간, 한국에서 문 닫은 교회는 전체 교회의 15% 정도나 된다.

이 책을 통해 필자는 더 두려운 미래를 경고한다. 필자의 예측으로는, 만약 이대로 간다면… 2050년에는 한국 사회가 이단과 무신론자의 나라가 되는 최악의 미래를 맞을 수 있다. 2067년이 되면, 한국 기독교인 총인구수는 213만 7,764명(전체 인구의 7.09%, 가나안 성도 포함)까지 줄면서 이단(229만 8,011명)에 추월당하는 미래도 가능성으로 떠올랐다.

많은 목회자와 성도들이 미래학자인 필자에게 묻는다.

"한국 교회의 부흥기는 이대로 끝이 난 것입니까? 한국 교회에는 더 이상 희망이 없습니까?"

필자의 대답은 분명하다.

"아닙니다! 지금이라도 우리가 돌이키면, 하나님이 한국 교회를 위해 마련해 두신 최소 두 번의 새로운 부흥의 기회를 맞이할 수 있습니다."

필자의 예측으로는 앞으로 최소 두 번의 재부흥기 기회가 한국 교회 앞에 놓여 있다. 단, 전제가 있다. '지금이라도 돌이킨다면…'이다. 필자는 10년 전에 한국 교회의 골든타임 10년을 외쳤다. 10년의 시간을 잃어버리면 회복의 동력을 상실할 수 있다는 의미였다. 하지만 하나님의 시간에는 '늦음'이 없다. 하나님은 이스라엘이 나라를 잃고 포로로 끌려갔어도 회개하고 돌이키자 다시 회복시키시고 부흥하는 역사를 만드셨다. 이런 하나님의 방법과 기적은 교회 역사에도 적용된다. 지금이라도 우리 행위를 돌아보고 하나님께로 다시 돌아가면 된다. 그러면 마른 가지에서도 꽃을 피우시는 하나님의 능력이 한국 교회에 임하여 회복과 부흥의 역사를 만들어 낼 것이다.

"우리가 스스로 우리의 행위들을 조사하고 여호와께로 돌아가자"

(애 3:40).

필자가 예측하는 제5차 부흥기 기회는 '통일'이 계기가 될 것이다. 제4의 부흥기는 그전에 온다. 이 부흥기는 포로기(새로운 소망, 성벽 재건, 성전 건축 등)의 부흥과 같다. 통일을 준비시키는 부흥기와 같을 것이다. 앞으로 나타날 두 번의 대부흥기는 어떤 모습일까? 어떻게 해야 현실이 될 것인가? 하나님은 한국 교회에 또 다른 두 번의 대부흥기를 선물하시면서 어떤 계획과 뜻이 있으신 것일까? 한국 교회 최대 위기 한가운데서 이 책은 다가오는 최악의 위기를 경고하면서, 동시에 (우리가 돌이키기만 한다면…) 하나님이 주실 두 번의 새로운 대부흥의 기회를 예측하고 소망을 전하는 것이 목적이다.

더불어 필자는 이 책을 통해 앞으로 일어날 두 번의 대부흥기의 기회를 잡기 위해 어떤 지혜가 필요한지도 다루었다. 이제 목회자 한 사람의 '감'에 의해서 목회를 하는 시대는 지났다. 감이나 경험에서 '데이터'와 '전략'으로 목회하는 시대가 시작되었다. 이제부터는 전도도 전략이고, 선교와 사역도 빅데이터와 전략으로 해야 한다.

전략은 잔머리를 쓰는 얄팍한 행위가 아니다. '전략'의 사전적 의미는 '어떤 목표에 도달하기 위한 최적의 방법'이다. '전쟁을 전반적으로 이끌어 가는 방법이나 책략'이다. 목회자에게 전략은 새로운 시대에 하나님이 원하시는 목회 목표에 도달하기 위해 하나님이 개교회에 주신 목회적 역량을 어떻게 최적으로 사용할 것인가를 고민하고 기도하는 행위다. 목회를 전반적으로 이끌어 가는 방법이나 책략이다. 물론, 그 방법이나 책략은 세상의 지식이나 정보에서 나오는 것으로 그쳐서는 안 된다. 성경에서 나오고, 성령의 감동으로 세상 지식과 정보가 영적으로 조명(靈的 照明, illumination)되어 나와야 한다.

따라서 필자는 이 책의 전략을 세속적 전략이 아니라, '성경적 전략' 혹은 '거룩한 전략'이라고 부른다. 거룩한 전략이라는 것은 '성령을 통해 주시는 하나님의 감동과 지혜'라는 의미다. 성경적 전략이란 '성경에 기록된 하나님의 방법'이라는 뜻이다.

포로 귀환기 부흥기를 이끈 지도자 중 한 사람인 느헤미야를 생각해 보라. 느헤미야는 성벽 재건을 향한 끊임없는 방해 공작을 빈틈없는 전략과 치밀한 작전으로 맞서 물리쳤다. 당시 반란의 행동을 의미하는 성벽 재건을 위해 아닥사스다왕의 칙령을 받아 냈고(느 2:3-8), 성벽 건축 공사와 전쟁 무기 준비를 병행했으며(느 4:16-17), 전쟁이 일어날 경우 신속한 군사 집결을 위해 나팔 부는 자를 자기 곁에 늘 세워 두고 잘 때도 옷을 벗지 않고 병기를 손에 잡게 하는 등(느 4:18-23) 다양한 지혜를 발휘해서 임무를 완수했다. 이제 한국 교회도 제4, 제5의 대부흥기를 완수하려면 느헤미야와 같은 빈틈없는 전략과 치밀한 작전을 구사해야 한다.

이 책에서 필자는 2050-2070년 한국 교회의 미래 모습을 전망하기 위해 다양한 예측 모델을 만들어 시뮬레이션을 돌려서 최종 예측 시나리오를 도출했다. 이 책 곳곳에 필자의 작은 미래학적 지혜와 통찰력을 담으려 노력했다. 하지만 이 모든 지혜와 통찰력의 근원은 하나님이심을 고백한다. 하나님이 부족한 필자에게 놀라운 지혜와 통찰력을 주신 것은 이 책을 읽는 독자들 모두에게 하나님의 심정과 계획이 전달되게 하려 하심이다.

이 책이 나오기까지 많은 분이 수고해 주셨다. 자료를 수집하고 컴퓨터 시뮬레이션을 도와주는 등 힘든 수고를 아끼지 않으신 아시아미래인재연구소의 식구들에게 감사드린다. 특히 이 책에 실린 내용을 연구하는 데 참여하신 세 명의 공동 저자(김광근, 서경원, 윤찬일)에게 감사드린다. 이분들은 미래목회전략연구소의 공동 대표들로서, 이 책에 사용된 빅데이터 수집과 분석, 인공지능 모델 구축과 처리 및 예측을 맡아 주셨다.

늘 옆에서 든든한 지지자로 묵묵히 자리를 지키고 있는 아내와 네 명의 건강한 아들들에게도 감사를 전한다. 무엇보다도 필자가 목회자의 심정으로 한국 교회의 진정한 영성 회복과 새로운 미래 부흥을 위해 고민하도록 격려하고 기도해 주시는 부모님께 감사드린다. 마지막으로 이 책이 한국 교회 앞에 나올 수 있도록 애써 준 생명의말씀사에 깊은 감사를 드리며, 더불어 70주년을 넘어 100년 이상 한국 교회와 민족을 위해 쓰임 받는 출판사가 되기를 기도한다.

최윤식 박사
전문미래학자(Professional Futurist)
아시아미래인재연구소장

PART. 1
2050 한국 교회 대전망

10년이 지났다.
예측은 현실이 되었고,
한국 교회는 어두운 미래로 달려가고 있다.
가슴 아프다. 하지만 필자는 '더 큰 경고'를 하려고 한다.
"2050년, 한국 사회는 이단과 무신론자의 나라가 된다."

CHAPTER 1

교회가 무너지면, 30년 후에 한국은 이단과 무신론자의 나라가 된다

이대로 가면, 2050년 한국은 이단과 무신론자의 나라가 된다

2013년 필자는 『2020-2040 한국교회 미래지도』라는 저서에서 '벼랑 끝에 선 한국 교회'의 미래 모습을 예측했다. 잔치는 끝났고, 한국 교회는 쇠퇴기에 접어들었다고 예측했다. 앞으로 10년 동안 한국 교회가 뼈를 깎는 노력으로 갱신하지 않고 이대로 간다면, 2050-2060년경에는 한국 교회 성도 수가 300-400만 명대로 줄어들고, 주일학교는 30-40만 명대까지 급감할 것이라고 경고했다. 한국 교회 쇠퇴의 시작, 기독교인 감소 충격의 시작, 재정과 헌금 위기 시작, 선교의 붕괴 시작 등을 경고하는 예측을 했다.

2023년 현재, 필자가 경고했던 10년이 지났다. 필자의 예측은 가슴 아프게도 현실이 되었다. 미래학자가 위기를 예측하고 경고하는 것은 '그런 미래'가 오지 않도록 대비하자는 의미다. 필자의 예측과 경고에도 불구하고 한국 교회는 어두운 미래로 달려가고 있다. 가슴 아프다. 하지만 필자는 이 책을 통해 '더 큰 경고'를 하려고 한다. 많은 목회자가 앞으로 한국 사회에 가장 큰 세력으로 부상할 종교 세력을 '이슬람'으로 본다. 틀렸다. 한국 사회가 저출산 고령화 문제를 해결하기 위해 외국인 이민자를 늘릴수록 이슬람 신자의 증가는 '이미 정해진 미래'다. 하지만 한국 사회에서 이슬람교가 급격하게 성장하거나 한국이 이슬람 나라가 되는 일은 일어나지 않는다. 한국 교회가 두려워해야 할 미래는 다른 데 있다. 바로 이것이다.

"2050년경이면, 한국 사회는 이단과 무신론자의 나라가 된다."

필자의 예측으로는, 한국 내 이슬람의 성장은 생각보다 더디게 일어날 가능성이 높다. 한국 사회에서 외래 종교로서 토착화에 성공한 사례는 불교와 기독교가 전부다. 이슬람은 신생 종교가 아니다. 그 뿌리와 역사가 깊다. 기독교나 불교처럼 한반도와 접촉한 시점도 오래다. 이슬람도 중국을 비롯한 한반도와 일본에 이르기까지 오랫동안 포교 전략을 구사했지만, 삼국 중 어느 나라에서도 메이저 종교로 토착화에 성공하지 못했다.

한국과 일본에서 이슬람교가 크게 확산되지 못한 데는 여러 가지 복합적인 요인들이 관련되어 있다. 먼저, 지리적 요인이다. 한국과 일본은 이슬람의 발원지 중동과 거리가 멀다. 초기 이슬람 선교사들이 직접 이동하기가 어려웠다. 문화적 차이도 크다. 이슬람은 돼지고기나 술을 금지하는 등 한국, 중국, 일본의 전통적인 문화와 다소 충돌할 여지가 높은 독특한 종교적, 사회적, 문화적 규범과 가치를 갖고 있다. 이런 요인들은 현대에도 유지된다. 여기에 한국과 일본에 이미 터줏대감으로 깊이 자리 잡은 불교, 천주교, 기독교, 일본의 신도 등 기존 종교 체계 내에서 불리한 경쟁 구도에 있다. 마지막으로, 정치적 요인은 갈수록 큰 걸림돌이 된다. 인터넷과 글로벌 미디어 채널을 통해 일부 이슬람 국가에서 일어나는 정치적 불안, 테러리즘, 미국과의 불편한 관계 등이 실시간으로 공개된다. 이슬람에 대한 부정적인 인식 형성이 긍정적 이미지를 압도한다. 중국 공산당도 극단적 이슬람 세력과 손을 잡고 반체제 및 독립을 요구하는 소수민족들 때문에 이슬람에 긍정적 시선이 아니다.

필자의 예측으로는 앞으로 30년 이내에 한국, 중국, 일본에서 이슬람에 대한 이미지의 극적 변화가 일어날 가능성은 낮다. 단지, 이슬람 종교를 가진 외국인이 늘어나면서 국내 이슬람 신도의 숫자가 늘어날 뿐이다.

다시 강조한다. 한국 교회가 두려워해야 할 미래는 한국 사회가 이단과 무신론자의 나라가 되는 미래다. 2023년 4월 12일 갤럽이 발표한 "종교적 성향과 실재에 대한 인식" 자료에 따르면, 한국인은 세계 주요국 61개 국민들에 비해 종교적 성향이 옅은 것으로 나타났다. 한국인은 신의 존재, 사후 세계, 천국과 지옥의 존재에 대해서 다른 나라 평균 믿음 비율보다 절반 수준에 그친다. 갤럽 조사는 2022년 8월부터 10월까지 61개국 성인 5만 7,768명을 대상으로 전화·온라인·면접으로 진행됐다. 국내에서는 1,035명이 설문에 참여했으며, 표본 오차는 ±3.0%p(포인트)에, 신뢰 수준은 95%였다. 한국기독교목회자협의회(이하 한목협)가 실시한 설문조사에서도 무종교의 이유에 대해 종교인에 대한 불신과 실망(28.1%)보다 종교 자체에 관심이 없다(39.7%)는 비율이 더 높았다.[1]

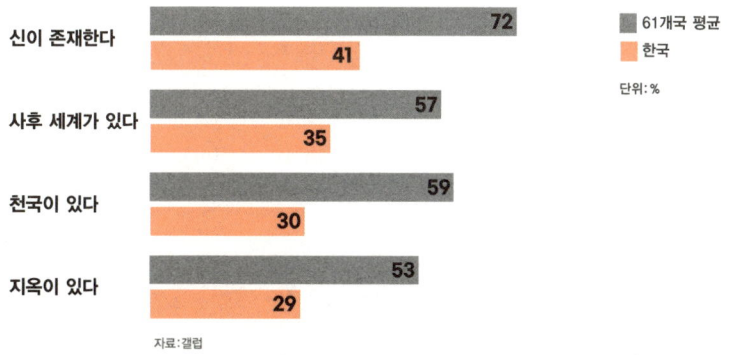

| 종교적 성향과 실재에 대한 인식 |

갤럽 조사에 따르면, 종교적 성향이 가장 높은 국가는 세네갈과 케냐(이상 아프리카)로 각각 97%를 기록했다. 꼴찌는 일본(15%)이고, 한국(36%)은 48위였다.[2] 2015년 통계청 자료를 분석하면, 한국 사회에서 기독교는 19.10%, 불교 15.04%, 천주교 7.68%, 기타 종교 3.89%, 무신론은 54.29%였다. 2015년 갤럽 조사에서는 한국 사회에서 무종교는 50%를 기록했지만, 2021년 갤럽 조사에서는 무종교가 61%까지 증가했다. 2023년 한목협의 조사에 따르면, 무종교 비율은 63.4%로 상승했다.

필자는 2050년, 한국 교회의 미래 모습을 전망하기 위해 예측 모델을 만들어 시뮬레이션을 돌려서 결과를 도출했다. 다음 도표를 보자. 필자는 2070년까지 한국 사회의 전체 인구 감소 비율을 반영하고, 그 위에 각 종교의 최근 5-10년 동안 연평균 감소율을 반영했다.

예를 들어, 최근 기독교는 연평균 1% 감소, 천주교는 2.8% 감소, 불교는 3.3% 감소했다. 반면, 이단은 연평균 1%씩 상승하는 추세다. 그리고 이단은 기독교 이단뿐만 아니라 광범위한 범위의 이단까지 포함했다. 단, 기독교 총인구 변화에서는 이단을 제외했지만, 가나안 성도는 포함했다. 그렇기 때문에 다음 도표에서 보여 주는 한국 기독교인의 숫자는 실제 출석보다 많다.

참고로 한목협의 발표에 따르면, 한국 기독교인 중에서 교회에 장기 출석하지 않는 가나안 성도 비율은 2013년 10.5%, 2017년 23.3%, 2023년에는 29.3%로 꾸준히 증가했다.[3]

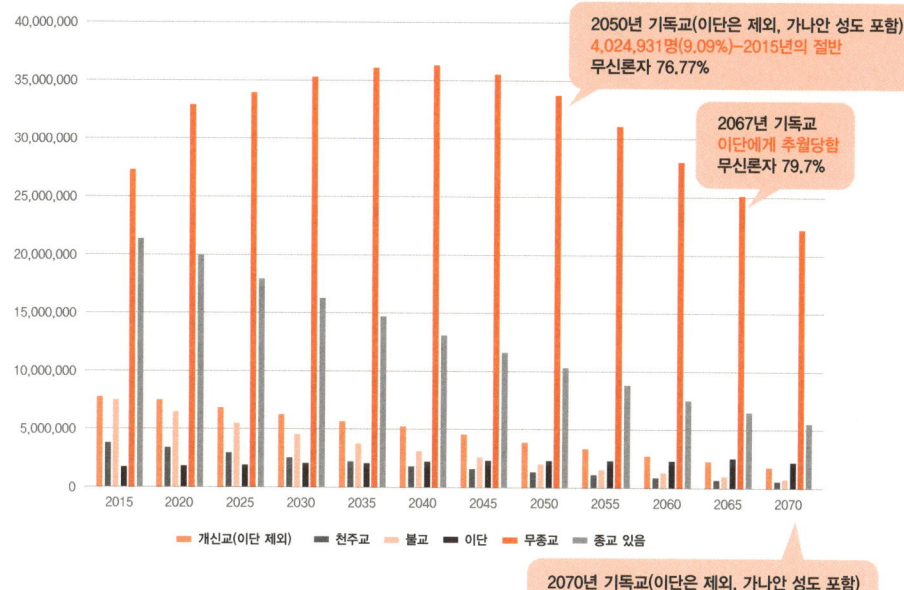

2050년이면, 한국 기독교(이단 제외)의 총인구는 402만 4,931명까지 감소한다. 2015년 대비 절반으로 줄어든 수치다. 전체 인구의 9.09%다. 만약 기독교 총인구에서 가나안 성도(2023년 29.3%를 그대로 반영하면 117만 9,032명)를 제외하면, 실제 출석 교인 수는 300만 명 선이 무너지면서 284만 5,899명으로 줄어든다. 한국 사회 전체 인구의 6.43%다. 반면, 2050년 한국 사회에서 무신론자는 76.77%에 달한다.

2067년이 되면, 한국 기독교인 총인구는 213만 7,764명(전체 인구의 7.09%, 가나안 성도 포함)으로 줄면서 이단(229만 8,011명)에 추월당한다. 같은 해, 무신론자 비율은 한국 사회 전체 인구의 79.7%에 달한다.

2070년이면, 한국 기독교인 총인구는 가나안 성도까지 포함해서 186만

1. 교회가 무너지면, 30년 후에 한국은 이단과 무신론자의 나라가 된다 | 19

5,535명(전체 인구의 6.67%)이다. 2050년 대비 다시 절반으로 줄어든 셈이다. 같은 해, 한국 사회에서 무신론자 비율은 80.14%로 역사상 최고치에 이른다.

영국 스코틀랜드 교회, 22년 만에 반토막 났다

2023년 6월 5일, 영국 스코틀랜드 교회 총회 관리위원회는 22년 만에 교인 수가 절반으로 줄어들었다는 자료를 발표했다. 충격적이다. 스코틀랜드 교회 총회 관리위원회의 발표 자료에 따르면, 2022년 교인 수는 27만 300명이었다. 전년(28만 3,600명) 대비 4.7% 감소다. 2000년 스코틀랜드 교회의 성도 수는 61만 명이었다. 22년 만에 절반 이상 감소했다. 2050년 한국 교회의 미래도 이렇게 되지 말라는 법이 없다. 한국 교회 기독교인 전체 숫자가 반토막이 나지는 않더라도, 최소한 중소 교단의 성도 수는 반토막이 날 가능성이 '매우 높다'고 예측된다.[4)]

영국 스코틀랜드 교회는 60년 넘도록 감소 추세를 멈추지 못하고 있다. 1950년대 스코틀랜드 교회의 성도 수는 130만 명이었다. 60년 동안 감소율은 80%다. 더욱 충격적인 사실이 있다. 현재 영국 스코틀랜드 교회에 남아 있는 성도들의 평균 연령은 62세다.

영국 성공회도 주일예배 평균 참석자 수가 1968년 160만 명에서 2012년 80만 명으로 줄었다. 44년 만에 반토막이 났다. 2019년에는 33만 명으로 줄었고, 코로나19 팬데믹인 2020년에는 약 14만 명까지 감소했다. 불과 52년 만에 91.25% 급감이다. 영국 성공회는 교구와 교회의 3분의 2가 농촌 지역에 기반해서 쇠퇴 속도가 가팔랐다. 2022년 영국 성공회 재무위원회는 앞으로 5년 안에 적게는 130여 개, 많게는 360여 개의 교회가 철거될 위험에 처했다고 전망하면서, 10년간 5조 7천억 원을 청년, 빈곤층 등 사회적 약자를 위한 '섬김 사역'과 시골 교회와 목회자 등을 지원하는 사역에 쏟아부어 '교회 살리기'를 실시할 것이라고 발표했다.[5] 눈물겨운 움직임이다.

이런 현상은 미국도 마찬가지다. 2022년 미국 기독교 연구 센터 라이프웨이리서치는 미국 최대 교단인 남침례회(SBC) 교인 숫자가 1,322만 명으로 전년도(1,368만 명)보다 3% 줄었다고 발표했다. 남침례회는 2006년 1,630만 명으로 정점을 찍은 후 17년째 계속 감소 중이다. 지난 17년 동안 대략 20% 감소율이다. 최근에는 매년 3%씩 줄어들면서 감소 추세에 가속도가 붙고 있다.

다음 그래프를 보자. 필자가 10년 전 『2020-2040 한국교회 미래지도』에서 분석 및 예측한 자료다. 3개의 선 중에서 맨 위(검은색)는 평균 수명 연장 덕택에 한국 교회 기독교 총인구 감소 시작이 2025년 이후로 미뤄진 것을 보여 준다. 하지만 이 수치는 통계청의 인구센서스 조사에서 "자신의 종교가 무엇이냐?"는 질문에 "기독교"라고 응답한 수치다. 이 수치에는 기독교 이단, 가나안 성도가 모두 포함되었다. 그래서 한국 교회에 실제로 출석하는 비율과 수치가 아니다.

10년 전, 필자는 두 번째인 곡선 경로 가능성도 제시했다. '최악의 시나리오'였다. 당시, 한국 교회 출석 성도의 감소가 시작되고 있었다. 필자는 앞으로 한국 교회가 변화를 거부한다면 일어날 최악의 상황을 예측했다. 10년이 지난 지금, 다양한 통계 자료를 분석하면 한국 교회의 양적 변화는 '최악의 시나리오' 경로를 따라가고 있다. 이런 추세를 바꾸지 못하면, 한국 교회도 영국 스코틀랜드 교회처럼 될 가능성이 매우 높다.

필자는 한국 교회의 총인구수 감소가 시작된 시점을 2000-2010년 사이로 분석한다. 예를 들어, 예장고신은 2006년에 교인 수가 정점에 이르렀다. 기장은 2007년, 예장합신은 2009년, 기성은 2011년, 감리회는 2009년, 예장통합은 2010년, 예장합동은 2012년이 각각 교인 수 정점이었다.[6] 기타 중소 교단은 2000년대 초반에 교인 수 정점을 기록했을 것으로 추정한다. 필자의 예측으로는, 한국 교회의 총인구 감소가 시작된 2000-2010년 사이부터 60년이 지난 2060-2070년경이면 최소한 대부분의 중소 교단은 성도 수가 80%까지 감소하는 비극이 벌어질 가능성이 높다. 최악의 경우, 한국 교회 총 교인 수가 70-80% 감소하는 비극도 벌어질 수 있다. 그럴 경우, 다음 그래프에서 제시한 최악의 시나리오보다 더 최악의 상황이다. 필자는 이 시나리오를 '완전 붕괴 시나리오'라고 부른다.

| 2013년(『2020-2040 한국교회 미래지도』) 예측한 한국 기독교인 총인구 변화 |

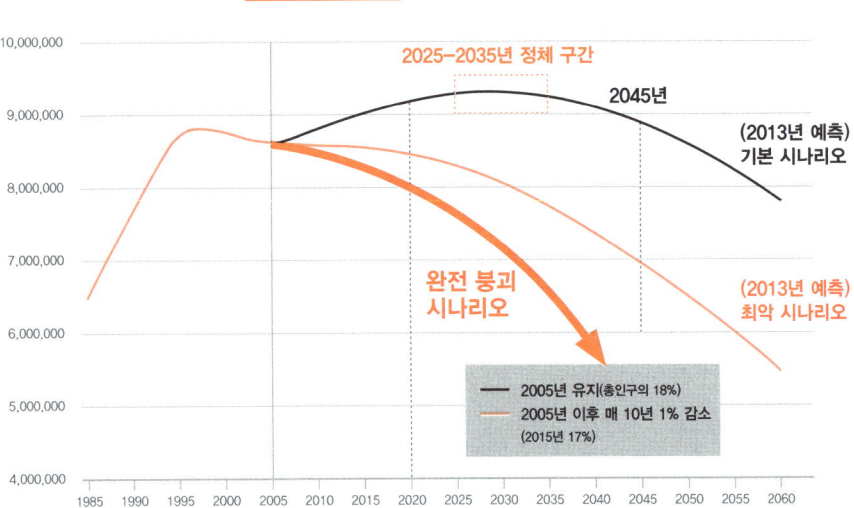

문득 필자의 머릿속에 코로나19 팬데믹 발생 전에 읽었던 기사 하나가 생각났다. 2018년 12월 12일 국민일보에 실린 기사다. 미국 캘리포니아주 샌프란시스코 지역의 소외 이웃을 보살피는 예수전도단(YWAM) 소속 홍성준 선교사의 기사였다. 그는 국민일보와 인터뷰에서 기자에게 이런 질문을 던졌다.

"혹시 샌프란시스코의 복음화율이 얼마나 되는지 아십니까?"

홍 선교사는 "예수전도단은 샌프란시스코의 복음화율을 2%로 보고 있습니다"라고 말했다. 더욱 충격적인 것은 복음화율 2%도 천주교 신자를 포함한 수치라고 했다.[7] 필자의 눈에는 2050년 이후 한국 사회에서도 이런 지역이 속출할 것이 보이는 듯해 두렵다.

2050년, 한국 사회가 이단과 무신론자의 나라가 되는 미래는 무엇을 의미할까? 한국 교회 절반 이상이 사라지고 300만 이하로 붕괴된다는 말이다. 최악의 경우, 이단의 숫자가 기독교인 실제 출석 숫자보다 더 많을 수도 있다. 이 글을 읽는 독자 대부분은 2050년, 한국 사회에서 이단이 기독교 실제 출석 숫자보다 늘어나는 미래를 받아들일 수 없을 것이다. 필자도 마찬가지다. 그렇다고 그 수치가 기독교인이 늘어나는 것으로 전환되는 것이 아니다. 무신론자가 더 늘어나는 것뿐이다. 한국 사회가 이단과 무신론자의 나라가 되면, 기독교인의 신앙이 낮아지는 것을 넘어 와해되는 미래가 펼쳐질 것이다. 누가복음 18장 8절에서 예수님이 경고하신, "세상에서 믿음을 보겠느냐"라는 말씀이 현실이 될 것이다.

한국 기독교인 숫자의 실제

현재 한국 기독교인 중에서 교회에 실제로 출석하는 성도의 비율과 총 숫자는 얼마나 될까? 이에 대한 답을 얻어 내려면 몇 가지 자료들을 종합해서 추정하는 방식을 사용해야 한다. 예를 들어, 한국 사회에서 기독교인 비율과 총 숫자를 찾아내는 기준점을 만들어야 한다. 그다음으로는 기독교인이지만 교회에 출석하지 않는 가나안 성도의 비율과 총 숫자를 추정해 내야 한다. 마지막으로, 기독교인으로 분류된 사람들 중에서 기독교 이단에 속한 사람들을 추려 내야 한다.

한국 사회에서 기독교인 비율과 총 숫자는 얼마나 될까? 아쉽지만, 정확한 수치를 파악하기가 어렵다. 조사 기관에 따라 각기 다르기 때문이다. 2012년 KCM세계선교정보에서 발표한 자료에 따르면, 한국 기독교 총 교인 수는 1,200만 명이었다. 같은 해, 한국 총인구 4,963만 4,185명의 24.18%다. 갤럽의 조사에 따르면, 2004-2014년 기간에 한국 기독교는 21%를 유지하면서 정체기였다. 2012년 기준, KCM세계선교정보와 갤럽 두 기관의 편차는 무려 3.1%p 차이다. 2012년 한국 총인구 4,963만 4,185명 기준으로, 154만 명 차이다.

KCM세계선교정보가 발표한 수치를 세부적으로 살펴보면, 2012년 대한예수교장로회(합동) 최대치 교인 수는 193만 명, 대한예수교장로회(통합) 166만 명, 기독교대한감리회 104만 명, 기독교대한하나님의성회 118만 명, 기독교한국침례회 80만 명, 기독교복음교회 60만 명, 대한예수교장로회(개혁) 42만 명, 예수교대한성결교회 36만 명, 한국기독교장로회 28만 명, 대한예수교장로회(고신) 18만 명, 대한성공회 5만 명, 기타 교단(172개) 313만 명이었다.[8]

2015년 갤럽 조사에서는 한국 기독교는 21%, 천주교는 7%, 불교는 22%이고, 무종교는 50%를 기록했다. 2015년 정부가 실시한 인구센서스 조사에 따르면, 기독교인 비율은 19.10%이고 총 숫자는 967만 5,761명이었다. 갤럽과 정부 조사 둘 간의 편차는 2%p 차이다. 2015년 한국 총인구 5,099만 4,401명 기준으로 하면, 102만 명 차이가 난다.

2021년 갤럽 조사에서는 한국 기독교 17%, 천주교 6%, 불교 16%, 기타 종교 0.4%이고, 무종교는 61%를 기록했다. 같은 해 한국리서치 데이터 조사에서는 한국 기독교 20%, 천주교 11%, 불교 17%, 기타 종교 2%이고, 무종교는 50%를 기록했다. 갤럽과 한국리서치 데이터 두 기관의 편차도 3%p 차이로 크다. 2021년 한국 총인구 5,183만 139명 기준으로 하면, 156만 명 차이다. 2021년 한국리서치 데이터 조사는 2015년 정부 인구센서스 조사의 기독교인 비율보다도 1%p 높다.

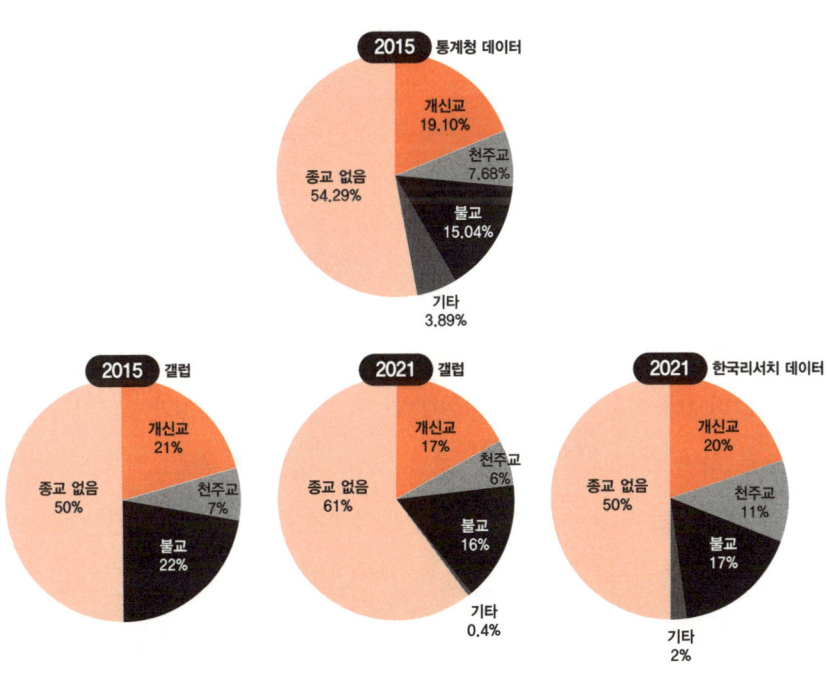

| 통계청과 리서치 비교 |

참고로, 다음 그래프는 갤럽이 1984-2021년에 조사한 한국 종교 비율 변화 추이다. 기독교는 17%(1984년), 19%(1989년), 20%(1997년), 21%(2004년), 21%(2014년), 17%(2021년)를 기록했다. 불교의 경우, 19%, 21%, 18%, 24%, 22%, 16%를 순차적으로 기록했다. 천주교는 6%, 7%, 7%, 7%, 7%, 6%를 기록했다. 무종교는 56%, 51%, 53%, 47%, 50%, 61%를 순차적으로 기록했다.[9]

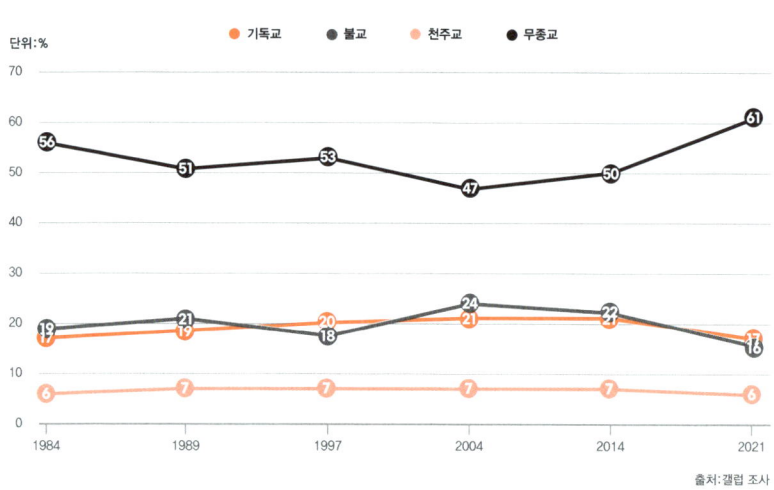

| 갤럽, 1984-2021년 한국 종교 비율 변화 추이 |

출처:갤럽 조사

2023년 한목협이 발표한 자료에 따르면, 2023년 한국 기독교인은 코로나19 팬데믹의 영향으로 15.0%로 감소했다. 숫자로 하면, 771만 명이다. 2017년보다 5.3%p 하락했다. 2023년 한국 총인구 5,178만 4,058명 기준으로 하면, 275만 명 감소다. 반면, 한국 사회에서 무종교인은 63.4%였다. 2017년보다 10%p 증가했다.[10] 한국 기독교인 비율과 총인구에 대한 조사들을 종합하면 다음과 같은 특징이 있다.

1) 기독교 내부에서 자체 조사한 자료가 가장 높은 비율과 수치를 기록했다.
2) 정부 인구센서스 조사 자료가 민간 리서치 회사(갤럽, 한국리서치 데이터 등)보다 낮은 비율과 수치를 기록했다.
3) 각 기관들의 조사 결과 편차는 2-3%p 차이고, 총 숫자로는 100-150만 명 차이가 난다.
4) 민간 리서치 회사인 갤럽과 한국리서치 데이터의 조사 결과는 갤럽이 좀 더 낮은 수치를 기록했다.
5) 2021-2023년 갤럽의 조사 결과(2015년 대비 4%p 급감)와 한국리서치 데이터의 조사 결과(2017년 대비 5.3%p 급감)는 코로나19가 반영된 응답이 있을 것으로 추정한다. 그래서 해당 조사 결과는 2025년 정부가 실시할 예정인 인구센서스 조사까지 확인한 후에 유의미성을 최종 확정해야 한다.
6) 2015년 정부 인구센서스 조사에서 기독교인 비율은 19.10%, 갤럽의 조사 결과는 21%, 한국리서치 데이터(2017년 기준) 조사 결과는 20.3%를 기록했다. 종합하면, 2015년 무렵 한국 기독교인 비율은 19.10-21% 사이에 있을 것으로 추정된다. 2015년 한국 총인구 5,099만 4,401명 기준으로 하면, 기독교인 숫자는 967만 5,761명-1,070만 8,824명 사이다. 단, 이 비율과 수치에는 이단과 가나안 성도가 포함된다.
7) 이 책에서 한국 교회의 정량적 미래를 예측할 때 기준으로 사용한 기본 자료는 2015년 정부 통계청 조사 결과임을 밝혀 둔다.

한국 기독교인 중에서 교회에 나가지 않는 가나안 성도는 얼마나 될까? 2023년 한목협은 가나안 성도를 226만 명으로 추산했다. 한목협은 자체 조사로 파악한 기독교인 전체 숫자 771만 명 중에서 교회에 실제 출석하는 숫자는 545만 명이고, 나머지 226만 명을 가나안 성도로 추정한다. 한목협에 따르면, 가나안 성도 비율은 2013년 10.5%, 2017년 23.3%, 2023년에는 29.3%까지 꾸준히 증가했다.[11]

가나안 성도 추정도 2023년 자료(29.3%)는 코로나19가 반영된 응답이었을 것으로 추정한다. 그래서 2023년 조사 결과는 2025년 정부가 실시할 인구센서스 조사까지 확인한 후에 유의미성을 최종 확정해야 한다. 이에 필자는 이 책에서 한국 기독교인 중 가나안 성도의 비율은 한목협의 2017년 비율(23.3%)을 사용할 예정이다. 이 수치는 2021년 갤럽의 자료("한국인의 종교 1984-2021 종교 현황")에서 1989년-코로나19 직전까지 한국 기독교인의 최소 1회 이상 예배 참석률이 70-80%라고 응답한 자료(역으로, 최소 월 1회도 예배에 참석하지 않는 비율이 20-30% 된다는 의미)와도 잘 부합할 수 있기 때문이다.[12]

한목협이 지앤컴리서치와 목회데이터연구소에 의뢰하여 실시한 이 조사는 개신교인(2,000명)과 비개신교인(1,000명), 목회자(담임 목사·802명)와 일반 국민(9,182명) 등 총 1만 2,984명을 대상으로 실시됐다. 표본 오차는 95% 신뢰 수준에 ±1.02%p였다.[13] 참고로, 다음 그래프를 보자. 필자는 가나안 성도가 증가하기 시작한 시점이 2005년부터라고 추정한다.

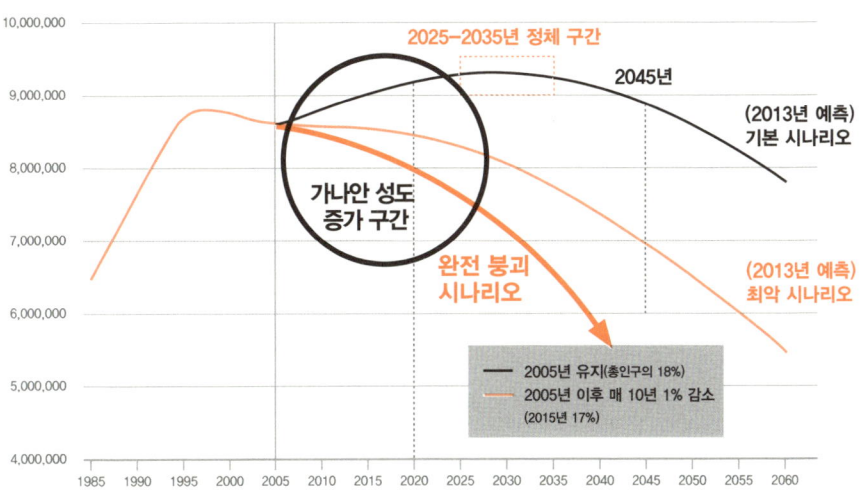

한국 사회에서 기독교 이단은 얼마나 될까? 2020년 기준, 신천지의 신도 수는 자체 주장으로 24-30만 명이었다.[14] 통일교의 국내 신도 수는 30-50만 명, 기쁜소식선교회 박옥수의 교인 수는 2만 명, JMS 2만 명 이상 등이다. 2023년 3월 2일, 한목협이 발표한 "제5차 한국기독교분석리포트"에서는 국내 기독교인 중에 이단 신자 비율을 최소 6.3%에서 최대 12.1%로 분석했다. 최소 비율은 "귀하가 출석하는 교회는 정통적인 교회에서 주장하는 소위 이단에 속한 교회입니까?"라는 질문에 "그렇다"고 대답한 비율이고, 최대 비율은 "잘 모르겠다"고 답한 이들(5.8%)을 포함한 것이다.[15] 필자는 12.1%라는 비율이 오히려 최소치라고 생각한다. 2009년 합신기독교이단상담연구소(소장 박형택 목사)에 따르면, 당시 한국에는 500여 개의 이단이 있었고 이단 신도 총수는 200-300만 명 사이로 추정되었다.[16] 2021년 성결교 서울연회 이단대책위원회(위원장 임인규 목사)가 주관한 이단대책세미나에서도 국내 이단 신도 총수를 200만 명, 이 중 180만 명을 기독교인 출신으로 추정했다.[17]

이단 교회 숫자는 얼마나 될까? 2014년 JTBC 보도에 따르면, 한국 내 교회 수는 7만 8천 개였다. 2018년 통계청 자료에 따르면, 등록된 기독교 단체(교회 및 선교 기관) 수는 5만 6,879개였다. 2023년 기준, 한국에 교회 수는 대략 8만 3천 개 정도다.[18]

각종 자료에서 보듯이, 한국 교회 내 교회 숫자를 정확하게 산출한 자료는 없다. 그래서 적절한 추정(페르미 추정)을 해야 한다. 2019년 대한예수교장로회 합동교단 소속 교회 수는 1만 1,758개로 추정된다.[19] 같은 해, 대한예수교장로회 통합교단 소속 교회 수는 9,288개 교회로 집계됐다.[20] 감리회 소속 교회 수는 6,383개, 기성은 2,875개, 예장고신은 2,110개, 기장은 1,634개 정도였다.[21] 앞의 주요 6개 교단 소속 교회의 총수는 3만 4,048개이고, 같은 해 교인 총수는 773만 7,167명이었다. 2019년 한국 기독교 비율을 18% 수준으로 추정하면, 2019년 한국 총인구 5,180만 3,829명 대비 932만 4,684명이다. 2019년 앞의 주요 6개 교단 소속 교인 총수는 773만 7,167명이었다. 전체 기독교인의 83%가 출석하는 교회 전체 수가 3만 4,048개인 셈이다.

나머지 군소 교단에 속한 교회 수는 얼마나 될까? 대한예수교장로회 통합교단 소속 전체 교회 수의 80%는 전체 교인 수 200명 이하였고, 교인 수 50명 이하 교회는 50%, 교인 100명 이하 교회는 70%였다. 세부적으로, 전체 교인 수 50명 이하 교회가 5,038개 교회(53.48%p), 100명 이하 교회가 6,521개 교회(69.23%p), 200명 이하 교회는 7,716개 교회(81.91%p)로 산출됐다.[22] 눈여겨볼 수치는 교인 수 50명 이하 교회가 50%라는 분석이다. 주요 6개 교단을 제외한 기타 군소 교단 17%는 대다수가 교인 수 50

명 이하 교회라고 가정하면, 교회 수는 최소 5천여 개로 추정된다. 하지만 2018년 통계청에 등록된 기독교 단체(교회 및 선교 기관) 수는 5만 6,879개였다. 이 수치를 그대로 반영하면, 주요 6개 교단을 제외한 기타 군소 교단 17%의 교회 수 최대치는 2만 2,831개(총 5만 6,879개 - 6개 교단 3만 4,048개)가 된다.

결국 2019년 기준으로 한국 내에 교회 실제 총 숫자는 3만 9천-5만 6천여 개 사이가 된다. 물론, 이 수치에는 이단도 포함된다. 2023년 한목협이 발표한 국내 기독교인 중에 이단 신자 비율 최대치 12.1%와 2009년 합신기독교이단상담연구소가 발표한 "한국에는 500여 개의 이단이 있다"는 것을 반영하면, 한국 내 이단 교회 실제 총수는 최소 2천-6,700개 정도로 추정된다. 그러면 한국 내에 교회 실제 총 숫자 3만 9천-5만 6천여 개에서 이단 교회 실제 총수인 2천-6,700개를 빼면, 한국 기독교 교회의 실제 수는 3만 7천-4만 9,300개 사이다.

이렇게 한국 기독교인 중에서 교회에 실제로 출석하는 성도의 비율과 총 숫자를 추정해 내기 위한 기초 작업이 끝났다. 정리해 보자.

1) 필자는 이 책에서 한국 사회에서 기독교인 비율과 총 숫자를 찾아내는 기준점을 2015년 정부가 실시했던 인구센서스 조사 결과를 사용하기로 했다.
2) 대신, 통계청 자료에 기독교인으로 구분된 비율과 수치에는 이단과 가나안 성도가 포함되어 있다. 그래서 2015년 통계청 자료에 나타난 기독교인 비율과 수치에서 이단과 가나안 성도의 추정 비율과 수치를 뺀 나머지를 '실질 기독교인'으로 설정하려고 한다.
3) 가나안 성도의 비율은 한목협의 2017년 비율(23.3%)을 사용할 예정

이다. 2015년 인구센서스 조사에서 기독교인 비율은 전체 인구의 19.10%이고 총 숫자는 967만 5,761명이었다. 기독교인이라 응답한 총 숫자(967만 5,761명)에 한목협이 얻어 낸 가나안 성도 비율 23.3%를 대입하면, 2015년 기독교인 총 숫자 967만 5,761명 중 225만 명이 가나안 성도였다고 추정할 수 있다.

4) 기독교인으로 분류된 사람들 중에서 기독교 이단에 속한 사람들을 추정하는 기준은 두 가지다. 하나는 가장 보수적인 기준이다. 필자는 한목협이 조사한 국내 기독교 출석 교인 중에 이단 신자 비율 최대치 12.1%를 보수적 기준으로 사용한다. 이 수치는 2015년 정부 인구센서스 자료에 "기독교인이다"라고 응답한 수치에 전부 넣을 수 있다. 이럴 경우, 2015년 기준 한국 교회의 실제 출석하는 성도의 수는 652만 3,346명(총 숫자 967만 5,761명 - 가나안 성도 225만 4,438명 - 기독교 이단 89만 7,977명)이다. 2015년 한국 전체 인구 5,065만 1,521명 중 12.88%다.

5) 기독교 이단에 속한 사람들을 추정하는 또 다른 기준이 있다. 광범위한 기준이다. 필자는 2009년 합신기독교이단상담연구소와 2021년 성결교 서울연회 이단대책위원회가 발표한 국내 이단 신도 총수의 교집합인 200만 명을 한국 내 이단의 광범위한 총 숫자로 삼았다. 200만 명 중 90%인 180만 명을 기독교인 출신으로 추정하는 접근법을 그대로 적용할 수 있다.

단, 180만 명 전부를 2015년 정부 인구센서스 자료에 "기독교인이다"라고 응답한 수치에 넣어야 할지는 따져 보아야 한다. 일부는 기독교인이라고 응답하지 않았을 수 있고, 일부는 가나안 성도에 포함되어 있을 수 있다. 이에 필자는 절반 정도인 100만 명 수준만 현재 교회에 출석하는 교인 중에 포함시켜 광범위한 기준으로 삼았다. 한목협에서 발표한 절반 정도는 "귀하가 출석하는 교회는 정통적인 교회에서 주장하는 소위 이단에 속한 교회입니까?"라는 질문에 "그렇다"라고 정확하게 응답한 비율이고, 나머지 절반은 "아니다"라고 대답하지 않고 에둘러서 "잘 모르겠다"라고 답한 이들이다. 필자가 추정한 100만 명은 비슷한 비율(6% 내외)로 이단에 속하고 있지만 "아니다"라고 거짓 응답을 한 이들이 있다는 가정을 더한 수치다. 이럴 경우, 2015년 기준 한국 교회의 실제 출석하는 성도의 수는 642만 1,323명(총 숫자 967만 5,761명 - 가나안 성도 225만 4,438명 - 기독교 이단 100만 명)이다. 2015년 한국 전체 인구 5,065만 1,521명 중 12.68%다. 2015년 한국 기독교인 총 비율 19.10%보다 6.42%p 낮은 수치다. 그리고 2015년 기준으로 정부 통계청이 발표한 기독교인 총 비율 19.10%를 100으로 환산할 때, 12.68%는 67에 해당한다.

6) 2019년 기준, 한국 내에 교회 실제 총 숫자는 3만 9천-5만 6천여 개 사이다. 물론, 이 수치에는 이단도 포함된다. 필자가 한목협과 합신 기독교이단상담연구소 발표 자료를 반영해서 추정한 한국 내 이단 교회 실제 총수는 최소 2천-6,700개 정도다. 결국 한국 기독교 교회의 실제 총수는 3만 7천-4만 9,300개 사이다.

7) 결론적으로 모든 자료, 분석, 추정을 종합할 때, 2015년 기준 한국 기독교인 중에서 교회에 실제로 출석하는 성도(가나안 성도, 이단 제외)의 총 숫자는 642만 1,323명-652만 3,346명이 된다. 비율은 2015년 한국 전체 인구 5,065만 1,521명 대비 12.68-12.88%다. 그리고 정부 통계청이 발표한 전체 기독교인(967만 5,761명)을 100으로 삼을 때, 실제 교회에 출석하는 순수한 기독교인은 67.4%이고, 나머지 32.6%는 가나안 성도와 이단이다.

앞으로 30년, 한국 교회는 황폐화된다

 필자는 2015년 기준으로 한국 교회의 실제 출석하는 성도 수 642만 1,323명-652만 3,346명(종교 비율은 12.68-12.88%)을 기준으로 양적 미래를 예측해 보았다. 결과는 충격적이었다. 최악의 경우, 앞으로 30-40년 이내에 한국 교회 내 실제 출석하는 영아부터 노인까지 전체 성도 수는 250만 명 미만으로 추락한다. 필자는 이런 미래를 '한국 교회 완전 붕괴 시나리오'라고 부른다. 믿기지 않는가? 지금부터 자세히 설명하겠다. 필자가 예측에 사용한 전제 조건과 시뮬레이션 가설은 다음과 같다.

1) 한국 교회가 당면한 위기를 심각하게 인식하지 못하고, 한국 교회의 몰락이나 개교회의 소멸을 피할 적극적인 대응을 계속 미룬다.
2) 한국 교회의 실제 출석하는 성도 수를 100%로 잡고, 앞으로 2045년까지 매년 최소 1%, 2046년부터는 매년 최대 2-3% 내외로 양적 감소가 지속된다. 참고로, 다음 도표를 보자. 한국 기독교 대형 교단 중 한 곳인 예장통합의 2010-2019년 전체 교인 수 변화다. 2010-2019년(코로나19 직전) 10년 동안 전체 교인 수가 34만 5,326명이 감소했다. 12.11% 감소다. 연평균 감소율로 환산하면 1% 이상 감소이고, 매년 수만 명대 감소 폭이다. 예장통합 전체 성도 수는 2020년에 239만 3,919명으로 전년 대비 4.5% 감소했고, 2021년에는 235만 8,914명으로 전년 대비 1.46% 감소했다. 감소 속도가 점점 빨라지는 추세다. 대한예수교장로회 합동교단의 경우도 비슷하다. 2017년 268만 8,858명이던 교인 수가 2018년에는 265만 6,766명, 2019년에는 255만 6,182명, 2020년 238만 2,804명으로 계속 감소 중이다. 불과 4년

만에 11.38% 감소율이다.

3) 필자가 2046년부터는 매년 최대 2-3% 내외 감소 폭을 적용한 것은 지난 20년간의 주일학교 감소 충격과 앞으로 추가 20년간 주일학교의 감소라는 두 가지 충격이 장년의 출석 숫자에 본격 영향을 미치는 시점을 감안한 것이다. 다음 도표를 다시 보자. 예장통합 교단의 어린이 청소년부 감소는 전체 교인 수 감소 속도보다 심각하다. 2010-2019년 10년 동안 7만 3,279명 감소했다. 38.92% 감소율이다. 대한예수교장로회 예장통합은 예장합동과 함께 한국 교회 전체 성도 수의 절반 이상을 차지한다. 예장통합 교단은 산하 교회들이 통일된 양식에 맞춰 인원수를 보고한다. 상당히 정확한 통계라고 봐도 된다. 필자는 앞에서 미국 최대 교단인 남침례회 교인 비율이 지난 17년 동안 대략 20% 감소했고, 최근에는 매년 3%씩 감소하는 추세를 보였다는 것도 언급했다. 필자가 제시한 2046년부터는 한국 교회 실제 출석 숫자가 매년 2-3% 내외로 양적 감소가 지속된다는 전제는 오히려 보수적인 가정이 될 수도 있다.

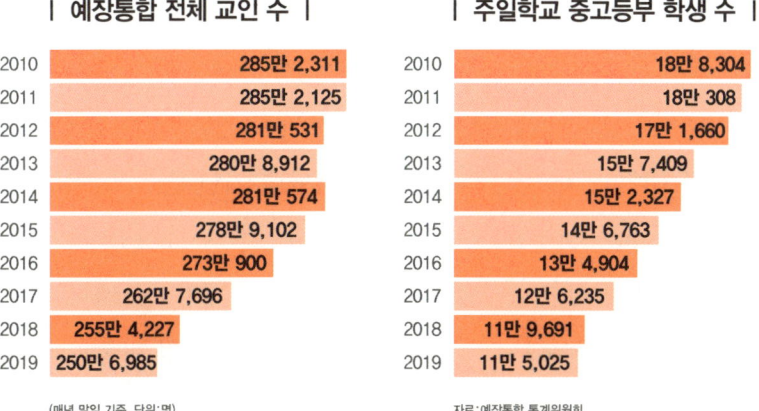

4) 한국 사회의 평균 수명 연장과 초고령화를 반영한다. 참고로, 필자의 분석으로는 한국 교회의 초고령화는 한국 사회의 초고령화 속도보다 10년 정도 빠르다.

5) 한국 교회 최대 교단인 예장합동과 예장통합 전체 교인의 최근 감소 추세(2015-2021년)는 15.4%로 빨라졌다.

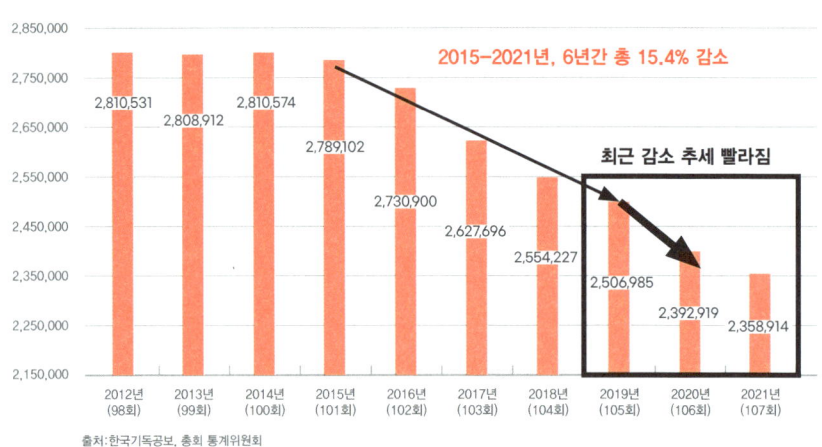

| 2012-2021년 예장통합 전체 교인 수 변동 추세 |

6) 한국 교회 최대 교단인 예장합동과 예장통합 전체 교인의 최근 감소 추세(2015-2021년) 15.4%를 필자가 추정한 2015년 기준 한국 기독교인 중에서 교회에 실제로 출석하는 성도(가나안 성도, 이단 제외)의 총 숫자의 최대치인 652만 3,346명에 대입하면, 2021년 한국 교회 실제 출석 성도 수는 551만 8,758명으로 추정된다. 2015년 대비 100만 4,588명 감소다. 2021년 한국 총인구 5,183만 139명 대비 10.65%다. 2015년 한국 총인구(5,065만 1,521명) 대비 기독교 출석 교인 비율(12.88%)보다 2.23%p 감소다.

앞서 언급했듯이, 2023년 6월 5일 영국 스코틀랜드 교회 총회 관리위원회는 22년 만에 교인 수가 절반으로 줄어들었다는 자료를 발표했다. 영국 스코틀랜드 교회는 60년 넘도록 감소 추세를 멈추지 못했다. 한국 교회는 2000-2010년 사이에 양적 감소 추세가 시작되었다. 한국 교회도 2023년 현재까지 20년 이상 양적 감소 추세를 멈춰 세우지 못했다. 앞으로 30-40년은 어떨까? 영국 스코틀랜드 교회는 지난 60년 동안 양적 감소율이 80%였다. 예수전도단 소속인 홍성준 선교사가 했던 말을 기억하는가? "예수전도단은 샌프란시스코의 복음화율을 2%로 보고 있습니다", "더욱 충격적인 것은 복음화율 2%도 천주교 신자를 포함한 수치입니다."[23]

필자는 앞의 계산법을 역으로 사용하여 한국 교회 총인구 최정점기(2000년대 초중반)에 이단과 가나안 성도를 제외한 실제 출석 성도의 숫자를 대략 800만 명 내외로 추정한다. 필자가 예측한 '한국 교회 완전 붕괴 시나리오'인 실제 출석 성도 수 250만 명 미만은 최정점기 대비 70% 감소율이다. 그리고 2055-2060년대 한국 예상 총인구 4,130만 명 대비 6% 수준이다. 실제 출석 성도 비율 6%는 갤럽이 조사한 2021년 한국 사회 종교인 비율 중에서 천주교 비율과 같다. 이 정도면 한국 교회는 황폐화된 상태라고 부르게 될 것이다.

2060년, 노인과 디지털 노마드 성도만 가득해진다

필자는 앞으로 30-40년 후 한국 교회의 실제 출석 성도 비율은 2023년 현재 천주교 수준인 6%대로 추락하고, 실제 출석하는 총 교인 수도 250만 명이 붕괴된다고 예측했다. 이것이 한국 교회의 끔찍하고 어두운 미래의 전부가 아니다. 미래학자의 눈에는 세 가지의 두려운 미래가 추가로 예측된다.

첫째, 남은 자의 대부분이 노인이 되는 미래다. 영국 스코틀랜드 교회는 60년 넘도록 감소 추세를 멈추지 못했고, 2023년 현재 남아 있는 성도의 평균 연령은 62세다. 2060년경이면 한국 교회도 남은 성도의 70-80%가 65세 이상 고령층이 될 수 있다.

둘째, 교육부의 붕괴는 더욱 충격적이다. 필자는 10년 전 출간한 『2020-2040 한국교회 미래지도』에서 다음과 같은 예측을 했다.

"2020-2030년까지 개별 교회 단위에서 주일학교와 대학청년부가 추가로 사라지는 일이 진행된다. 2035년경부터는 한국 교회교육부 역사상 대규모 감소가 마지막으로 일어나는 단계로 진입한다. 해당 교회에서 주일학교와 대학청년부가 없어지면, 그 학생들은 주일학교와 대학청년부가 운영되는 중대형 교회로 흡수된다. 주일학교가 없어지면, 가정 전체가 이동하는 현상도 연쇄적으로 발생하면서 장년층(30-54세)도 줄어든다. 대학청년부가 없어지면, 교회 역동성이 크게 꺾인다. 결국 교육부가 문 닫은 교회는 초고령화가 더욱 빨라진다. 마지막 대규모 감소 국면이 끝나고 난 2055-2060년의 교육부(1-29세) 전체 숫자는 필자의 기본 시나리오(baseline future)로 190만 정도다. 기본 시나리오는 현재 비율을 그대로 유지하고, 한국 인구 감소율만 적용하고 기독교 이단 및 가나안 성도 가정의 학생도 포함한 수치다. 만약 한국 교회교육부 비율이 매년 1%씩 감소하면 129만까지 감소할 수 있다(이단 및 가나안 성도 가정의 학생 포함). 최악의 시나리오의 경우[교육부 비율이 매년 1%씩 감소, 기독교 이단 및 가나안 성도 가정의 학생 숫자를 빼고, 한국 교회교육부(1-29세) 감소 비율이 한국 전체 1-29세 총인구 감소 비율보다 빠르다는 전제], 실제 교육부 전체 숫자는 70-80만 명까지 감소(어린이부, 중등부, 고등부 숫자는 30-40만 명)할 수 있다."

2060년 무렵 '한국 교회 완전 붕괴 시나리오'에서는 한국 교회교육부(영유아-고등부) 총 숫자는 30-40만 명까지 추락하는 미래가 현실이 될 가능성이 매우 높다. 무섭고 두려운 미래다. 하지만 한국 교회교육부에 더 충격적이고 절망적 미래가 펼쳐질 수도 있다. 필자가 10년 전에 발표한 시나리오는 교육부 감소 비율을 연간 1%로 설정했다. 최근 10년 동안 예장 통합 교단의 어린이 청소년부 감소율은 연간 3%대였다. 같은 교단의 전체 교인 수 연간 감소율 1%대보다 속도가 빨랐다. 만약 이 수치를 반영할 경우, 2060년 무렵 한국 교회교육부 실제 출석 총 숫자는 20만 명 미만까지 추락한다. 즉 2060년 무렵 한국 교회 출석 성도 인구 구성은 65세 이상 170-200만 명, 20-64세는 30-60만 명 내외, 교육부(영유아-고등부)는 20만 명 미만이 된다.

다음 도표는 2060년 한국 사회 전체를 5세 단위로 구분한 인구 피라미드와 총인구 감소 추세다. 현재 한국 교회는 한국 사회 고령화보다 10년 빠르고 비율도 10% 비율 정도 높다. 반대로, 교육부는 한국 사회 저출산으로 인한 학령 인구 감소보다 10년 빠르고 10% 비율 정도 더 높다.

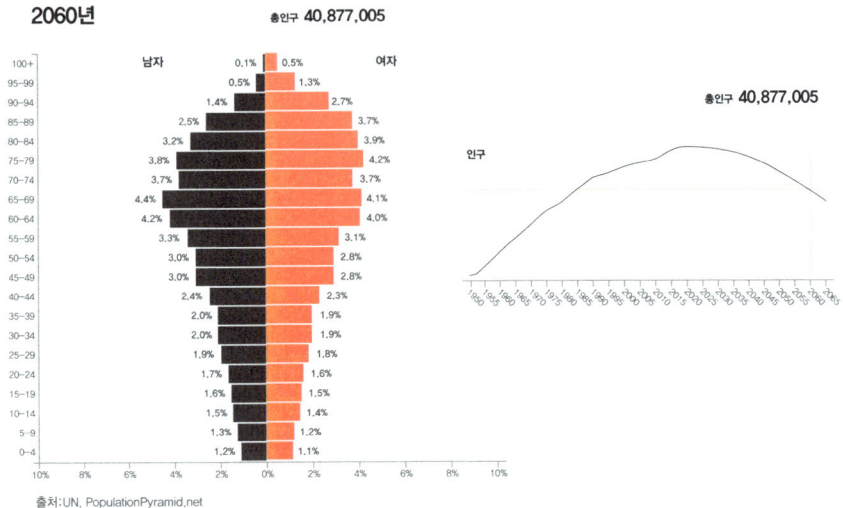

| 2060년 한국 사회 인구 피라미드와 총인구 감소 추세 |

셋째, 양과 질은 같이 간다. 양적 규모가 붕괴되면, 질적 붕괴도 따라온다. 2060년 무렵, 누가복음 18장 8절에서 예수님이 경고하신, "세상에서 믿음을 보겠느냐"라는 말씀이 현실이 되는 미래도 펼쳐질 수 있다. 남은 자, 남은 기독교인의 신앙이 낮아지는 것을 넘어 와해되는 미래다.

필자는 10년 전 출간한 『2020-2040 한국교회 미래지도』에서 한국 교회 안에 퍼져 가는 '낮고 연약한 신앙 상태'를 분석했다. 예를 들어, 필자는 앞으로 10년 이내에 '교배된 기독교'의 도전이 시작될 것이라고 예측했다. 당시 필자의 눈에는 엄청난 문화 흡인력을 가진 신세대가 세계화를 통해 문화적으로 가장 우수한 것만 받아들여 그들만의 퓨전 문화를 만들어 '문화의 지구적 교배'를 가속하는 것이 보였다. 2023년 현재 'MZ세대'라고 불리는 새로운 젊은 세대는 '열린 사고와 표현의 자유'를 무기 삼아 이전 젊은 세대보다 다양한 문화 색깔을 추구하면서 동시에 자신만의 독특한 문화 색깔을 표현하고 있다. MZ세대는 다양하지만 서로 연결되고, 서로 연결하지만 자신만의 색깔과 목소리를 찾는다. 기존 전통과 관습에 대한 새로운 평가와 비판을 주저하지 않는다. 대통령이나 정치인에게 독설이나 모욕적 패러디 등을 서슴지 않는 것처럼, 교회 내에서도 지도자와 기성세대의 요구에 수용적이지 않다. 그들은 자신들의 행동과 표현이 도전적이고, 즉흥적이고, 무례하고, 버릇없고, 감각에 의존하는 모습으로 비치는 것을 개의치 않는다. 그들은 "우리 문화이니 이해해 달라", "어른들이 말하는 것이면 무조건 옳다고 강요하지 말고 우리 이야기도 들어 달라"고 당당히 말한다. 공동체에 대해 이전 세대처럼 큰 의무감도 갖고 있지 않다. 공동체가 자신을 보호해 주지 못한다는 것을 알고 있기 때문이다. 문제는 이런 흐름을 타고 작게는 교파 간의 색깔이 희미해지고, 크게는 종교의 혼합, 신앙의 혼합, 상대적 신앙관이 급부상하는 토양이 마련되고 있다는 점이다.

필자는 한국 교회 안에 나타날 미래 키워드로 무기력, 무관심, 무의미라는 '3무(三無) 시대'도 시작될 것이라고 예측했다. '3무'는 교인들의 마음속에 염세주의를 불러일으키게 될 것이라고 예측했다. 이 글을 읽는 독자는 자신이 다니는 교회 안에 '3무'가 지배적 분위기가 되어 가는 것을 느끼고 있을 것이다.

앞으로 30년, 한국 교회를 향한 사탄의 공격을 예측한다

다음 단계는 무엇일까? 필자의 예측으로는 앞으로 한국 기독교는 '교회 안의 다종교 문화'라는 사탄의 공격에 시달리게 될 것이다. 교회 안에서 다종교 문화가 일어나는 과정은 무엇일까? 가장 먼저, 영성이 흐려진다.

필자는 10년 전에 존 스토트(John Stott)의 다음과 같은 경고를 빌려 한국 교회와 성도의 무너지는 영성, 흐려지는 영성, 얕아지는 영성을 꼬집었다. "오늘의 기독교의 상황은 비정상적이고 비극적이고 불안한 패러독스를 지니고 있다. 어떤 지역에서는 교회가 크게 성장하고 있지만 '깊이 없는 영성'이 문제가 되고 있다."

필자는 '깊이 없는 영성'을 '다운시프트(downshift) 영성'이라고 부른다. '다운시프트'는 자동차의 기어를 고단에서 저단으로 바꿔 속도를 줄이는 행동을 가리킨다. 숨차고 정신없이 빠르게 변하는 환경을 거부하고 인생의 속도를 줄여서 삶을 누르는 긴장과 스트레스에서 벗어나 여유를 즐기는 삶으로 전환하는 이들이 늘어나고 있다. 이런 태도를 지칭하는 말은 '웰빙', '소확행', '워라벨' 등 다양하다. 이런 태도가 틀렸다는 말은 아니다. 이런 태도를 '엄지 척' 하다 보면, 치열한 영적 전쟁을 통해 자신을 신앙으로 연단하고 제자다운 삶을 사는 행동도 거부하게 된다. 치열한 영적 전쟁, 예수님을 닮아 가는 삶에는 '거룩한 갈등, 거룩한 스트레스, 거룩한 숨참'이 동반된다. 사도 바울은 "너희도 상을 받도록 이와 같이 달음질하라"(고전 9:24)라고 명령했다. 사도 바울은 우리의 신앙생활이 '영적 씨름'이라고 했다. 이런 것들을 피하는 '다운시프트 영성'과 '깊이 없는 영성'은 동의어다.

영성이 흐려지고 깊이가 얕아지면, 그다음은 상대주의가 만연해진다. 10년 전 필자는 이렇게 경고했다. "복음이 약해지는 틈을 타 '친절한 불가지론'(Friendly Agnosticism)이 한국 교회 안에서 큰 흐름으로 자리를 잡아 가고 있다." '친절한 불가지론'은 "누구의 신앙이 옳은지는 아무도 모른다. 그러니 모든 사람의 생각을 다 인정해 주어야 한다"라고 '친절하게' 말하는 태도다. 친절한 불가지론은 21세기 현대인에게 인기를 끌기 시작한 종교 태도다. "하나님을 어떻게 믿든, 어떻게 체험하든, 성경을 어떻게 해석하든 상관이 없다. 누가 옳은지는 아무도 모르기 때문이다. 그러니 모든 사람의 신앙 태도와 생각을 인정해 주어야 한다"는 것이다. 신학적으로 볼 때 아주 위험한 사고다. 하지만 '친절한 듯한 태도'와 결합되면서 한국 교회 내 젊은 교인들, 상대주의 태도를 인정하고 치열한 논쟁을 싫어하는 이들을 중심으로 빠르게 번져 가고 있다.

친절한 불가지론의 주장은 '친절한 기독교인'을 만들지 않는다. 오히려 편리한 신앙생활을 갈망하는 욕구를 교묘하게 충족시켜 줄 뿐이다. 친절한 불가지론에 물들어 버리면 전통적 신앙을 고수하는 보수 교인을 경멸하는 태도로 옮겨 간다. 친절한 불가지론에 물들어 버리면 '누가 옳은 것인지는 예수님이 오시기 전까지 아무도 모른다'는 생각을 하게 된다. 그래서 십일조를 하든 하지 않든 상관이 없다. 주일예배를 목숨을 걸고 지키든 한두 번 빠지든 상관이 없다. 새벽마다 기도하든 하지 않든 상관이 없다. 바빠서 교회 사역에 헌신하지 않아도 상관이 없다. 성경 공부를 하다가 다른 주장을 해도, 말하고 싶은 대로 믿고 싶은 대로 말해도 상관이 없다. 고개를 끄덕여 동의해 주는 것이 더 친절한 태도라고 생각한다. 진리의 권위보다 자유로운 생각이 더 중요하기 때문이다. 모든 성도가 '예외 없이' 해야 할 일은 없다. '예외 없이' 지켜야 할 교훈도 없다.

이런 태도를 받아들이면 '신앙적 가책'에서 벗어날 수 있는 효과를 본다. 교회의 형식에 얽매일 필요가 없어진다. 사명 때문에 무거운 짐을 지고 살 필요가 없어진다. 신앙과 불신앙의 중간에 서 있게 되어 마음이 편해진다. 성경은 사사기 시절 이스라엘 백성의 신앙생활을 다음과 같이 기록하고 있다.

"그때에는 이스라엘에 왕이 없었으므로 사람마다 **자기 소견에 옳은**

대로 행하였더라"(삿 17:6; 21:25 참고).

왕이 없다는 것은 기준이 없다는 말이다. 기준이 흔들렸다는 말이다. 그래서 이스라엘 백성은 하나님을 섬겼지만, 동시에 각기 '자기 소견에 옳은 대로' 행했다. 상대주의, 친절한 불가지론은 얼마든지 교회 안에 들어올 수 있는 위험한 도전이다. 자기 소견에 옳은 대로 행하기 시작하면 또 다른 문제가 발생한다. 이스라엘 백성은 하나님도 섬기고, 맘몬도 섬겼다. 바알과 아세라도 섬겼다. 하나님을 버린 것이 아니다. 성막이나 성전을 떠난 것이 아니다. 그 안에서 하나님도 섬기고, 바알도 섬겼다.

필자는 이렇게 예측한다. 한국 교회 내에 만연해지고 있는 상대주의에 따른 친절한 불가지론을 몰아내지 않으면, 그 틈을 타고 '다신주의'(Polytheism)가 침투할 것이다. 다신주의는 한 사람이 여러 신을 섬기는 현상이다. 앞으로 30년, 한국 교회 내에는 하나님도 섬기고 바알도 섬기던 이스라엘의 죄악이 밀려들어 올 수 있다. 트렌드 분석가 샘 힐(Sam Hill)은 상대주의 세계관이 지배하기 시작하면 종교 다신주의 경향도 함께 발생한다고 분석했다. 상대주의 시대에서 사람들은 전통적인 종교적 신앙 체계를 그 밖의 다른 믿음과 활동들로 보완하는 경향을 보인다. 이는 사람들이 덜 종교적이 되어서가 아니다. 절대 진리가 상대 진리로 대체되면 영적 공허감이 커진다. 영적 공허감은 절대 진리만이 채워 줄 수 있다. 인간은 영적 공허감이 심해지면 그것을 달래기 위해 더욱더 종교적이 된다. 아이러니한 현상이다.

대신, 상대주의 태도 때문에 접근 가능한 모든 종교나 대상에서 '좋은 것'만을 골라 혼합하는 데 열심을 보인다. 상대주의는 하나의 신으로 만족하지 못하게 만든다. 자신의 공허한 영성을 채우기 위해, 불안한 마음을 달래기 위해 다수의 초월적 힘이나 신들을 인정하는 분위기로 흐르게 된다. '하나님은 전지전능하지 않다'고 생각하는 순간, 하나님 외에 갖가지 더 작은 종교들의 행태, 다양한 믿음 체계, 유사 종교적인 활동에 관심을 갖는다. 다양한 믿음 체계나 유사 종교적 활동을 받아들인다는 것은 무엇일까? 기독교인이 불교나 이슬람교를 받아들인다는 말이 아니다. 세계관이 혼합된다는 말이다. 필자의 예측으로는, 앞으로 30년 후 한국 교회 내에 있는 65세 미만 세대는 인공지능과 가상 사회 영향으로 유물주의 역사관, 과학이 신을 대신하는 세계관에 사로잡히게 될 것이다.

믿음은 기독교 세계관 형성에 결정적 요인이다. 성경은 "믿음은 바라는 것들의 실상이요 보이지 않는 것들의 증거니 선진들이 이로써 증거를 얻었느니라"(히 11:1-2)라고 말한다. 성경을 통해 믿음이 생기고, 믿음의 수준에 따라 세계관이 달라진다. 믿음이 성장하면 세계관의 '수준'도 계속 성장한다. 반대로, 믿음의 수준이 낮아지면 세계관도 흔들린다.

'세계관'의 사전적 의미는 '자연적 세계 및 인간 세계를 이루는 인생의 의의나 가치에 관한 통일적인 견해. 민족성·전통·교육·운명 따위를 기반으로 한 견해'다. 일반적 세계관에는 낙천주의, 염세주의, 숙명론, 종교적 세계관, 도덕적 세계관, 과학적 세계관 따위의 여러 견해가 있다. 기독교인은 어떤 세계관을 가져야 할까? 낙천주의 세계관일까? 도덕적 세계관일까? 아니다. 기독교인은 '성경적 세계관'을 가져야 한다. 세계관은 세계를 해석하는 틀이다. 인간, 돈, 기술, 정치, 지구 환경, 우주 등을 해석하는 틀이다. 세계관에 따라서 대상에 대한 가치 부여, 가치 해석, 가치 순위가 달라진다. 성경적 세계관이란 성경에 기록된 하나님의 말씀과 기준을 따라서 나와 내 주위에 있는 대상을 해석하고 가치 순위를 판단하는 태도다.

예를 들어 보자. 성경은 '인간은 하나님의 형상'이라고 해석한다. 그래서 죄는 미워해도 인간은 미워하지 말라고 한다. 유물론(唯物論)은 물질을 제1차적·근본적인 실재로 생각하고, 마음이나 정신을 부차적·파생적인 것으로 본다. 유물론에서는 정신도 물질이라고 주장한다. 유물론을 받아들이는 유물주의 세계관에서는 '인간도 물질이다'라고 해석한다. 인간을 '하나님의 형상'으로 해석하는 것과 인간도 '물질'이라고 해석하는 것은 가치 차이가 다르다. 가치 차이가 다르면 대상(인간)에 대한 평가와 행동이 달라진다.

세속주의 세계관은 인간 경험이 영원이나 초월과는 단절되고 '지금 이곳이 전부다'라는 세계관이다. 인본주의는 '인간이 만물의 척도다'(호모 멘수라, homo mensura), '인간은 선하다'를 세계관으로 삼는다. 염세주의 세계관은 '인간은 하찮다'라는 관점을 갖는다. 혼합주의 세계관은 기독교와 이교도의 혼합적 세계관이거나 기독교와 마르크스주의 혼합 등이다. 기독교 세계관(성경적 세계관)은 '인간은 죄인이고, 예수 그리스도의 은혜로만 구원받고 회복되고, 구원 이후에는 인간은 회복된 하나님의 형상이고, 만물의 척도는 하나님이시다'라는 관점을 갖는다.

믿음이 얕아지면 성경적 세계관도 얕아지거나 버리게 된다. 세계관은 나와 세상을 해석하고 판단하는 틀이기 때문에 누구나 '반드시' 가져야 한다. 성경적 세계관이 얕아져서 일상의 판단과 행동의 틀이 모자란다고 생각하면 '반드시' 다른 세계관으로 부족한 부분을 채워야 한다. 세계관 혼합은 이렇게 일어난다.

예배의 타락이 우려된다

세계관이 혼합되고 흔들리면, 그다음은 예배가 흔들린다. 흔들리는 것을 넘어 타락한다. 필자가 가장 우려하는 예배의 위험은 '신비주의 장치의 만연'과 '공포 설교'로 가득한 미래다. 얕아진 영성, 상대주의 영성의 흐름을 끊지 못하면, 성도를 붙잡아 놓는 유일한 방법은 예배를 신비와 공포로 가득 채우는 것이다. 한국 내 각종 이단의 예배를 보라. 거짓 진리만 가르치는 것이 아니다. 그들의 예배에는 신비적 장치와 공포와 위협이 가득하다.

중세 시대 타락한 교회도 각종 신비주의 도구와 형상으로 교인들의 눈길을 붙잡았고, 면죄부라는 거짓 교리를 가지고 교인들을 협박하고 공포에 떨게 만들었다. 그렇게라도 붙잡아 두지 않으면 교회가 문을 닫을 수밖에 없었기 때문이다. 중세 교회는 본래 타락한 교회가 아니었다. 예수님의 말씀과 예수님의 열두 제자들과 사도 바울이 세운 교회의 아름다운 전통 위에 서 있었다. 이런 교회의 타락을 불러온 결정적 계기가 있었다. '페스트'라는 전염병 팬데믹 사건이었다.

전염병은 교회의 성장이나 쇠퇴를 불러오는 교회사 대전환의 중요 변수였다. 교회 성장기 초기에 발생하는 전염병은 성장을 가속시키는 계기가 되었다. 초대교회 교회 성장기에도 두 번의 강력한 전염병 팬데믹 사태가 발생했다. 한 번은 주후 165-180년에 발생한 '안토니누스 역병'(갈레노스 역병)으로 로마제국 인구 4분의 1이 사망했다. 중국까지 전파되었고, 황제 아우렐리우스(Aurelius)도 감염되어 사망했다. 주후 249-262년에도 '키프리아누스 역병'이라는 강력한 전염병이 전 세계를 강타했다. 로마시에서 하루 5천 명 사망했고, 알렉산드리아 인구 3분의 2가 사망했다. 두 번의 전염병은 교회 성장을 가속시키는 계기로 작동했다. 이유가 무엇일까? 그 답은 당시 알렉산드리아 감독 디오니시우스(Dionysios)가 쓴 편지에 나타나 있다.

"우리 형제 그리스도인 대부분은 무한한 사랑과 충성심을 보여 주었으며, 한 시라도 몸을 사리지 않고…그들은 위험을 무릅쓰고 아픈 자를 보살폈고, 그들의 모든 필요를 채워 주었고…."

사도행전 2장 44-45절에 "믿는 사람이 다 함께 있어 모든 물건을 서로 통용하고 또 재산과 소유를 팔아 각 사람의 필요를 따라 나눠 주며"라는 말씀이 나온다. 초대교회 시절, 두 번의 전염병 발생기에 교회와 성도는 자신의 목숨을 버리면서까지 병자들을 돌보았다. 아픈 자를 보살피기 위해 자기가 가진 소유물을 나눴다. 그 결과, 사도행전 2장 47절의 역사가 재현되었다. "하나님을 찬미하며 또 온 백성에게 칭송을 받으니 주께서 구원받는 사람을 날마다 더하게 하시니라."

반면, 교회 쇠퇴기에 발생하는 전염병은 거꾸로 붕괴를 가속시키는 계기가 된다. 그 이유도 명백하다. 1347-1350년 유럽에서 유행한 페스트는 2천만-3,500만 명의 사망자를 발생시켰다. 페스트가 창궐하자 교회 내 고위 성직자들이 먼저 도망을 갔다. 역병을 하나님이 내리신 형벌이라고 가르치고, 전염병에 걸린 이들을 조롱하고 피했다. 교회의 신뢰는 하락했고, 전도는 단절되었고, 성도는 교회를 떠났다. 수많은 성직자가 사망하자 자질이 부족한 성직자가 대거 등장하면서 교회의 권위는 더욱 추락했다. 종교에서 과학으로 대전환이 일어났다.

문제는 여기서 끝나지 않았다. 페스트로 대규모 사망자가 발생하자 급격한 인구 감소가 일어나면서 노동력이 급감했다. 인건비는 최고 10배까지 치솟았고, 소작농을 구하지 못한 영세 영주의 파산이 증가했다. 소작농과 영주 간 갈등과 무력 충돌이 증가하면서 중세 경제 시스템인 장원제가 무너졌다. 중세 교회와 성직자의 재정을 뒷받침했던 장원제도가 무너지자, 교회는 부족한 돈을 끌어모으기 위해 눈에 불을 켰다. 정상적으로 수련을 받지 못한 성직자, 처음부터 자질이 부족한 성직자, 재정적으로 극심한 쪼들림을 받고 있던 교구 신부들은 생계 수단으로 다양한 형태의 성물을 만들어 판매했다. 교회 안에 수많은 성물과 형상을 만들어 신비주의 분위기를 만들어 무너진 영성을 붙잡아 두려고 애를 썼다. 1504년 독일 라이프치히 출신 도미니크회 소속 수도사인 요한 테첼(Johann Tetzel)은 자기 마음대로 면죄부까지 판매했다. 1514년 교황청은 테첼을 징계하기는커녕 새로운 면죄부 판매라는 공식 임무를 맡겼다. 면죄부를 이용해 돈을 벌어 부족한 교회 재정을 채우고, 구원 티켓은 성도들을 위협하고 자신들의 무너진 권위를 되찾는 최고의 도구라고 생각했기 때문이다.

교회가 쇠퇴기에 접어들 때 강력한 전염병을 만나면 교회 붕괴가 가속되는 사태를 경계해야 한다. 미국 교회도 1918-1919년 전 세계를 강타한 '스페인 독감'이라는 팬데믹 사태를 맞으면서 몰락의 길을 걷기 시작했다. 한국 교회도 이런 전철을 밟을 수 있다. 필자의 분석처럼 한국 교회는 2000-2010년 사이를 기점으로 총 교인 수 감소가 시작되었다. 쇠퇴기의 시작이었다. 그리고 2020-2022년 '코로나19'라는 전염병 팬데믹 사태를 맞았다. 한국 교회가 전 세계 전염병 대재앙을 대응하는 태도는 주후 165-180년과 주후 249-262년의 대규모 전염병을 대하는 초대교회의 모습이 아니었다. 오히려 1347-1350년 페스트 발병기에 우왕좌왕하던 중세 교회와 비슷했다.

코로나19 기간, 한국 교회 내에는 "믿는 사람이 다 함께 있어 모든 물건을 서로 통용하고 또 재산과 소유를 팔아 각 사람의 필요를 따라 나눠"(행 2:44-45) 주는 일이 일어나지 않았다. 그 결과, "하나님을 찬미하며 또 온 백성에게 칭송을 받으니 주께서 구원받는 사람을 날마다 더하게"(행 2:47) 하시는 역사도 재현되지 않았다.

대신, 무슨 일이 일어나고 있는가? 교회는 신뢰도가 하락했고, 공동체 위기가 일어났으며, 성도의 심리적, 경제적 충격은 극심해지고 있다. 한목협의 조사에 따르면, 코로나19 당시 개신교 대처에 대한 평가에서 한국 교회 교인들은 "코로나19 때 우리가 대처를 잘했다"는 응답은 30.7%, "보통"은 31.3%, "대처하지 못했다"는 33.1% 순으로 답했다. 반면, 무종교인은 개신교의 코로나19 대응에 대해 2.9%만이 "잘 대처했다"고 답했다. "보통"은 18.9%였고, "잘못했다"고 지적한 응답률은 65.6%에 달했다.

이런 상황은 종교별 호감도에도 그대로 나타났다. 비기독교인들이 가장 호감이 있다고 응답한 종교는 불교(32.9%)였다. 그 뒤를 이은 종교는 가톨릭(29.9%)과 유교(11.3%)이고, 기독교는 6.8%만 호감 있다고 응답했다. 2023년 한국 사회에서 기독교의 호감도는 유교(11.3%)에도 밀리고, 샤머니즘(3.9%)보다 조금 높은 수준으로 전락했다.[24] 국내 한 언론사의 빅데이터 분석 결과에 따르면, 2020년 8월에 기독교 관련 뉴스가 가장 많이 보도되었다. 총 1만 5천여 건 관련 기사가 쏟아져 나왔다. 이 기간에 쏟아져 나온 기독교 관련 뉴스들의 연관어는 '코로나19'가 핵심이었고, '목사'라는 키워드와 연관된 단어는 '광화문 집회', '사랑제일교회'가, '교회' 키워드에는 '확진자', '집단 감염'이 높은 빈도를 차지했다.[25]

한국 교회는 코로나19 기간 빛과 소금의 역할을 '전혀' 못했다. 코로나19 기간을 지나며 한국 교회 전도의 문은 더욱 닫혔다. 전도의 문만 닫힌 것이 아니다. 국세청의 자료에 따르면, 코로나19 기간(2020년 4월-2022년 3월)

에 종교사업자 등록을 말소하거나 사역을 중단한 교회가 4,519개가 넘었다. 과세 대상 종교인의 10.9%다.[26] 코로나19 기간 3년 전체로 하면, 15% 정도 교회가 문을 닫았을 것으로 추정된다.[27] 한국 교회 대부분에서 출석 성도 수가 10-20% 감소했을 것으로 추정된다.[28]

새로운 성도, 디지털 노마드의 탄생

코로나19 기간 사라진 성도, 돌아오지 않는 성도들은 어디로 갔을까? 필자는 이들이 기독교를 이탈한 것으로는 보지 않는다. 이단으로 전부 넘어간 것도 아니다. 그러면 이들은 어디에 있을까? 새로운 노마드 성도(Nomad Christian)의 탄생이다. '노마드 성도'는 '유목민 교인'이다. 드넓은 초원을 이리저리 옮겨 다니는 유목민처럼, 교회를 이리저리 옮겨 다니는 이들이다. 노마드 성도는 새로운 개념은 아니다. 21세기 초에 이미 등장한 개념이다. 은준관 실천신학대학원대학교 전 총장은 이들을 '영적이지만 종교적이지는 않은 세대'라고 칭했다.[29]

코로나19 기간 3년을 지나면서, 이들은 새로운 노마드족으로 발전했다. 일명 '디지털 노마드 성도'(Digital Nomad Christian)다. 새로운 디지털 노마드 성도는 현실 세계의 교회를 이리저리 옮겨 다니지 않는다. 이들의 중심은 온라인이다. 0과 1의 디지털로 구성된 가상 세계다. 코로나19 기간 한국을 비롯한 전 세계 기독교인들은 유튜브, 줌(Zoom), 구글 미트(Meet) 등 각종 화상 및 동영상 생방송 시스템과 플랫폼을 통해 예배드리는 경험을 3년 동안 했다. 온라인 예배, 비대면 예배는 코로나19 초기에는 '강제 경험'이었지만, 시간이 흐를수록 '자발적 경험'으로 전환되었다. 코로나19

기간 15% 정도 문 닫은 교회의 성도들은 대형 교회로 옮겨 갔거나 온라인 예배로 넘어갔을 것이다. 코로나19 이후 되돌아오지 않는 10-20%의 성도들도 마찬가지다. 코로나19 기간 미국의 기독교인 중 30%는 자신이 등록한 교회가 아닌 다른 교회 온라인 예배를 드렸다.[30)]

2022년 1월에는 미국 10대 교회 중 하나로 꼽히는 포터스하우스 네트워크 소속 덴버 교회가 온라인 교회로 완전 전환을 했다. 덴버 교회는 미국의 대표적 흑인 목회자인 T. D. 제이크스(T. D. Jakes) 목사의 네트워크 교회 중 한 곳이다. 1989년 콜로라도주 아라파호 카운티에서 T. D. 제이크스 목사의 딸 사라 제이크스 로버츠(Sarah Jakes Roberts) 사모와 사위인 투레 로버츠(Touré Roberts) 목사가 창립하여 32에이커(12만 9,499㎡)의 토지와 13만 7천 제곱피트(1만 2,727㎡)의 교회 건물을 보유했다. 코로나19를 거치면서 성도 수와 재정 감소 문제를 직면한 덴버 교회는 교회 건물과 토지 전부를 1,220만 달러에 매각하고 온라인 교회로 완전 전환하는 파격적 실험을 단행했다. 미국 크리스채너티투데이(CT)에 따르면, "덴버 교회는 대면으로 예배하는 예배당에서 온라인으로 이전한 최초이자 가장 유명한 대형 교회"가 되었다.

덴버 교회는 주일 다섯 번, 목요일 두 번씩 영상으로 실시간 예배한다. 온라인 예배에는 평균 1만 명이 동시 접속하고, 유튜브 주간 조회 수는 30만 명 정도다. 덴버 교회는 현실에서 물리적 공간을 포기하는 대신 자선 단체를 만들어 매년 수천 명의 덴버 지역 가정에 식량을 공급해 온 푸드뱅크 사역 등 지역 사회 봉사 활동에 사역을 집중한다고 했다.[31)] 코로나19 이후 한국에도 온라인 전용 교회 혹은 가상 교회가 등장했다.

2024년 미국의 빅테크 회사 애플은 '비전 프로'라는 VR 헤드셋 판매를 시작한다. 애플 CEO 팀 쿡(Tim Cook)은 "모바일 넘는 새로운 공간 컴퓨팅 시대 열렸다"고 자랑했다. 스키 고글 형태의 비전 프로를 착용하면 180도 고해상도 영상을 지원하는 4K 디스플레이(2개)와 첨단 공간 음향 시스템으로 영화를 보거나 게임을 즐길 수 있다. 비전 프로로 OTT '디즈니플러스'를 시청하면 미키마우스가 우리 집 거실을 뛰어다닌다. "스파이더맨" 영화를 보면 내가 마블 영화 속 주인공이 된다. 애플 컴퓨터나 아이패드, 스마트폰과 연동시키면 거대한 창을 띄워 둔 듯 업무를 보고 화상 회의도 할 수 있다. 영화 "마이너리티 리포트"를 떠올리게 한다. 애플 CEO 팀 쿡은 "완전히 새로운 공간으로 끌어들이는 실감 나는 몰입형 영상을 제공한다"라고 강조했다. 애플은 비전 프로를 통해 공상 과학 영화에 구현된 미래 세상을 실현하려고 한다. 당연히 비전 프로를 착용하고 온라인 전용 교회 혹은 가상 교회에 참석하면 현실 세계 교회에 참석하는 것과 같은 착각에 빠질 수 있다. 현재 유튜브 예배 시청과 완전 다른 세계가 펼쳐진다.

필자는 앞으로 태어날 세대를 'A세대'라고 부른다. 인공지능(Artificial Intelligence)의 영어 첫 글자 A, 가상 세계(Artificial World)의 영어 첫 글자 A를 딴 용어다. 현 세대는 인공지능과 가상 세계가 자신이 태어난 이후에 나타났다. A세대는 인공지능과 가상 세계가 인간의 모든 일상에 침투해 있는 시대에 태어난 첫 번째 세대다. 현 세대는 인공지능과 가상 세계가 새로운 기술이다. 그래서 적응이 필요하다. 적응해도 본래 것이 아니다. 반면, A세대는 태어나기 전부터 있던 기술, 원래 있었던 기술이어서 적응이 필요 없다. 생활 그 자체이고, 없으면 이상한 세대다.

이런 세대의 출현과 현재 진행 중인 디지털 노마드 성도의 증가 추세가 결합되면 어떤 미래가 펼쳐질까? 필자는 2060년 무렵, 한국 기독교는 디지털 노마드 성도로 가득하게 될 것으로 예측한다. '영적이지만 종교적이지는 않은 세대'로 가득한 미래다. 만약 이들이 교단을 만든다면, '디지털 유목민 교단'(Association of Digital Nomad Christian)이 기독교 최대 교단이 될 수 있을 것이다. 당연히 가장 큰 교회도 '디지털 노마드 성도 교회'가 될 것이라고 예측한다.

　2023년 현재, 한국 교회의 많은 교인이 '교회가 마음에 들지 않고, 목사가 마음에 들지 않고, 옆자리에 앉은 교인이 마음에 들지 않으면 언제라도 교회를 바꿀 수 있다'고 생각한다. '우리 교회' 의식은 점점 약해진다. 이미 출석 교인 중 76%가 교회를 한 번 이상 옮긴 경험을 가지고 있다. 코로나19 기간 이런 의식은 보편화되었다. 실제로 자신이 다니던 교회를 떠난 이들도 폭증했다. 성경적 교회관이 무너진 것도 한몫했다. 앞으로 더 많은 교인이 자신만을 위해 살고 싶어 할 것이다. 교회보다는 개인이 우선하고, 공동체의 목표보다는 내 신앙생활의 편리함을 우선으로 삼을 것이다. 자신의 방식대로 조용하게 신앙생활을 '즐기려는' 이들이 늘어 갈 것이다. 특정한 한 교회라는 울타리 없이 살고 싶어 하는 마음이 강해질 것이다. 교회를 위한 절대적 헌신, 희생, 충성의 요구에 대한 거부감은 심해질 것이다.

　코로나19 기간 많은 성도가 '가상 교회', '유튜브 예배', '비대면 신앙생활'을 새로운 신앙 방식으로 '연습'했다. 코로나19가 종식되고, 세상은 다시 대면 시대로 되돌아갔다. 하지만 코로나19 이전의 대면 사회는 아니다. 대면과 비대면이 혼합된 시대다. 현실과 가상이 혼합된 시대가 시작되었다. 지난 10년, 현실 세계의 교회에 참석하는 아날로그 교인은 계속 줄고 있다. 반면, 온라인 예배나 가상의 교회에 출석하는 디지털 교인은 계속 증가하고 있다.

　2060년 무렵, 지금의 MZ세대는 5060세대가 된다. 현재 10대 세대와 앞으로 태어날 아이들은 가상 세계, 인공지능과 함께 사는 세대다. 2060년경이면 이들은 2040세대가 된다. 2060년 무렵이면 교회에 출석하는 65세 이하의 교인들은 강력한 '디지털 이동성'에 익숙한 이들로 가득 찬다는 의미다. 아날로그보다 디지털이 편하고, 현실 세계보다 가상 세계가 삶의 주 무대다. 요사이 MZ세대는 얼굴과 얼굴을 보고 대화하는 것을 불편해한다. 심지어 전화 통화도 무서워한다. '살아온 곳', '태어난 곳'에 대한 집착 대신 '지금 어디가 나를 가장 편하게 해줄 수 있는가'를 기준으로 삼는다. 2060년 무렵이면 65세 이하 모든 세대가 이런 특성을 가진 이들이다. 필자의 염려는 이것이다. 2060년 무렵, 누가복음 18장 8절에서 예수님이 경고하신, "세상에서 믿음을 보겠느냐"라는 말씀이 현실이 되는 미래가 펼쳐질 수 있다. 남은 자, 남은 기독교인의 신앙은 낮아지는 것을 넘어 와해되는 미래가 도래할 수 있다.

CHAPTER 2

헌금 기근의 시대가 온다

헌금이 줄었다

2017년 한국 기독교인의 월평균 헌금액은 17만 5,700원이었다. 1998년 한국 기독교인의 월평균 헌금액은 8만 3,000원이었고, 2012년에는 22만 2,000원까지 증가했다. 하지만 5년 만에 20% 정도 감소했다.[1]

다음 두 개의 그래프를 보자. 하나는 가계 저축률과 경제 성장률을 비교한 것이다. 다른 하나는 가계 저축률을 수출 추세와 비교한 것이다. 한국 교회 성도의 가계 저축률은 1980년대 후반까지 계속 증가했다. 같은 기간 한국 경제 연간 성장률은 10-15%를 유지했기 때문이다. 1990년부터 한국의 경제 성장률은 한 단계 하락했다. 가계 저축률 평균도 비례해서 낮아졌다. 1997-1998년 IMF 외환 위기를 맞으면서 한국 경제 성장률은 한 단계 추가 하락했다. 가계 저축률 평균도 한 단계 더 하락했다. 1998년 한국 기독교인의 월평균 헌금액도 8만 3,000원으로 하락했다. IMF를 극복하고 경제가 회복되자 가계 저축률도 회복되었다. 월평균 헌금액도 2004년에는 12만 5,600원으로 증가했다.

하지만 2000-2010년 기간에 한국 교회는 양적 성장이 정점을 지나 하락 추세로 전환되었다. 그리고 2008년 글로벌 금융 위기와 2012년 유럽발 금융 위기를 겪으면서 한국 기업의 수출 증가 추세도 멈췄고, 경제 성장률 평균은 2-3%대로 추락했다. 결국 한국 기독교인 월평균 헌금액도 그 무렵부터 감소 추세로 전환되었다. "십일조를 내지 않는다"라고 답한 비율도 2012년 28%에서 2017년 39.5%로 높아졌다.[2] 그만큼 가계 살림이 팍팍해졌다는 의미다.

| 가계 저축률과 경제 성장률 및 수출 추세 비교 |

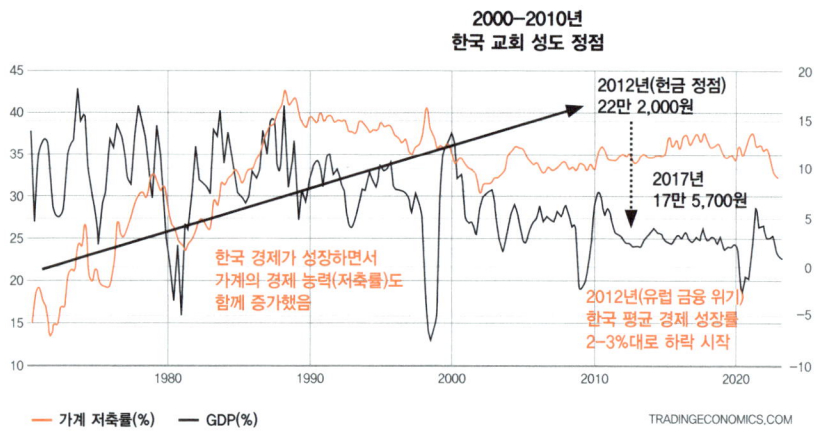

코로나19 위기를 지나면서, 한국 기독교인의 월평균 헌금은 19만 5,000원을 기록했다. 2017년 한국 기독교인의 월평균 헌금액 17만 5,700원에 비하면 총액은 증가했다.[3] 하지만 같은 기간(2017-2023년)에 임금과 가처분소득 증가율이나 돈 가치의 하락(대략 15-20% 하락)을 반영하면, 실질 금액 증가율은 제로에 가깝다. 또한 필자의 분석으로는 이 기간에 월평균 헌금액 액면가가 증가한 이유 중 하나는 집값의 폭등이다. 필자가 가계 부채와 집값 변동을 비교한 결과 2017년(헌금 감소)에는 가계 부채가 집값보다 더 증가해서 소비 여력이 줄어들었다. 반면, 2022년에는 가계 부채 증가치보다 집값 상승이 더 높아서 소비 여력이 증가했다. 그래서 일부 집값 상승의 혜택을 본 교인들의 헌금이 늘어서 헌금 평균치를 상승시켰을 것이다. 실제로, 2023년 6월 21일 목회데이터연구소가 발표한 "개신교인의 헌금 의식 조사" 결과를 보자. 응답자 23%가 월평균 헌금을 코로나19 이전보다 줄였다고 했다. 헌금이 "늘었다"는 응답은 7%에 불과했다. 헌금을 줄인 성도가 늘린 성도보다 3배 많다.[4]

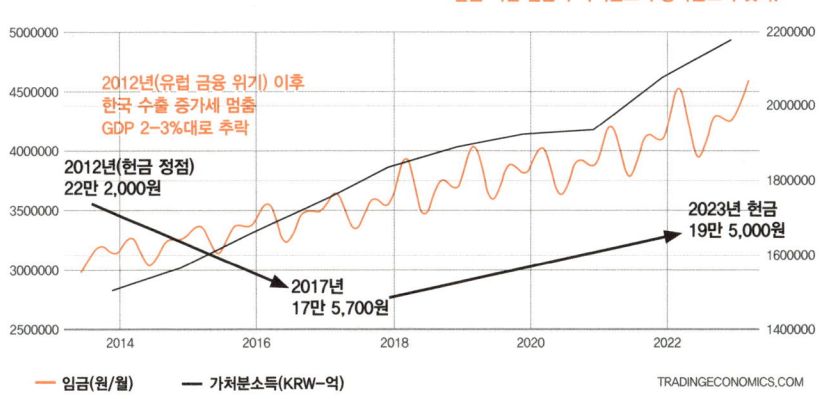

| 임금 및 가처분소득 변동과 헌금액 |

2. 헌금 기근의 시대가 온다

경제적으로 위태로운 교인들

10년 전 필자는 『2020-2040 한국교회 미래지도』에서 '위태로운 교인'의 모습을 다음과 같이 요약했다.

"일자리는 줄어들고, 세대 간 갈등은 증가하고, 고령화의 저주에 빠지고, 퇴직연금과 국민연금 붕괴를 두려워하고, 부동산 가격 하락 충격으로 자산이 감소하면서, 점점 가난해지고 있다."

"10년이 지난 지금은 나아졌을까?" 이 질문에 확신 있게 "그렇다"라고 대답할 독자는 없을 것이다. 현재 한국 교회 성도들이 처한 경제적 상황을 정리해 보자. 2023년 1분기 기준, 청년 실업률(15-29세)은 6.7%다. 청년 실업률은 전체 실업률 2.5%보다 2.68배 높다. 이것도 역대 최저치다. 하지만 이 수치는 현실을 정확하게 반영하지 못한다. 같은 기간, 한국 청년들의 '확장 실업률'은 17.6%다. 확장 실업률이란 '일을 더 하기 원하는 단기(주 36시간 미만) 근로자, 개인 사정으로 구직 활동을 못한 잠재 취업 및 구직자'까지 포함한 실업률이다. 한국 청년층의 높은 확장 실업률 추세는 2015년 22.5%, 2016년은 21.7%, 2017년 22.6%, 2018년 22.7%, 2019년 23.8%를 기록하는 등 코로나19 이전부터 고착화된 문제다.[5] 하지만 확장 실업률도 청년 실업의 현실을 완전히 반영하지 못한다. 확장 실업률에는 '근속 기간이 매우 짧은' 청년 배달 근로자나 숙박업 임시 근로자가 빠져 있다. 여기에 구직 단념 청년, 은둔 청년 등을 포함하면 문제는 더욱 심각해진다.[6] 결국 한국 청년층의 체감 실업률은 10여 년 넘게 20-25%로 고정되어 있는 셈이다.

한국 고용 시장 전체도 질적 저하가 계속 진행 중이다. 2015년 비정규직 비율은 전체 고용에서 31.9%였는데, 2022년에는 37.5%까지 증가했다.[7] 통계청이 발표한 "2021년 일자리 이동 통계 결과"를 보면, 직장을 옮긴 근로자 10명 중 3.6명은 임금이 줄어든 것으로 나타났다. 중소기업에서 대기업으로 이동한 근로자는 11%이고, 대기업에서 중소기업으로 이직한 근로자는 56.2%에 달했다. 일자리를 유지하는 사람은 매년 줄고, 이동하는 사람은 매년 증가하는 추세도 지속되었다. 일자리 진입률은 숙박·음식점업(28.0%)에서 가장 높았다. 자영업이나 임금 환경이 열악하거나 일자리 안정성이 떨어지는 산업으로 진입이 늘고 있다는 의미다.[8]

2022-2023년에는 4050장년층이 월급만으로는 생활을 유지하기 어려워서 부업이나 아르바이트 전선에 뛰어드는 비율도 2-3배 폭증했다. 구인·구직 사이트 알바천국에 따르면, 2022년 40대와 50대의 분기별 아르바이트 지원량 증가율이 전년 동기 대비 각각 228.9%, 258.5%에 달한다. 전체 연령대 증가율(28%)의 8-9배다. 2023년 1분기에도 각각 294.3%(36만 216→142만 344건), 100.3%(21만 3,803→42만 8,202건) 늘었다. 전체 연령대 증가율(47.3%)을 훌쩍 뛰어넘었다. 4050세대의 아르바이트 직종도 배달 라이더나 대리 기사 같은 긱 이코노미(gig economy, 임시직 경제), 물류 창고 알바, 일반 음식점·편의점 근무, 매장 관리·판매 등에 몰려 있다. 원인은 2022년부터 시작된 금리 인상과 고물가, 경기 둔화 등 트리플 경제 충격 때문이다.[9]

그렇다고 자영업자들의 상황도 좋은 것이 아니다. 2023년 기준, 국내 자영업자 부채 규모는 1,033조 원을 넘었다. 자영업자 1인당 3억 3천만 원으로, 비자영업자(9천만 원)의 3.7배다. 자영업자 중 취약차주(금융기관 세 곳 이상에서 돈을 빌린 저소득·저신용자) 대출 비중도 2021년 말 9.0%에서 2023

년 1분기 말 10.1%로 높아졌다. 대출의 질도 좋지 않다. 자영업자 대출 중에서 비은행 금융기관의 비중이 39.4%에 이른다. 한국은행은 2023년 말에는 자영업자 취약차주의 연체 위험률이 18.5%까지 상승할 것으로 추정했다. 연체 위험률이란 '5영업일 이상 연체 기간이 있거나 세금을 못 낸 자영업자'의 비율이다.[10] 2022년 한 해 소상공인의 49.9%는 월 100만 원 수익도 못 올렸다. 2023년에는 법인 파산 신청 건수가 전년 대비 56%나 증가했다.[11]

한국 가계의 GDP 대비 부채 규모도 105-106%를 오간다. 역대 최고 수준이다. 2023년 1분기 기준, 가계 대출 총부채원리금상환비율(DSR)은 40.3%를 기록했다. 한국 가계가 월급의 40.3%를 빚 갚는 데 쓴다는 의미다. DSR은 주택담보대출과 신용대출 등 모든 가계 대출의 원리금 상환액을 연 소득으로 나눈 비율이다.[12] 가계와 기업 부채를 종합한 민간 전체의 신용 비율은 223.1% 정도로 추정된다. 역대 최고다. 한국 경제를 뒷받침하고 있는 수출은 2011년부터 제자리걸음이다. 2021년 말부터 무역 수지는 적자에 허우적거린다. 한국 정부 예산은 2009년부터 현재까지 적자가 계속되고 있다. 코로나19로 물가 상승률은 고통스럽다.

은퇴 성도의 경제적 상황은 매우 심각하다. 한국은 2025년에 65세 인구 비중이 20%를 넘는 초고령사회에 진입한다. 2050년에는 고령 인구 비중이 40%를 넘을 것으로 전망된다. 반면, 노령층의 빈곤율은 43.2%로 경제협력개발기구(OECD)에서 압도적인 1위다. 노인 빈곤율이란 노인 인구 중 중위 소득의 50%(상대 빈곤선) 이하인 사람의 비율이다. 그래서 한국 교회 65세 이상 고령자의 65.0%는 본인이나 배우자가 직접 생활비를 마련하기 위해 일을 한다. 10년 전보다 13.4%p 높아진 수치다. 혼자 사는 1인 노인 가구의 상황은 더욱 심각하다. 이들 중 72.1%는 빈곤층이다. 점점 더 많은 노년층 성도가 가난으로 내몰리는 중이다. 이들은 노동 시장에서 청년 세대와 일자리를 두고 전투를 벌인다. 2021년 기준, 60대(60-69세) 취업자 수는 446만 7천 명으로 20대(20-29세) 취업자 수(383만 3천 명)보다 50만 명 이상 많았다.[13] 참고로, 한국 교회는 한국 사회의 고령화 추세보다 속도가 빠르고 비율도 높다. 2023년 2월 기준, 한국 인구에서 60세 이상 비율은 31.1%이지만, 한국 교회는 그 비율이 36.1%였다.[14] 즉 한국 교회는 한국 사회 전체의 경제 상황보다 좋지 않다는 의미다.

교인들의 경제 상황 악화는 교회의 재정 상황 악화로 직결된다. 한국은 겉으로만 부자 나라다. 한국 국민의 순자산(총 자산 중 부채 제외)은 상위 10%가 전체 자산의 5분의 2 이상을 갖고 있고, 전체 자산의 71.3%는 상위 30%에 몰려 있다.[15] 이 수치가 주는 의미는 분명하다. 한국 교회는 겉으로만 재정적으로 안전하다. 그러나 속을 들여다보면 매우 위험하다. 한국 교회가 보유한 헌금의 70% 이상이 상위 30% 교회에 집중되어 있을 가능성이 높다. 한국 교회 상위 10%에 해당하는 교회가 한국 교회 전체 헌금의 5분의 2 이상을 독점하고 있을 가능성이 높다. 나머지 교회들은 이미 재정적으로 심각한 위기에 직면해 있다. 중요한 것은 이것이다. 지금이 최악이 아니다.

헌금 기근 시대, 지금부터 시작이다

대비하라. 헌금 기근의 시대는 지금부터 시작이다. 2012년 이후 한국 교회 성도의 헌금 감소는 우연이 아니다. 한국 경제의 성장 정체, 가계 부채 부담 증가, 성도 감소 시작이 종합적으로 작용한 결과다. 지금 한국 교회 성도의 삶은 고달프다. 가계 살림은 고통스럽다. 그 여파가 교회 재정에 고스란히 전가되고 있다. 그래서 교회도 고통스럽다. 하지만 더 큰 문제는 지금부터다.

  필자가 미래학자로서 기업과 정부에게 제시하는 한국 경제의 미래를 한마디로 전망하는 말은 '성장의 종말'이다. 현재 한국 경제는 일본처럼 장기 침체에 빠질 급박한 위기에 놓여 있다. 가계와 기업의 부채 부담은 이미 최고조에 이르렀다. 이 추세는 되돌리기 어렵다. 오히려 악화될 것이다. 2023년 하반기부터 역전세난이 벌어지면서, 서민과 중산층이 밀집한 지역에서 부동산 시장 충격이 시작될 것이다. 물론, 상위 10% 이내의 부자 지역 집값은 기준금리 인하가 시작되면 반등할 수 있다. 그래서 일부 넉넉한 교회들은 헌금이 늘어날 수 있다. 재정적 어려움이 해소될 수 있다. 하지만 자랑하지 말라. 우리 교회는 헌금이 늘었다고 감사하다고 말하지 말라. 이웃 교회는 '파산을 걱정할 재정적 위기'가 시작되고 있기 때문이다. 교회 전체의 헌금은 회복이 되어도, 교회 내에 자영업자, 청년층, 은퇴자의 경제적 상황은 악화될 것이다. 앞으로 3-4년 실물 경제 위기, 부동산과 주식과 암호화폐 등 자산 시장 위기가 성도의 가정을 엄습할 것이다.

  2023년 6월 25일 고용노동부가 발표한 자료에 따르면, 2012-2022년 한국 직장인의 실질 임금 총액은 18.96% 증가했다. 반면, 같은 기간 서울 아파트 평균 매매 가격은 148.95% 올랐다. KB부동산이 집계하는 PIR(소득 대비 집값 비율) 지수는 소득과 집값 상승의 격차를 더 뚜렷하게 보여 준다. 2012년 12월 9.5배였던 PIR은 2021년 12월에 19.9배까지 치솟았다. 내 소득 전체를 한 푼도 쓰지 않고 전부 모아 내 집을 마련하기까지 19.9년이 걸린다는 의미다.[16] 일부 자료에서는 2023년 기준으로 소득 대비 서울 아파트 가격이 23.5배라는 분석도 있다.[17] 최근 한국 부동산 시장에서 벌어지고 있는 집값 하락의 공포는 2019-2020년경에 시작되었어야 했다. 하지만 코로나19 팬데믹이라는 뜻밖의 재앙이 닥치고 각국 정부가 엄청난 돈을 쏟아붓는 바람에 부동산 시장의 위기가 3-4년 연기되는 일이 벌어졌다. 중요한 것은 이것이다. 부동산 버블 붕괴 위험이 사라진 것이 아니다. 연기되었을 뿐이다. 연기되면서, 발생할 충격 규모는 더 커졌다.

다음 두 개의 그래프를 보라. 하나는 수도권 '영끌' 거래량 폭발을 보여주고, 다른 하나는 한국 부동산 시장의 역사를 보여 준다. 그래프에서 볼 수 있듯이 부동산 버블 붕괴가 연기되면서, MZ세대와 서민들이 붕괴 가능성 시장에 휩쓸려 들어갔다. 2008년 부동산 버블 붕괴 직전에 벌어진 영끌, 패닉바잉(더 상승할 것이라는 공포감에 주택 구매를 서두르는 현상)보다 더 크고 강력했다. 한국 부동산 시장 역사에서도 2019-2021년 3년 동안 일어난 부동산 가격 상승 규모는 역대 최고다. 같은 기간, 전세 자금 대출도 역대 최고 증가율을 기록했다. 부동산 가격 하락이 일어나면 전세 시장까지 충격이 확산될 것이다. 필자가 강조하는 버블의 법칙 세 가지가 있다.

법칙 1) 버블은 언제나 붕괴했다. 예외가 없다. (언제 붕괴하느냐만 불확실성이다.)

법칙 2) 버블 규모와 붕괴 규모는 비례한다. 많이 오르면 많이 하락하고, 적게 오르면 적게 하락한다.

법칙 3) 버블이 터지면 (버블이 시작되었던) 원래 시작점이나 그보다 약간 아래까지 하락하는 경향을 갖는다.

| 수도권 영끌 거래량 폭발: 2006년 말 vs 2020년 중순 |

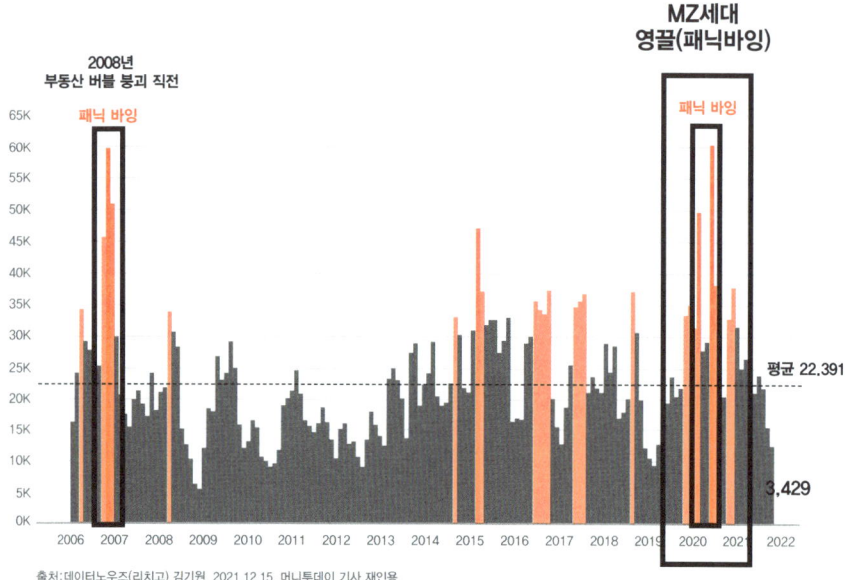

| 한국 부동산 시장의 역사 |

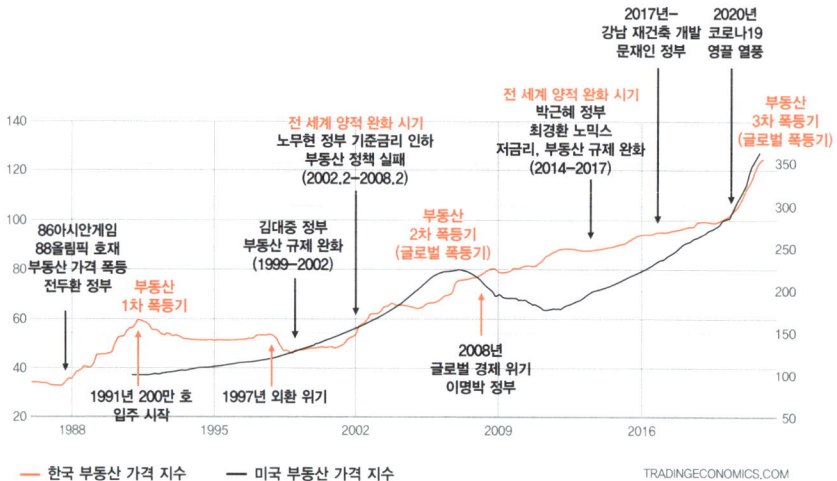

치솟는 집값을 따라잡지 못한 젊은이와 서민들은 주식과 암호화폐 시장에서 기회를 노렸다. 하지만 암호화폐 시장은 붕괴를 시작했다. 주식시장도 곧 충격을 받을 것이다. 일부는 미래의 집을 포기하고 현재의 다른 소비를 늘렸다. 그 과정에서 살림은 적자를 면치 못하고 부채는 늘어났다.

시간이 갈수록 한국 교회의 초고령화 속도는 가속될 것이다. 한국 기독교 전체 출석 성도 수 감소도 계속될 것이다. 다음 그래프를 보라. 필자가 10년 전에 분석하고 예측했던 자료다.

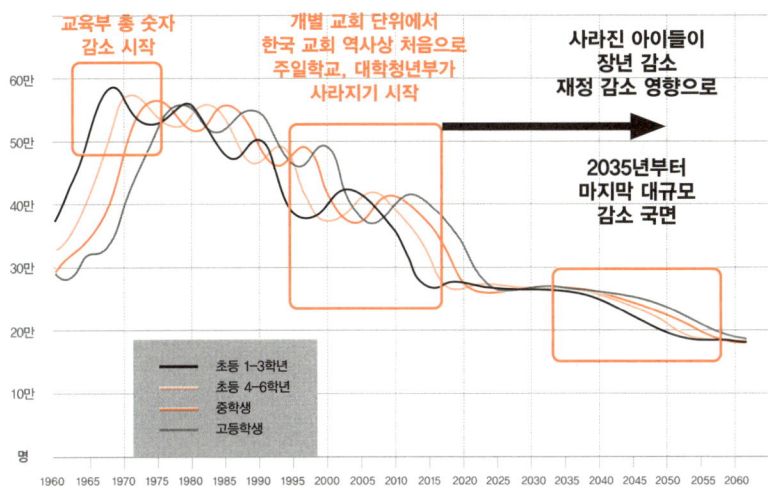

| 2050년까지 기독교 주일학교(초등-고등부) 숫자 예측 |

1990-2010년, 한국 교회 청년부와 주일학교는 가장 큰 감소기를 맞았다. 하나님의 법칙은 '뿌린 대로 거둔다', '뿌리지 않으면 못 거둔다'는 것이다. 지난 20-30년 동안 벌어진 청년부와 주일학교의 대규모 감소 여파

는 이제 장년 감소에 직접 영향을 주게 될 것이다. 1990-2010년에 교회에서 사라진 청년 및 주일학교 학생들은 현재 30-50세다. 이들이 사라진 만큼 장년층 헌금이 감소할 것이다. 뿌리지 않은 결과가 얼마나 무서운지를 경험하게 될 것이다. 현재 교회 안에 남아 있는 청년 세대의 경제 역량은 가장 약하다. 매년 장년의 1.5-2%씩 은퇴를 한다. 앞으로 한국 교회 80%는 헌금이 늘어날 가능성이 거의 없다. 남은 20%의 교회 중 상당은 이미 쌓아 둔 막대한 교회 부채의 이자와 원금을 갚을 비중이 매년 증가하는 위기에 처할 것이다. 소수의 교회들은 헌금이 늘어날 수 있다. 이런 교회가 어떤 교회인지 예측하기 어렵지 않다. 수평 이동 효과를 누리는 교회다. 일부 교회에서 헌금 총액이 증가하거나 유지되는 현상이 벌어지는 것은 돈 가치 하락으로 인한 '착시 효과'에 불과하다.

2050년, 헌금이 3분의 1로 준다

필자는 2050년 한국 교회의 헌금 및 재정 상황을 전망하기 위해 다양한 예측 모델을 만들어 시뮬레이션을 돌려 보았다. 그리고 내린 결론은 이것이다.

"2050년, 한국 교회 헌금은 (2023년 대비) 3분의 1로 감소한다."

이 예측 결과 값은 한국 교회 평균치다. 실제는 평균치와 다르게 될 것이다. 다음 도표를 보자. 필자가 2015년과 2050년의 한국 기독교인 연령별 숫자와 헌금 능력을 비교한 그래프다. 필자는 25-54세까지 청장년을 헌금 주 세대로 규정했다. 55-74세는 '은퇴자 1' 그룹으로 분류했다. 이들은 은퇴 후에도 은퇴 직전 급여의 3분의 1 정도의 임금을 받는 일자리를 구해서 소득 활동을 한다. 그리고 국민연금 수령액도 가장 많다. 필자는 이들은 은퇴 직전 대비 월평균 헌금 금액이 3분의 1로 줄어들 것이라고 가정했다. 75-100세는 '은퇴자 2' 그룹으로 분류했다. 이들은 소득 활동이 거의 불가능한 세대다. 필자는 이들은 소득 활동이 전무하기 때문에 십일조 헌금이 불가능하다고 보았다. 한국 교회 재정 분석을 해보면, 재정 수입에서 십일조는 50%, 감사헌금은 20%, 특별건축헌금은 10% 내외를 차지한다.[18] 75-100세인 은퇴자 2 그룹은 이 세 가지 헌금을 거의 못한다. 매주 최소 수준의 주일헌금만 가능하다. 심지어 상당수의 교인은 헌금을 전혀 내지 못할 수도 있다. 그래서 필자는 이들의 월평균 헌금 금액은 55세 은퇴 직전 대비 10분의 1로 줄어들 것이라고 가정했다.

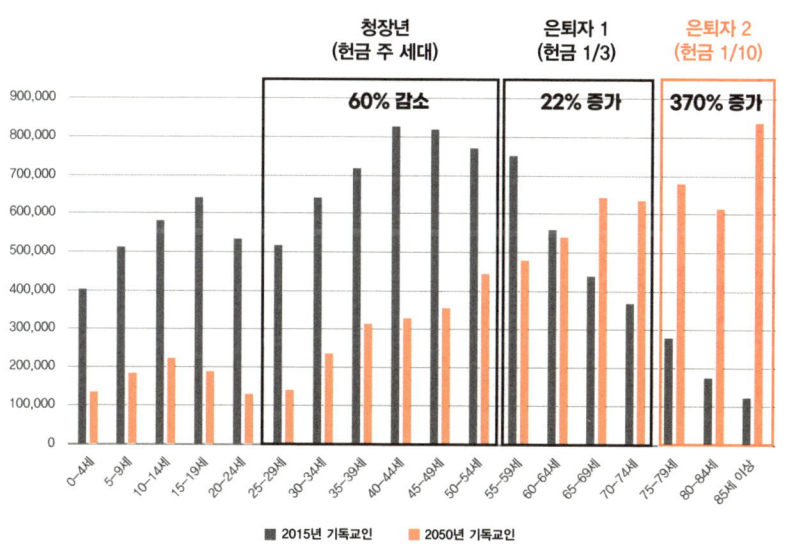

| 2015년 vs 2050년 기독교 연령별 숫자와 헌금 능력 |

이 도표에서 보듯이, 2050년이 되면 헌금 주 세대인 25-54세 청장년 숫자는 2015년 대비 60% 감소한다. 반면, 헌금이 3분의 1로 줄어드는 은퇴자 1 그룹의 인구는 22% 증가한다. 헌금이 10분의 1로 감소하거나 헌금을 거의 내지 못하는 은퇴자 2 그룹의 인구는 무려 370% 증가한다.

이 도표에 나타난 기독교인의 연령별 숫자 변화만 반영해도 2050년 한국 교회 전체의 헌금 규모는 3분의 1로 줄어들 가능성이 높다고 추정이 가능하다. 다시 말하지만, 이 추정 값은 한국 교회 평균치다. 2050년 개별 교회들의 실제 상황은 평균치와 전혀 다르게 전개될 것이다. 필자는 앞에서 상위 10%에 해당하는 교회가 한국 교회 전체 헌금의 40% 이상을 독점하고 있을 가능성이 높다고 추정했다. 대한예수교장로회 통합교단을 기준으로 하면, 400명 이상 교회(10.9%)다. 또한 한국 교회 헌금의 70% 이상이 상위 30%에 집중되어 있다고 추정했다. 다음은 2021년 대한예수교장로회 통합교단 소속 교회 중에서 교인 수별 교회 비율이다.[19]

| 예장통합 기준, 2021년 교인 수별 교회 비율 |

30명 미만은 전체 36.4%
30-50명 미만은 16.5%

50-100명 미만은 15%
100-200명 미만은 12.9%

200-400명 미만은 7.9%
400-500명 미만은 1.57%
500-1천 명 미만은 4.4%

1천-3천 명 미만은 3.1%
3천-7천 명 미만은 0.8%(78교회)

7천-1만 명 미만은 0.11%(10교회)
1만-5만 명 미만은 0.18%(17교회)
5만 명 이상은 0.03%(3교회)

필자는 대한예수교장로회 통합교단에서 파악한 교인 숫자별 교회 분류, 한국의 경제 상황과 일자리 변화, 가계 부채 충격, 저출산 초고령사회, 노인 빈곤율, 국민연금의 미래 위기, 기독교 성도 수 감소 추세, 2050년 한국 교회 기독교인 연령별 인구 분포와 재정 능력을 종합해서 2050년 한국 교회 개교회별 헌금 및 재정 상황 변화를 추정해 보겠다.

먼저, 대한예수교장로회 통합교단 소속 교회 중에서 상위 0.32%에 속하는 성도 수 7천 명 이상 교회는 2050년에도 명목 헌금 규모와 실질 헌금 규모 모두 증가할 것이다. '명목 헌금'이란 장부상 기록되는 숫자(화폐 액면 금액)를 의미한다. 반면, '실질 헌금'이란 화폐 가치 변화가 반영된 실제 구매력 기준 헌금이다. 상위 0.32%에 드는 초대형 교회들은 2050년에도 교회 재정이 흑자를 기록할 수 있다.

2050년, 현재 교인 수가 1천-7천 명 미만 되는 3.9%의 교회는 명목 헌금액 및 명목 재정 규모가 현재와 비슷하거나 약간 증가하게 될 것이다. 교회 장부상 화폐 액수가 현재와 비슷하거나 약간 증가하는 정도면, 실제 헌금 규모는 지금보다 하락한다. 이들 교회 중에서 3천 명 이상 교회는 2050년에도 교회 재정이 흑자를 기록할 수 있지만, 1천 명대 교회는 부교역자를 줄이고 교회 행사를 축소하면서 재정 적자를 간신히 면하게 될 것이다. 참고로, 한국 교회 재정 지출을 분석해 보면 인건비 지출이 30%, 건물 유지 운영비가 40-45% 내외를 차지한다. 두 항목만 전체 재정 지출에서 70-75%다. 전도 및 기타 행사비는 5% 내외이고, 선교비는 5-8%, 구제비는 5-8%, 교육비는 5-7% 등을 차지한다.[20] 헌금이 줄어도 건물 유지 운영비 축소는 한계가 뚜렷하다. 줄어든 재정 규모에 맞추는 가장 쉬운 방법은 인건비 지출 축소다.

성도 수가 200-1천 명 미만 교회 13.87%는 명목 헌금 규모가 3분의 1로 줄어들 가능성이 높다. 그리고 나머지 50-200명 미만 교회 27.9%는 명목 헌금 규모가 10분의 1로 줄어들 가능성이 높다. 이들 교회는 모두 재정 적자를 기록하게 될 것이다. 마지막으로 나머지 50명 미만 교회 52.9%는 사라지거나 헌금이 거의 없는 상황이 될 것이다. 한국 교회 재정 능력은 규모에 비례하지 않는다. 규모가 작을수록 재정 능력 약화가 배가된다. 예를 들어, 2022년 코로나19 이후 헌금 회복력을 조사한 결과 500명 이상 교회는 92% 회복률을 보였다. 하지만 100-499명 교회는 86%, 30-100명 교회는 85% 회복률을 보여서 500명 이상 교회보다 8-9%p 낮았다. 심지어 29명 이하 교회는 75% 회복률만 보여서 500명 이상 교회보다 17%p 낮았다.[21] 교회가 작을수록 위기 시에 취약성이 배가된다는 의미다.

| 예장통합 기준, 교인 수별 교회 비율과 2050년 헌금 능력 비교 |

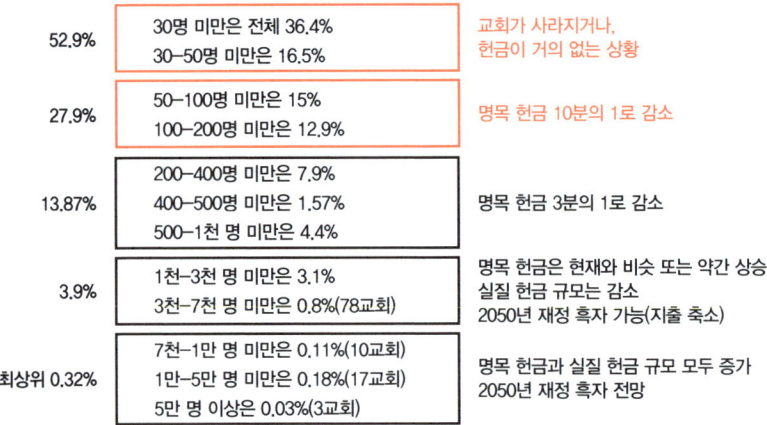

참고로, 대한예수교장로회 통합과 합동 교단의 교인 숫자별 교회 비율을 비교하면 다음과 같이 큰 차이가 나지 않는다.[22]

100명 이하: 통합은 67.9%, 합동은 68.8%

100-199명: 통합은 12.9%, 합동은 14.1%

200-499명: 통합은 9.47%, 합동은 10.3%

500-999명: 통합은 4.4%, 합동은 3.9%

1천 명 이상: 통합은 4.22%, 합동은 2.9%

목회자 10명 중 9명, 은퇴 생활비 못 받는다

 2023년 현재, 한국 교회 목회자의 절반 정도는 극빈층이다. 한목협이 자체 조사한 자료에 따르면, 한국 교회 100명 미만 교회 목회자 월평균 사례비는 최저임금보다 적다.[23] 코로나19를 겪으면서 상황은 더욱 심각해졌다. 일용직 노동자 생활을 하거나 배달과 택배로 생계를 유지하는 목회자들이 많다. 성도가 모두 떠났지만 교회 문을 닫지 못하고 혼자라도 매일 새벽예배와 수요·주일예배까지 드리고, 평일에는 한 달 50-60만 원을 벌기 위해 폐지를 주우러 다니는 목회자도 있다. 기초생활보장 수급자가 된 이들도 많아졌다. 연금과 자녀가 주는 용돈으로 교회 월세를 충당하는 이들도 많다.[24] 목회를 그만두거나 은퇴를 해도 문제는 해결되지 않는다. 중소형 교회에서 은퇴한 대부분의 목회자는 현직보다 은퇴한 후 생활이 더 힘들다고 고백한다. 은퇴하면 정체성 혼란과 허탈감이 밀려오고, 동시에 경제적 위기에 직면하기 때문이다. 이런 문제는 2050년이 되면 더욱 극심해질 것이다.

 필자의 예측으로는 2050년이 되면 은퇴 목회자 10명 중 9명은 생활비 보장을 받지 못한다. 은퇴 후 몇 년은 교회로부터 생활비 지원을 받더라도, 노쇠해 가는 교회가 100세까지 책임지는 것은 불가능하다. 위기는 또 다른 위기를 부른다. 악순환은 악순환의 고리를 만든다. 2050년, 한국 교회 헌금이 급감하고 재정이 붕괴되면, 그다음 목회자의 경제 능력 상실은 불을 보듯 뻔하다.

2050년, 한국 교회는 현직 담임 목사와 두 명의 은퇴 목사 생활비를 감당해야 한다. 2023년 고신교단이 자체 조사한 바에 따르면, 개척 교회 목회자 연령은 50대가 50.8%로 가장 많았다. 이어 60대(25.9%), 40대(19.5%) 순이었다. 이들의 최고 고민은 교회 성장에 대한 부담감이나 성도와의 관계가 아니다. 사역에 대한 낙심도 아니다. 이미 생활고와 경제 문제가 최고의 고민거리다.[25] 한국 교회 현직 담임 목사 대부분이 앞으로 20년 이내에 은퇴한다. 100세 시대이기 때문에, 2023년 현재 은퇴한 목사와 앞으로 20년 동안 은퇴할 목사가 모두 살아 있다. 2050년, 한국의 모든 교회는 최소 세 명의 목회자 사례비를 감당해야 한다. 가능할까?

필자가 앞에서 예측한 2050년 한국 교회의 헌금 감소와 재정 상황을 생각해 보자. 2050년, 재적 성도 수 1천 명 교회도 재정 적자를 면하려면 부교역자 수를 줄이고 교회 행사를 축소해야 한다. 초고령화와 가나안 성도 증가로, 최소 1천 명 미만 교회들도 세 명의 목회자 사례비 감당이 불가능하다. 대한예수교장로회 통합교단을 예로 들면 95.78%의 교회다. 재적 교인 1천 명 교회가 세 명의 목회자 생활비를 100세까지 계속 지급하려면 모든 부교역자를 사임시키고, 모든 선교사 후원을 중지하고, 예배를 제외한 모든 교회 행사와 사역을 중단하고, 숨만 쉬고 있어야 한다. 성도 수 400명 미만에 해당하는 88.7%의 교회는 그런 시도마저 불가능하다. 마른 수건을 쥐어짜듯 재정을 아껴도 담임 목사 사례비 감당도 버겁게 될 것이다. 2050년, 은퇴 목회자 10명 중 9명은 모교회로부터 생활비 지급 불능

통보를 언제 받을지 모르는 불안한 나날을 보내야 한다.

필자는 한국 기독교 교회의 실제 수를 3만 7천-4만 9,300개 사이로 추정했다(2019년 기준). 한국 교회는 지난 10년간(2008-2017년) 평균 교인 수는 13% 감소했지만, 교회당 목회자 수는 20% 증가했다.[26] 한국 교회 교세가 줄면서 부교역자 채용이 줄자 떠밀리듯 개척을 하는 목회자가 증가한 것도 한몫을 했을 것이다.

앞으로 30년 동안, 한국 교회에서 담임 목사, 부목사, 전도사 등 최소 5만 명, 최대 10만 명 이상이 은퇴한다. 은퇴 교역자의 배우자까지 합하면 최대 20만 명 이상이다. 이들 중 88.7%인 18만 명의 교역자와 배우자들은 교회가 지원하는 생활비를 받지 못할 수 있다.

경고의 목소리, 듣지 않으면 망한다

미래학자가 위기를 예측하고 경고하는 것은 패배를 선언하는 것이 아니다. '그런 미래'가 오지 않도록 대비하자는 의미다. 지금 한국 교회가 받는 조롱과 멸시, 쇠퇴의 징조들은 하나님이 우리에게 보내시는 경고의 메시지다. 오히려 필자가 예측한 한국 교회의 고통은 하나님의 경고보다 약하다. 하나님은 요한계시록 2장 5절을 통해 이렇게 경고하신다.

"그러므로 어디서 떨어졌는지를 생각하고 **회개하여 처음 행위를 가지라** 만일 그리하지 아니하고 회개하지 아니하면 내가 네게 가서 네 촛대를 그 자리에서 옮기리라."

이런 경고와 예측에도 불구하고 우리가 어디서 떨어졌는지, 무엇을 잘못했는지를 생각하지 않으면, 하나님은 한국 교회를 필자가 예측한 미래 위기와 고통보다 더 끔찍하고 어두운 미래로 몰고 가실 수 있다. 필자는 그런 미래가 더 두렵다. 이런 긴급한 상황이 진행되고 있는데, 우리의 잘못을 회개하고 첫사랑을 회복하기 위한 갱신의 노력은 하지 않고 "하나님이 보호하시니 한국 교회에는 그런 암울한 미래가 일어나지 않을 것이다"라고 말하는 이들이 있다. 하나님이 한국 교회에 보내시는 경고를 듣지 않고 거짓 평화를 예언하는 이들이다. 여호야김 4년(주전 605년), 선지자 예레미야는 바벨론 느부갓네살의 공격으로 유다 나라가 멸망하고, 국토는 폐허가 되고, 백성들은 바벨론으로 끌려가 70년 동안 포로 생활을 하는 어둡고 두려운 미래를 예언했다. 그러자 수많은 거짓 평화를 예언하는 이들이 들고 일어나서 예레미야를 공격했다.

"만군의 여호와께서 이와 같이 말씀하시되 너희에게 예언하는 선지자들의 말을 듣지 말라 그들은 너희에게 헛된 것을 가르치나니 그들이 말한 묵시는 자기 마음으로 말미암은 것이요 여호와의 입에서 나온 것이 아니니라 항상 그들이 나를 멸시하는 자에게 이르기를 너희가 평안하리라 여호와의 말씀이니라 하며 또 자기 마음이 완악한 대로 행하는 모든 사람에게 이르기를 재앙이 너희에게 임하지 아니하리라 하였느니라"(렘 23:16-17).

필자가 『2020-2040 한국교회 미래지도』에서 한국 교회의 위기를 경고했지만, 10년이 지난 지금 변한 것은 없다. 어떤 이들은 "한국 교회의 미래를 너무 부정적으로만 본다"고 되받아쳤다. 안타깝고 가슴 아프다. 그들은 필자가 이 책을 통해 하는 '더 큰 경고'와 '더 큰 위기'에 대한 예측도 맞받아칠 것이다. "그럴 일은 없다. 하나님이 계시니 한국 교회가 평안하리라. 그런 재앙은 우리에게 임하지 아니할 것이다." 하나님의 말씀이다. "너희는 그들의 말을 듣지 말라. 그들은 너희를 멸망으로 이끌 것이다."

'스톡데일 패러독스'(Stockdale Paradox)라는 말이 있다. 10년 전 필자가 한국 교회 위기 경고를 시작하면서 노파심에 던졌던 말이다. 위기 경고에 대하여 반발하는 이들을 거짓 선지자라고 치부하는 것이 지나칠 수 있다. 그렇다면 '근거 없는 낙관론자'라고 부르겠다. 10년 전 필자는 한국 교회가 다가오는 위기를 극복하고 성장의 한계를 넘어 새로운 부흥을 맞으려면 현실에서 눈을 떼지 말라고 했다. 10년 전보다 더 큰 위기가 기다리고 있는 미래를 돌파하기 위해 한국 교회에 필요한 지도자의 태도는 무엇일까? 필자가 그 당시 했던 말을 다시 소개한다.

"'스톡데일 패러독스'(Stockdale Paradox)라는 말이 있다. 짐 콜린스는 베트남 전쟁 시 포로로 잡혔던 스톡데일 장군의 예를 들며 현실에서 눈을 떼지 않는 것이 얼마나 중요한지를 강조했다. 제임스 스톡데일 장군은 베트남 전쟁 당시 하노이 힐튼 포로 수용소에 갇힌 미군 중 최고위 장교였다. 그는 베트남 전쟁이 한창이던 1965년부터 1973년까지 무려 8년 동안이나 수용소에 갇혀 있었다. 그 기간 중 스톡데일 장군은 4년 동안 독방 생활을 했고, 스무 번이 넘는 심한 고문을 받았다. 그러나 언제 석방될지 모르는 불확실함과 두려움의 극치 상태에서 결국 살아남았고, 많은 포로를 데리고 다시 고국으로 돌아가는 지도력을 발휘했다.

훗날 스톡데일 장군은 극한 고문과 고통의 포로 수용소에서 살아남을 수 있었던 이유에 대해 이렇게 회고했다. '수용소에서의 참담한 상황을 가장 견뎌 내지 못한 사람은 바로 낙관주의자들이었습니다. 그들은 크리스마스 때까지는 나갈 수 있으리라고 낙관적으로 말하다가 크리스마스가 지나면 부활절까지는 나갈 수 있을 거라고 또다시 낙관적으로 말했습니다. 그러나 결국 그들은 8년 동안의 긴 포로 생활의 현실을 이기지 못하고 상심하여 죽고 말았습니다.' 스톡데일 장군은 포로 수용소에서 살아남은 사람은 낙관주의자가 아니라 냉정한 현실주의자였다고 말한다. 그가 말하는 현실주의자는 잘될 거라는 믿음을 잃지 않으면서도 냉혹한 현실을 직시하는 사람이다.

'냉혹한 현실을 직시하라. 그러나 믿음을 잃지 말라'라는 스톡데일 패러독스는 혼란의 시대를 사는 교인 개인이나 교회 공동체에 동일하게 적용되는 원리다. '뱀같이 지혜롭고 비둘기같이 순결하라'(마 10:16)라는 하나님의 법칙과 같은 맥락이다."

한국 교회의 현실은 명확하다. 첫사랑에서 멀어졌다. 과거의 부흥과 성공에 도취해 있다. 하나님과 세상을 함께 섬긴다. 하나님은 자기 백성들과 교회가 예레미야의 입을 통해 보낸 경고의 메시지를 듣지 않자 바벨론 왕 느부갓네살을 '내 종'이라고 표현하시면서 유다를 멸망시키는 도구로 사용하셨다. 현재 한국 교회 앞에 놓인 위기와 고통은 '거룩한 고난'일까, 아니면 '첫사랑을 잃어버린 자가 받는 경고이자 치욕'일까?

하나님의 경고의 목소리를 듣지 않으면 '반드시' 망한다. 이것도 현실이다. 유다의 왕과 백성들은 하나님과 우상을 겸하여 섬겼다. 하나님이 선지자들을 통해 수없이 심판을 경고하셔도 깨닫지 못했다. 교만하고 완고하여 회개하지 않았다. "평안하다", "하나님이 계시니 멸망은 없다"라고 외치는 거짓 선지자의 말만 들었다. 그 결과, 나라를 잃고 70년 동안 포로됨의 수치와 조롱을 당했다.

여기저기에서 한국 교회를 향한 하나님의 경고의 음성이 들린다. 지금이라도 경고의 목소리를 듣지 않으면 더 큰 위기와 수치가 한국 교회와 목회자를 기다릴 것이다. 경고의 목소리를 듣지 않으면 '진짜' 망할 것이다. 필자가 이 책에서 경고한 미래가 전부 '현실'이 될 수도 있다. 반면, 회개하고 돌이키면 하나님이 다시 회복시키시는 것도 실제다.

"그가 만일 죄를 범하면 내가 사람의 매와 인생의 채찍으로 징계하려니와"(삼하 7:14).

하나님이 한국 교회를 치시는 것, 한국 교회를 위기로 몰아넣으시는 것, 한국 교회를 향한 조롱이 멈추지 않게 하시는 이유가 무엇일까? 사랑하시기 때문이다. 회복시키시기 위함이다. 필자는 믿는다. 하나님은 '반드시' 한국 교회를 회복시키신다. 필자보다, 이 책을 읽는 당신보다 더 간절히 한국 교회 회복을 원하시는 분이 바로 하나님이시다.

영적인 통찰력이 있는 지도자라면 현재 한국 교회가 당하는 조롱과 치욕, 그리고 쇠퇴의 시작의 배후에 계신 하나님을 볼 수 있어야 한다. 한국 교회를 공격하는 세력의 뒤에 하나님의 손길이 있다는 것을 통찰해야 한다. 한국 교회가 첫사랑을 회복하기를 간절히 원하시는 하나님이 계신다는 것을 깨달아야 한다. 지금이라도 돌이키지 않으면 더 큰 위기가 온다는 것을 경고하시는 하나님이 계신다는 것을 알아야 한다.

지금이라도 늦지 않았다. 하나님 앞에서는 '늦은 시간'이 없다. 나라가 멸망하고 포로가 되어도 하나님께 회개하고 돌이키면, 하나님은 다시 회복시키셨다. 한국 교회가 지금이라도 하나님이 주시는 경고의 목소리를 들으면 망함을 피할 수 있다. 쇠퇴해도 다시 부흥할 수 있다. 미래학자가 위기를 경고하는 것은 망하게 하려 함이 아니다. 아직 희망이 남아 있기 때문이다. 우리가 돌이키면 살 수 있기 때문이다. 준비하면 망하지 않을 수 있기 때문이다. 다가오는 더 큰 위기를 깨닫고 지금이라도 대비하고 준비하자. 근거 없는 낙관론자가 되지 말자. 대신, 근거 있고 참된 소망이 있는 믿음의 사람이 되자. 요셉처럼 하나님의 경고에 귀를 기울이는 '하나님의 영에 감동된 사람'이 되자. 그래야 망하지 않고 재부흥의 기적을 볼 수 있다. 요셉이 바로에게 다가오는 위기를 경고하며 했던 말을 들어 보라.

> "애굽 땅에 임할 **일곱 해 흉년에 대비하시면** 땅이 이 흉년으로 말미암아 망하지 아니하리이다"(창 41:36).

우리가 미래를 통찰하고 다가오는 위기를 깨닫게 하시는 분은 하나님이시다. 우리가 위기를 깨달으면 대비하는 지혜를 주시는 분도 하나님이시다. 우리가 하나님의 지혜를 따라 행하기 시작하면 위기를 피할 수 있는 길을 열어 주시는 분도 하나님이시다. 하나님은 남은 자 중에서 하나님의 부르심을 받는 새로운 리더를 일으키신다. 이들을 통해 위기 속에서도 하나님의 뜻과 비전과 이상을 보게 하신다. 이들을 통해 하나님이 이적과 기적을 베푸신다. 새 일을 행하신다. 이런 지도자, 하나님의 사람이 당신이 되어야 하지 않겠는가!

> "그 후에 내가 내 영을 만민에게 부어 주리니 너희 자녀들이 장래 일을 말할 것이며 너희 늙은이는 꿈을 꾸며 너희 젊은이는 이상을 볼 것

이며 그때에 내가 또 내 영을 남종과 여종에게 부어 줄 것이며 내가 이적을 하늘과 땅에 베풀리니 곧 피와 불과 연기 기둥이라 여호와의 크고 두려운 날이 이르기 전에 해가 어두워지고 달이 핏빛같이 변하려니와 누구든지 여호와의 이름을 부르는 자는 구원을 얻으리니 이는 나 여호와의 말대로 시온산과 예루살렘에서 피할 자가 있을 것임이요 남은 자 중에 나 여호와의 부름을 받을 자가 있을 것임이니라"(욜 2:28-32).

PART. 2

하나님이 주실
두 번의 기회,

**전략 목회로 대부흥기의
파도를 타라**

하나님은 지금 이 순간에도 일하고 계신다.
이미 하나님은 위기 탈출과 재부흥을 위한
지혜와 환경을 준비해 두셨다.
당신이 "주님, 제가 여기 있습니다!"라고 외치며
나오기만 하면 역사는 시작된다.

CHAPTER 3

앞으로 두 번의 대부흥이 온다

아직 희망이 있다

필자는 여전히 한국 교회 안에서 희망의 씨앗을 발견한다. 당연히 근거 있는 희망이다. 다음 도표를 보자. 1985-2015년 기독교 인구의 연령별 변화다. 한국 사회의 저출산 현상으로 0-29세 한국 교회교육부(영유아-대학청년)의 총인구수는 감소했다.

| 1985-2015년 연령별 기독교 인구 비율 변화 - 감소 추세 |

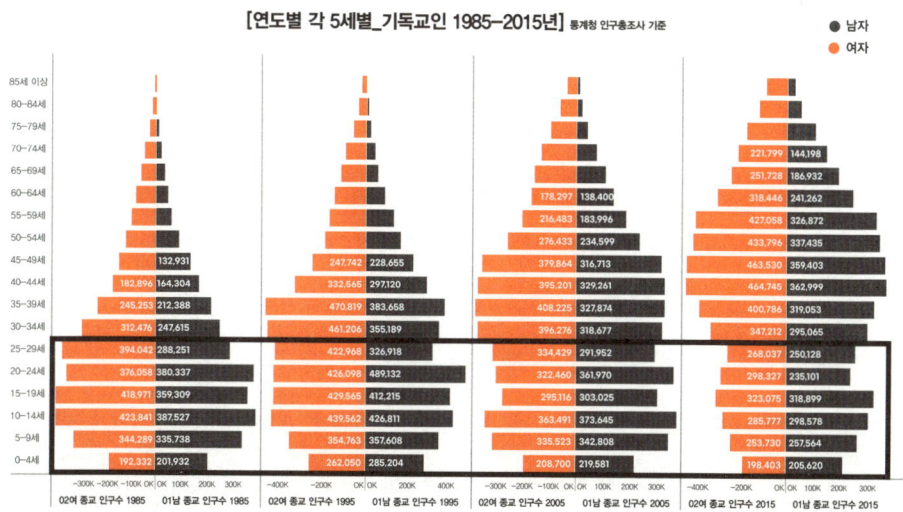

한국 사회의 저출산 충격은 기독교 총인구수 변화에만 영향을 준 것이 아니다. 불교와 천주교 등 타 종교에서도 동일하게 나타난 영향이다. 하지만 필자는 기독교, 천주교, 불교의 인구 구조 변화 분석에서 중요한 차이점을 발견했다. 다음 도표를 보자. 2015년 기준 기독교, 천주교, 불교, 무종교의 인구 구조를 비교한 도표다. 기독교는 타 종교와의 비교에서 중요한 두 가지 차이점을 보인다.

| 2015년 기준, 연령별 각 종교 인구 비율 비교 |

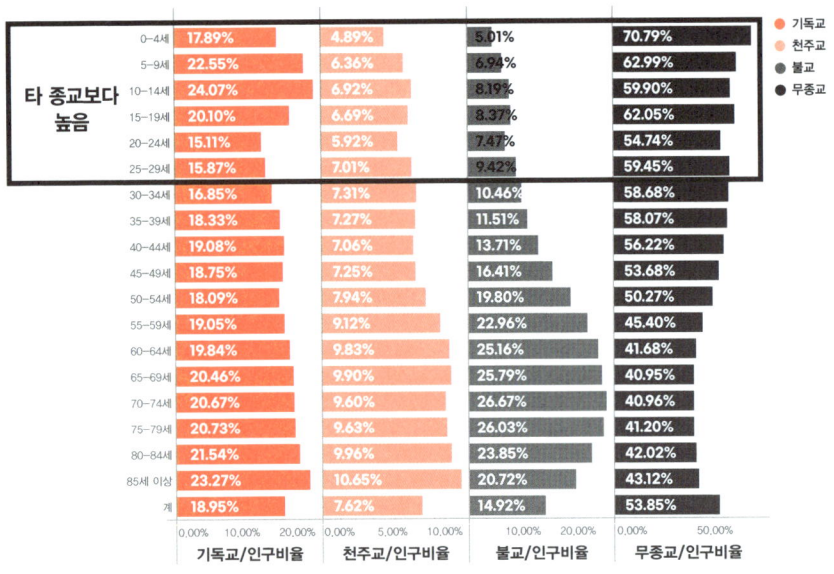

첫째, 기독교의 5-19세(유치-고등부) 비율은 기독교인 전체 평균(19.10%)과 장년 평균보다 높다. 천주교와 불교의 5-19세 비율은 각자 종교의 전체 평균치(불교 15.04%, 천주교 7.68%)보다 낮다.

둘째, 기독교의 0-29세(영아-대학청년부) 비율은 천주교와 불교의 같은 연령층을 압도한다. 최대 3.7배 차이다. 심지어 천주교와 불교를 합친 비율보다 높다.

셋째, 앞의 도표와 다음 도표를 함께 보자. 시간이 갈수록 한국 사회의 0-19세 무종교 비율이 크게 증가함에도 불구하고, (같은 연령층에서) 기독교는 2005-2015년 사이에 복음화율이 증가세를 보이고 있다.

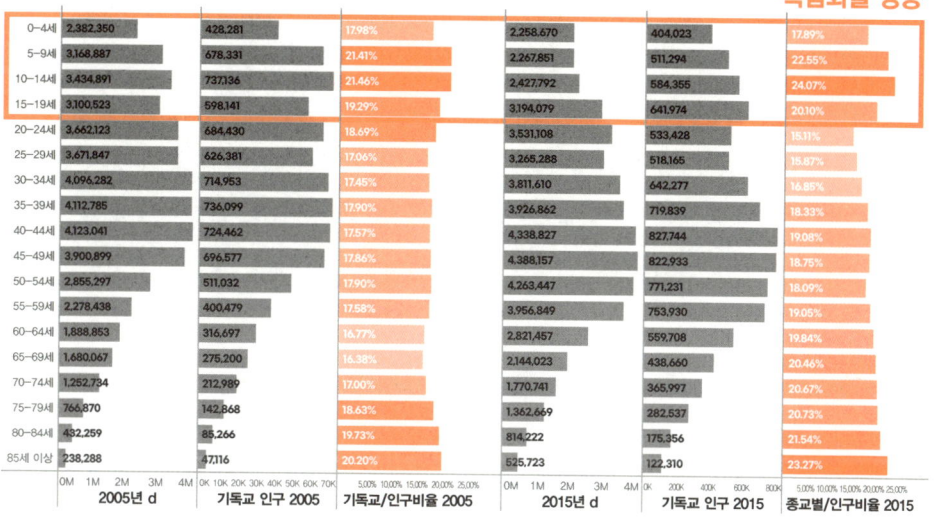

몇 가지 추가 희망적인 지표도 보자. 코로나19 발발 이전에 나온 조사자료를 보면, 기독교가 출석률에서 불교나 천주교 등 타 종교에 비해 월등하게 높았다. 자기 종교, 자기가 출석하는 기관(교회, 성당, 절)에 대한 만족도가 기독교는 67.3%로 불교(53.8%), 천주교(64.4%)에 비하여 높게 나타

났다.[1] 갤럽이 발표한 "한국인의 종교와 종교 의식" 보고서를 보면, 신앙의 기초 지표가 되는 자신이 믿고 있는 종교의 교리가 적힌 책이나 경전을 읽는 빈도, 하루 1회 이상 기도하는 비율, 예배 참석률, 개인 생활 속에서 종교의 중요성 인식 정도, 신과 기적이 존재한다는 믿음 등도 기독교가 타 종교에 비하여 높게 나타났다.[2]

한목협의 조사에서도 한국 교회 성도는 일주일에 성경을 평균 64.4분 읽고 있다. 가톨릭 신자(38.9분)와 불교 신자(32.1분)가 경전을 읽는 시간보다 2배 많은 시간이다. 한국 교회 성도는 기도 시간도 하루 평균 24.0분으로 가톨릭 신자(25.3분)와 비슷하고 불교 신자(16.3분)보다 길었다. 한국 교회 성도의 35%는 경건의 시간(QT)을 매일 갖고 있으며, 2017년보다 14%p 증가한 수치다.[3]

2023년 7월 12일 목회데이터연구소가 발표한 "개신교인의 교회 봉사 실태와 인식" 조사 결과를 보면, 아직 교회 봉사를 하지 않는 성도 59%가 기회가 된다면 봉사하겠다고 응답했다. 이런 의향은 매주 출석하는 교인의 경우는 68%, 한 달에 2-3회 출석하는 교인은 53%, 1회 이하 출석하는 교인은 44%를 기록했다. 예배 출석이 높을수록 봉사에 대한 의향이 높아졌다. 교회 봉사를 하지 않는 이유로는 "믿음이 적어서", "할 수 있는 것이 없어서", "어떻게 해야 하는지를 몰라서", "봉사 활동 권유를 받지 못해서" 등이 꼽혔다. 이런 이유로 봉사를 하지 않고 있는 비율은 29%에 달한다. 지금이라도 봉사 활동 방법과 경로를 제공하면 봉사 비율이 급격하게 높아질 수 있다는 의미다.[4] 이처럼 한국 교회는 아직 타 종교 신자에 비해 믿음의 기초와 신앙 수준, 그리고 봉사 의향이 상대적으로 높게 유지되고 있다. 한국 교회가 추락하는 것은 맞지만, 아직 다시 날아오를 날개는 꺾이지 않고 있다.

한국 교회에는 앞으로 두 번의 대부흥기 '기회'가 온다

한국 교회 첫 번째 부흥기는 '사도행전 부흥기'였고, 핵심 특징은 '열정적인 성경 읽기'였다.[5] 한국에 복음이 전파된 최초의 시간은 1885년 4월 5일 부활주일이었다. 미국 장로교와 감리교를 대표하는 아펜젤러와 언더우드 선교사는 이날 아침에 나란히 제물포항을 통해 조선에 첫발을 내딛고 이렇게 기도했다. "오늘 사망의 빗장을 부수시고 부활하신 주님께 간구하오니 어둠 속에서 억압을 받고 있는 이 한국 백성에게 밝은 빛과 자유를 허락하여 주옵소서"(1885년 4월 5일 부활주일에).[6]

인천 제물포항을 통해 복음이 전해진 후 1885년 7월 8일에 한국 최초의 교회 소래교회가 8칸 기와집으로 완공되었다. [참고로, 소래교회를 처음 세운 서상륜이 한글 성경을 가지고 국경을 넘었다는 죄목으로 '소래'로 도망가서 초가집에 살면서 포교를 시작한 시점을 기준으로 삼는 학자는 1883년 5월 16일을 소래교회의 자생적 설립일로 삼고, 서상륜의 동생인 서상조 목사가 공개적으로 신앙생활을 한 것을 기준으로 삼는 학자는 1885년을 (교회가 완성되지 않았지만) 소래교회가 창립된 것으로 본다. 정동제일교회 설립일도 미국 선교사 아펜젤러가 정동에 있는 자신의 사택에서 한국인 감리교 신자들과 함께 예배를 드린 1885년 10월 11일로 삼는다.] 이후 새문안교회, 정동제일교회 설립으로 이어졌고, 도성 밖 연동교회, 승동교회, 상동교회 등 수많은 교회가 설립되면서 한국 교회 최초의 부흥기가 시작되었다.[7]

한국 교회 첫 번째 부흥기는 선교와 교회 설립이 전국적으로 일어난 것이 특징이다. 한국 교회 초기 선교사들은 '네비우스 선교 정책'을 수립하고 '자력 전도, 자력 운영, 자주 치리' 등 세 가지 원리와 지역 분할 정책을 채택해 전국적 차원에서 활발한 선교를 시행했고, '전국적 차원에서 교회 지도자 양성'을 시도했다.

한국 교회 첫 번째 부흥기에는 권서들의 역할이 한몫했다. '권서'(勸書, colporteur)는 프랑스어로 '목'을 의미하는 'col'과 '운반하다'라는 단어 'porteur'의 합성어다. 선교사들의 눈에는 조선의 행상인이 목이나 어깨에 봇짐을 걸어 삼천리 방방곡곡을 다니면서 물건을 운반하는 모습이 특이했던 모양이다. 1882년 10월 6일 보부상 서상륜은 만주에서 활동하던 스코틀랜드 선교사 존 로스(John Ross)에게 수백 권의 '쪽 복음'(단편 성경)을 받아 평안도 의주까지 전달했다. 한국 교회 최초의 권서인 활동이었고, 아펜젤러와 언더우드 선교사의 제물포항 입국보다 2년 이상 빨랐다. 한국 교회 권서인의 숫자는 1910년에는 238명까지 증가했다. 이들 덕택에 한국 기독교인들은 '성경을 사랑하는 자들'(Bible Lovers)이라는 별칭을 얻었다. 1891년 미국 북감리교 선교부 연례보고에는 "성경 읽기를 원하는 한국 그리스도인들이 선교사들에게 새 번역을 서둘러 달라고 '울부짖는 요구'를 한다"라는 기록이 있다.

권서인들은 한국 곳곳을 다니며 성경을 보급했고 복음에 관심을 가진 사람들을 만나면 밤을 새우며 성경을 가르쳤다. 한국 교회가 권서인들을 뽑는 조건도 엄격했다. 권서인 선발 조건을 보면, '격심한 육체 노동에도 견딜 수 있는 강인한 체력을 갖춘 자', '영혼을 구원하고자 하는 특심한 열정을 소지한 자', '주위로부터 칭찬을 받는 덕망을 갖춘 자', '돈의 유혹에 빠지지 않는 자', '한문을 잘 알고 어느 정도의 지식을 갖춘 자' 등이었다. 이렇게 엄격하게 선발된 권서인들은 장터, 교도소, 병원, 나병 환자 수용소, 매춘 굴, 도박판, 궁궐, 나루터, 학교, 산중 절까지 다니며 전도했다. 핍박도 많이 받았다. 서양 귀신에 들렸다고 돌을 맞고, 산속을 헤매다 얼어 죽거나 산짐승에게 찢겼다. 시장터에서 몰매를 맞기도 하고, 일본 순사에게 독립군 첩자로 의심받아 옥살이도 했다. 권서인들은 꽁보리밥에 짠

지를 먹으며 하루 평균 20-40km를 걸어 다니면서 매일 100-150권의 성경을 '복음 궤짝'이라 불리는 상자나 봇짐에 넣고 다니면서 팔며 전도했다.

권서인들이 성경을 공짜로 나눠 주지 않고 돈을 받고 판 것은 두 가지 이유에서였다. 하나는 선교사들의 지시였다. 조선인들이 공짜를 너무 좋아해서 거저 주면 귀하게 여기지 않고 잘 읽지 않았기 때문이다. 권서인들은 돈이 없으면 곡식, 생선, 달걀, 옷, 성냥 등을 받고 성경과 교환해 주었다. 다른 하나는 성경을 판 돈으로 전도 경비를 충당하고 자립하는 환경을 마련하기 위해서였다.

필자가 한국 교회 최초의 부흥기를 '사도행전 부흥기'라고 부른 데는 이유가 있다. 1902년 찰스 콜리어(Charles Collyer) 선교사가 5년간 307명의 교인을 얻었는데, 이 중 70%가 권서인들의 전도 열매였다. 서울에서 활동하던 여자 권서인 김씨는 150명에게 글을 가르쳤고, 1만 110명에게 성경을 읽어 주고, 1만 3,066권의 성경을 팔았다. '원산댁'이라 불렸던 권서인은 3천 명에게 전도했고 1,750권의 성경을 팔아 '평화의 어머니'라는 별명을 얻었다. 1900년경 북감리회 선교사 조지 히버 존스(G. H. Johns)도 자신의 목회를 받고 있는 1,500명의 개종자들 중에서 신약 성경을 가지고 있지 않은 자는 한 사람도 없다고 보고했다. 이처럼 권서인들은 1908-1940년 한국에 보급된 성경의 85%를 담당했다. 선교사 로버트 그리어슨(Robert Grierson)이 "권서들의 사역을 들어 보면, 마치 사도행전의 한 장을 읽는 것 같다"라고 고백한 것은 절대 과장이 아니다.[8]

우리는 한국 교회 1차 부흥기의 상징적 사건으로 '평양 대부흥'을 떠올린다. 하지만 그 밑바탕에는 성경 읽기 모임이 있었다. 1903년 원산에서 의료 선교사 로버트 하디(Robert Hardie) 선교사는 조그만 성경 공부 모임을 인도하는 도중, 한국 교회의 영적 상태에 대해서 걱정하면서 자신 안에 있던 서양인으로서 우월감, 하나님의 능력을 의지하기보다는 자기 의술과 능력을 의지한 교만함을 공개적으로 회개했다. 최고 지도자 한 사람의 회개는 엄청난 변화를 일으켰다. 1903년 10월, 원산을 방문한 미국의 유명한 부흥사 프레드릭 프란손(F. Franson)은 하디 선교사에게 대중적인 부흥회를 인도하는 법을 알려 주었다. 하디는 1903년 말부터 1904년 말까지 송도, 서울, 제물포, 평양에서 한국 교회의 회개와 영적 각성을 호소하는 집회를 인도했다. 1905년 9월 한국 기독교 최초의 연합 기관인 '한국복음주의선교회연합공의회'가 설립되고, 하디가 시작한 부흥 집회를 조직적으로 확대하기로 결정했다.

1905년 을사조약이 체결되자, 1906년 1월에 선교사와 교회 지도자들은 신앙으로 어려움을 극복하고 형식적인 신앙을 실질적인 신앙으로 바꾸는 계기를 만들어야 한다고 판단하고 교파를 초월하여 전국적인 연합 부흥회를 시작했다. 1907년 1월 2-15일 평양 장대현교회에서도 '평안남도 동계 남성 사경회'가 열렸다. 13일간 열린 사경회는 새벽 기도회, 오전 성경공부, 기도회, 오후 노방 전도, 저녁 집회로 구성되었다.

모임 장소가 협소할 정도로 많은 사람이 모였지만, 1월 13일까지 사경회는 뜨겁지 않았다. 1월 14일 저녁, 결정적 사건이 일어났다. 길선주 목사의 회개 기도였다. 길선주 목사는 600명이 넘는 회중 앞에서 친구가 죽으면서 자신의 재산을 정리해 달라고 맡긴 거금 100달러를 횡령했다고 고백하며 회개를 했다. 그러자 매일 술만 마시며 아내에게 저주를 퍼부은 남성, 첩을 두 명이나 둔 남성, 선교사의 돈 14전을 훔친 여성 등이 하나둘 일어나 차례로 자신의 죄를 고백했다. 그러자 기도회에 참석한 모든 회중이 마룻바닥을 두들기면서 비명에 가까운 통곡을 하면서 자신의 죄를 회개했다. 기도하려는 사람들이 너무 많아지자 다 함께 회개 기도를 하자고 했다. 이것이 한국 교회만의 독특한 유산인 통성 기도의 시작이다. 당시 이 회개를 목격한 선교사 한 사람은 "마치 감옥의 지붕을 여는 것과 같았다. 살인, 강간 등 상상할 수도 없는 엄청난 죄가 고백되었다"라고 말했다.

중요한 것은 이것이다. 첫 번째 부흥기 당시 한국 교회의 회개는 입술만의 고백이 아니었다. 평양 시내가 발칵 뒤집힌 것은 회개에 맞는 삶의 돌이킴이었다. 사경회가 끝나고 교인들은 자신이 손해 또는 손상을 입힌 사람을 찾아다니며 사과했고, 타인의 재물을 절도한 사람은 직접 갚았다. 한 중국인 상인은 "자신과 거래했던 기독교인이 찾아와 수년 전 부당 이익을 취하며 모은 것이라며 거금을 환불해 주는 것을 보고 매우 놀랐다"라고 말할 정도였다.

교회 설립도 잇달았다. 방은덕이라는 순포(경찰관)는 장대현교회에서 열린 사경회에서 사람들이 온갖 죄를 자백한다는 말을 듣고 '그곳에 가면 범죄자도 많이 잡고 실적도 올릴 수 있겠다'라는 생각에 암행 순찰을 왔다. 그런데 때마침 길선주 목사가 "물질을 도둑한 사람은 잡을 수 있지만, 마음에 도사리고 있는 죄는 다스릴 수 없다. 죄 있는 마음은 지옥이요, 죄를 회개한 마음은 천당이다"라고 설교했는데, 그 말을 들은 방은덕 순포는 마음에 찔림을 받고 설교 도중 일어나 "선생님, 이 죄인이 용서받을 수 있습니까? 저는 천당에 와서 죄인을 잡으려 했던 방 순포 죄인입니다. 어찌 하리이까?"라고 외치며 대성통곡을 했다. 사경회가 끝난 후 방은덕은 순포를 그만두고 고향인 평안북도 맹산군으로 내려가 맹산교회를 설립했다.

성령의 역사가 일어나자, 교회 부흥은 저절로 따라왔다. 1906-1907년 2년 동안 장로교의 성도 수는 5만 4,987명에서 7만 3,844명으로, 감리교단은 1만 8,108명에서 3만 9,613명으로 두 배 넘게 증가했다.[9] 1907년 9월 평양 장대현교회 예배당에서 대한예수교장로회 독노회가 조직되었고, 평양신학교 1회 졸업생 7명을 목사로 장립했고, 이기풍 목사를 제주 선교사로 파송했다. 한국복음주의선교회연합공의회는 뜨거운 부흥의 역사를 '백만인 구령운동'(A Million Souls for Christ Movement)으로 연결시켰다. 평양 대부흥회의 역사와 변화를 목격한 목사들도 각 지역의 교회에 내려가 이 열기를 전했다. 조선 기독교 전체에 엄청난 변화가 일어났다. 신앙생활에 있어 성경 연구와 기도, 전도, 봉사, 봉헌의 생활이 강조되고, 사경회가 열리는 곳마다 공적인 회개와 그에 맞는 여성의 지위 향상, 신분 타파, 교육의 열기, 의식 개혁, 세계관의 변혁, 민족 의식, 미신 타파 등 삶의 돌이킴이 이어졌다.[10]

한국 교회 첫 번째 부흥기에 일어난 또 다른 특징들은 장로교 선교사 언더우드와 올리버 애비슨(Oliver Avison)과 호레이스 알렌(Horace Allen)을 시작으로 일어난 의료 선교를 비롯해서, 권서인들을 통한 한글 보급과 정착이 일어났다는 것이다. 한글 보급 사역은 1906년 최초의 공인역『신약전서』가 출간되고, 1911년『구약전서』가 출간되면서 더욱 그 영향력이 커져 갔다. 고아원과 고아 학교, 성경 번역을 위해 시작된 영한 사전, 한영 사전, 그리고 한국어 문법서 등의 출판 사역, 배재학당과 이화학당과 경신학교와 연희전문학교 등을 설립하여 산수, 과학, 천문학, 지리, 그리고 야구와 축구, 정구 등 새로운 근대 교육과 스포츠 시스템을 정착시키는 사업 등도 1차 부흥기의 특징이다. 특히 일제 치하에서 우리 민족에게 독립 운동을 적극적으로 할 수 있도록 도와주는 사역도 일어났다. 한국 교회는 1차 대부흥기를 거치면서 1912년에는 성도 수가 20만 명까지 증가했다. 당시 조선 전체 인구 1,456만 6천 명 대비 1.37%였다.[11]

1차 부흥기에 눈여겨볼 것이 하나 더 있다. 1918-1919년 스페인 독감이 발발했다. 정식 명칭은 '1918년 인플루엔자'다. 당시 세계 인구 17억 명 중 약 5억 명이 감염되었고, 사망자는 최소 2,160만 명에서 최대 1억 명에 달한 것으로 추정된다. 제1차 세계대전 사망자 900만 명보다 최대 11배 많은 피해였다. 그 당시는 항생제가 개발되기 전이었다. 신속한 백신 개발은 꿈도 못 꾸었다. 2020-2022년 코로나19처럼 전 세계가 봉쇄되었다. 강력한 사회적 거리 두기, 감염자 격리, 소금물로 입을 헹구고 손을 씻고 마스크를 착용하는 개인 위생, 열이 내리기를 천운에 맡기는 것만으로 대응했다. 불확실성과 공포, 혐오, 대인 기피, 봉쇄 정책, 회사 파산과 실직으로 경제 및 사회 활동 위축이 전 세계를 강타했다. 엄청난 규모의 청장년이 사망하면서 결혼율, 출산율, 기대 수명 등이 급격히 떨어졌다. 국가 전체가 가라앉았다. 스페인 독감을 분석한 다양한 논문들을 살펴보면, 치료제와 백신이 없는 상황에서 스페인 독감의 활동을 멈춘 힘은 인구의 50-60%가 감염되는 '집단 면역'(Herd Immunity)이었다.

 조선에도 스페인 독감이 퍼졌다. '무오년 독감'이라고 불렸으며, 한반도에 스페인 독감이 전파된 경로는 대략 두 가지로 추정한다. 하나는 제1차 세계대전에 참전한 일본군이 조선에 다시 배치받으면서 전파된 것으로 추정한다. 다른 하나는 시베리아를 거쳐 남만주로 이어지는 철도를 타고 한반도 북부로 유입된 것으로 추정한다. 무오년 독감은 1918년 가을-겨울에 조선 전국에서 유행이 절정에 이르렀다. 1919년 3월 조선총독부가 발표한 통계 연보에 의하면, 당시 조선 인구 1,705만 7,032명 가운데 환자가 755만 6,693명이었고 14만 527명이 사망했다.[12] 모든 학교가 휴학했고, 단체와 관청은 업무가 정지되었다. 11월 개성시에서는 평소의 7배의 사망자가 나왔고, 평양에서도 인구의 절반이 감염됐고 집배원들이 감염되어 업무가 마비된 우체국이 속출했다. 충청남도 예산군과 홍성군에서는 수천 명이 사망했다. 감염자와 사망자가 일시에 폭증하자 사망자를 처리할 사람이 부족했고, 추수를 못한 논이 절반 이상 되었다고 한다. 또 서산시에서는 12월 기준으로 인구의 대부분인 8만 명이 독감에 걸렸다.[13]

스페인 독감 대재앙이 발생하자 한국 교회는 어떻게 대응했을까? 먼저 같은 기간 미국 교회의 대응을 살펴보자. 스페인 독감 대재앙은 미국 교회가 양적 성장이 멈추고 쇠퇴기가 시작될 무렵에 발생했다. 미국 교회는 대재앙 속에서 빛과 소금의 역할을 감당할 겨를이 없었다. 페스트 창궐기 중세 교회의 무능력이 그대로 미국 교회 안에 나타났다. 회개와 반성은 없었고, 사랑과 희생 정신의 회복도 없었다. 스페인 독감 기간 받은 경제적 충격을 만회하기 위해 돈 사랑하기를 그치지 못했고, 물질만능주의와 상업적 대형화 추구에 열을 더 올렸다. 교인 숫자를 늘릴 수만 있다면 무엇이라도 받아들였고, 이런 흐름에 정당성을 부여해 주면서 이익을 공유했던 신학자들도 늘어 갔다. 교회 내부에서 사상적 분열과 싸움도 치열하게 일어났다. 그럴수록 미국민과 성도의 교회에 대한 혐오와 불신은 늘어났다.

1905년 미국 국민의 기독교 신앙 도서 호감도는 78%에 달했는데, 1925년에는 비호감도가 67%라는 충격적인 여론 조사 결과가 나왔다. 신학자 라인홀드 니버(Reinhold Niebuhr)는 미국 교회가 모두 신앙의 패배주의에 사로잡혀 있다고 평가했다. 2020-2022년 코로나19 기간에 한국 교회에 나타난 일이 100년 전 미국 교회에서 이미 일어난 것이다. 이런 상황에서 미국 경제가 대공황에 빠지자 미국 교회의 침체는 가속되었다. 예배 참석률은 기존 90%에서 50%로 급락했다. 남자 성도들의 출석률은 10%로 곤두박질쳤다. 교회학교도 300만여 명 감소했다. 수많은 교회가 문을 닫고,

목회를 포기한 목사가 20%를 넘었다. 미국 교회의 대침체를 대공황 탓으로만 돌릴 수 없다. 대공황 시기, 미국 유대교와 가톨릭은 각각 13.7%, 7% 성장했다. 미국 교회가 무너지자 선교도 무너졌다. 미국 교회의 선교 헌금은 60% 줄었고, 아울러 선교사 지원생 숫자도 10분의 1로 급감했다. 결국 각 교단의 세계 선교 지부들의 절반이 선교지에서 철수할 수밖에 없었다.[14)]

스페인 독감으로 미국 교회가 영적 대침체에 빠진 것에 비해, 한국 교회는 전혀 다른 대응으로 영적 대부흥의 동력이 되었다. 스페인 독감이 창궐하자 일본인 의사와 간호원은 병원을 떠나 도망가거나 일본인 부자를 간호하는 데 투입되었다. 당시 면허받은 졸업 간호사는 전국에 90명 정도로 대개 일본인이었고, 일반 조선인 간호원은 대개 보조 간호원으로 300명이 더 있었다. 가난한 한국인은 근대 의료와 간호의 혜택을 전혀 받지 못했다. 조선 왕실과 정부도 무능했다. 이런 최악의 상황에서 조선 국민을 치료하고 위로하는 역할을 담당한 곳은 한국 교회였다. 한국 교회가 스페인 대재앙을 대하는 태도는 미국 교회나 페스트 대재앙을 대한 중세 교회와 달랐다. 안토니누스 전염병과 키프리아누스 전염병을 대한 초대 교회의 모습과 같았다.

한국 교회는 스페인 독감 발병 이전부터 전염병으로 죽을 위기에 있는 환자를 돌보는 일을 했었다. 스페인 독감 이전에 가장 두려운 전염병 중 하나는 콜레라였다. 콜레라가 유행하면 왕실부터 민간 백성까지 온 나라가 쑥대밭이 되기를 반복했다. 1885년 4월 5일 아펜젤러와 언더우드 선교사가 제물포항에 첫발을 내디딘 지 1년 후(1886년)에도 콜레라가 창궐했다. 당시 선교사들은 준비가 부족해서 치료 노력에도 불구하고 큰 성과를 거두지 못했다. 1892년 조선에 콜레라가 다시 창궐했을 때는 달랐다. 한 번의 실패를 경험한 선교사들은 지역의 교회와 손을 잡고 전국에 방역소를 마련해 소독하고 면역 주사를 놔 주면서 콜레라를 예방했다. 고종 황제는 이런 모습에 깊이 감동하고 참여한 교회와 교인들에게 상당한 하사금을 내렸다. 새문안교회는 이때 받은 하사금을 기초로 해서 건축되었다고 한다.[15] 이런 대응에 스페인 독감 발발기에는 전국 교회가 동참했던 것이다. 이처럼 한국 교회 제1차 부흥기에는 민족 사랑과 성령 운동이 동시에 일어났다.

한국 교회의 두 번째 부흥기는 1950년 발발한 6·25전쟁을 전후로 일어났다.[16] 한국전쟁이 발발하자 구제와 의료 사업, 반공, 고아와 어린이 및 청소년을 위한 기독교 교육과 사업이 한국 교회의 중요한 사역으로 부상했다. 한국 교회도 전쟁으로 교회당 건물이 파괴되고 손양원 목사를 필두로 수많은 성도가 순교했다.[17] 에디스 커(Edith A. Kerr)와 조지 앤더슨(George Anderson)이 본국에 보고한 자료에 따르면, 한국 교회는 전쟁 발발 직후 6개월간 1,373개의 교회가 완파되었고, 666개 교회는 부분 파손되었다.[18] 그럼에도 불구하고 1950년 6월 27일 한경직 목사의 주도로 각 교파 지도자들은 '대한기독교구제회'를 만들어 국군을 돕고 피난민을 구호하는 사역을 시작했다. 아쉽게도 북한군에게 서울을 순식간에 빼앗기면서 이 단체는 와해되었다. 하지만 1950년 7월 3일 한국 교회는 대전에서 한경직, 황금찬, 김창근 목사가 주축이 되어 '대한기독교구국회'를 다시 결성하고 수천 명의 의용대를 모집하여 전투에 참여시켰고, 전시비상대책위원회 등을 구성하여 국제적 원조를 요청하기도 했다.[19]

한국전쟁은 1816-1965년 사이 전 세계에서 발발한 50여 개 전쟁 중에서 규모, 격렬함, 참여 범위 등에서 제1, 2차 세계대전 다음으로 세 번째 가는 전쟁이었다. 1952년 3월 통계에 의하면, 한국전쟁으로 구호가 필요한 전쟁 난민과 이재민이 남한 인구 2,100만 명 중 절반에 이르렀다. 이런 엄청난 규모의 전쟁과 그에 따른 가난, 기근, 순교와 교회 자산 손실도 한국 교회의 폭발적 성장을 막지 못했다. 전쟁 중에 부흥이 가장 컸던 부산에서는 1951년 한 해에만 100여 개의 교회가 신축되었고, 천막, 창고, 풀밭에서도 예배 모임이 진행되었다. 대구에서는 한 곳의 새벽기도회에서만 3천 명이 모여 기도하기도 했다.[20]

6·25전쟁은 외국 선교사들이 한국에 다시 한 번 관심을 갖게 한 사건이었다. 1952년 오순절 교단인 하나님의성회는 아서 체스넛(Arhur B. Chesnut) 선교사를 한국에 파송했다. 1953년 체스넛 선교사는 허홍, 박성산, 배부근 목사 등과 기독교대한하나님의성회를 창립했다.[21] 한국 교회의 성장을 지켜본 선교사들은 이렇게 말했다.

"한국에 있는 교회들은 살아 있다. 거기에 대해선 의심할 여지가 없다. 분단 가운데서도 교회는 계속 자라고…천막을 신학생들에게 주시오. 그러면 6개월 후에 그들은 개척 교회를 세울 것입니다."[22]

한국 교회는 전쟁을 계기로 군인 선교에도 집중했다. 1951년 2월에는 군종 제도를 도입하여 1951-1956년 기간에 8만 명을 전도했다. 한국 교회는 북한군 포로 수용소에서 선교 사역도 활발하게 펼쳐서 1951-1953년 2년 동안 5천 명을 전도하는 열매를 맺었다.[23] 세계적 부흥사였던 빌리 그레이엄(Billy Graham) 목사도 1952년 12월 성탄절에 한국을 찾아 복음을 전하고 미국에 돌아가 이렇게 간증했다.

"만일 오늘 사도행전에 기록된 오순절 성령의 역사를 믿을 수 없다면 지금 한국에 가 보라. 많은 피난민이 부산 바닷가 산언덕에 천막을 치고 난로도 피우지 않은 곳에서 새벽 4시에 열심히 기도하는 것을 볼 수 있으며, 거리에서 전도하는 것을 볼 수 있다."[24]

6·25전쟁이 끝난 후 한국 교회는 미국, 캐나다, 호주, 뉴질랜드 등 선진국 기독교의 지원(의류, 곡식, 부식물, 현금)을 이끌어 내면서 한국 내 구호와 복구 사업에 앞장섰고, 교회 재건과 전도 활동도 활발하게 펼쳤다. 그 결과, 장로교에서 1,200교회, 감리교 500교회, 성결교 250교회, 기타 교단에서 100여 교회 등 총 2,050개의 교회를 새로 설립했다. 장로교는 6·25전쟁 직전인 1949년에는 교회 수가 649개, 교인 수 38만 5,215명이었지만, 1959년에는 교회 수는 3,527개(5배 성장), 교인 수는 89만 2,083명(2.3배 성장)으로 증가했다. 감리교를 비롯한 다른 교단도 교회와 교인 수가 몇 배씩 성장했다. 당시 한국 교회의 부흥이 얼마나 컸던지, 1950년대 중반까지 "우뚝 섰다 교회당"이란 말이 아이들 사이에서 민요처럼 불렸다고 한다.[25] 1961년 3월 19일 영락교회는 밀려드는 수많은 신자를 본당에 감당하지 못해 한국 교회 최초로 교육관 강당에 TV 예배를 시작했을 정도였다.

한국 교회 제2의 부흥기의 특징은 1차 부흥기를 통해 형성된 평양을 중심으로 한 북쪽 기독교인의 강력한 신앙과 열정이 남북 분단과 6·25전쟁을 계기로 남쪽으로 전수된 것이다. 예를 들어, 1950년대 중반까지 새로 세워진 2천여 개 교회 중에서 90%는 실향민들이 세웠다. '실향민'이란 1945년 8·15광복과 함께 야기된 남북 분단과 1950년 6·25전쟁 기간에 공산주의 사회 체제를 반대하고 자유를 찾아 월남한 사람과 분단 후 남한에 정착한 북한 출신자를 총칭한다. 이들은 남다른 전도열, 기독교 신앙에 대한 열심과 자립 정신을 가지고 전쟁 폐허 속에서도 새로운 희망을

제시하고 한국 교회를 세계적인 교회들로 키우는 모판을 만들었다.[26]

한국 교회 제2부흥기에는 신유와 축사 등 성령 사역과 부흥회, 기도원 사역 등이 활발했다. 1958년 조용기 목사가 대조동 달동네에 천막 교회를 개척했다. 조용기 목사는 청년 시절에 결핵으로 사형 선고를 받고 기도로 치유된 체험을 가졌다. 그의 신유와 축사 사역은 강력했다. 조용기 목사의 기도로 기적이 베풀어지자 한 마을 전체가 개종하는 일도 벌어졌다. 밀려드는 사람으로 서대문으로 이전하고, 교회 이름도 순복음중앙교회로 바꿨다. 교회를 이전한 지 6년 만에 성도 수가 8천 명을 넘으면서 단숨에 한국에서 가장 큰 교회가 되었고, 1982년에는 성도 수가 20만 명, 1984년에는 40만 명을 넘었다. 조용기 목사는 교회 이름을 여의도순복음교회라고 바꿨고, 1992년에는 교인 수 70만 명을 넘어섰다. 1993년 여의도순복음교회는 기네스북에 세계 최대 단일 교회로 등재됐다.[27]

한국 교회 제2의 부흥기의 또 다른 특징은 1964년부터 초교파적으로 시작된 민족 복음화 운동이다. 한국 교회 1차 부흥기였던 1909년 초에는 백만인 구령운동이 있었다면, 제2차 부흥기였던 1964년에는 "3천만을 그리스도에게로"라는 구호 아래 전국 주요 도시와 4만 개의 부락에 복음이 골고루 전파되는 비전이 선포되었다.[28]

한국 교회의 세 번째 부흥기는 1970년대 한국 경제 부흥기 시작과 6·25 전쟁 이후 베이비부머 세대 등장으로 인한 인구 성장 수혜로 1990년대까지 만들어진 대부흥기였다. 그리고 제3의 부흥기를 촉발시킨 결정적 사건은 1973년 5월 30일 여의도 광장에 51만 명 운집을 시작으로 4박 5일 동안 총 325만 명이 모이고 10만 명이 회심했던 빌리 그레이엄 전도 집회였다.[29] 필자는 한국 교회 세 번째 부흥기의 특징을 거대한 대중 집회를 연달아 개최하며 강력하고 거대한 복음의 물결이 전국으로 펼쳐진 것으로 본다. 빌리 그레이엄 전도 집회가 열리고 난 이듬해, 1974년 8월 13-16일 한국대학생선교회(CCC) 주최로 열린 엑스플로 74 전도대회(EXPLO 74)에는 연인원 655만 명이 모였다. 이 대회에서 대회장 김준곤 목사는 "예수 혁명", "성령의 제3폭발"이라는 주제와 "민족의 가슴마다 그리스도를 심어 이 땅에 성령의 계절이 임하게 하자"라는 구호를 한국 사회에 외쳤다.

1980년 8월 11-15일에는 세계 복음화 대회를 개최하면서 한국 교회가 세계 선교의 중추로 우뚝 섰고, 민족 통일을 기도하기 시작했다. 1985년에는 한국기독교선교1백주년대회도 열렸다. 그 결과, 1970년 초에 390만 이었던 기독교인 교인 숫자가 1981년에 633만 3,300명까지 증가했다. 두 배 넘는 성장이고, 한국 사회 인구 증가 속도보다 빨랐다.[30]

정리하면, 한국 교회 첫 번째 부흥기는 '사도행전 부흥기'였고, '평양 대부흥'이 상징적 사건이었고, 핵심 특징은 '열정적인 성경 읽기'였다. 이 시기는 성도 수는 소수이지만 첫사랑의 감동과 열정이 가득했고, 기독교가 한국 사회에서 빛과 소금의 역할을 하면서 싹을 피워 낸 시기다. 오순절 다락방 사건부터 초대교회가 두 번의 대규모 전염병 기간(주후 165-180년 안토니누스 역병, 주후 249-262년 키프리아누스 역병)에 희생과 헌신을 토대로 교회 성장기를 맞았던 상황과 비슷하다.

한국 교회의 두 번째 부흥기는 1950년 발발한 6·25전쟁을 전후로 일어났다. 한국전쟁이 발발하자 구제와 의료 사업, 반공, 고아와 어린이 및 청소년을 위한 기독교 교육과 사업이 중요한 사역으로 부상했다. 제2차 대부흥기는 제1차 대부흥기를 통해 형성된 평양을 중심으로 한 북쪽 기독교인의 강력한 신앙과 열정이 남북 분단과 6·25전쟁을 계기로 남쪽으로 전수된 것이 특징이다. 신유와 축사 등 성령 사역과 부흥회, 기도원 사역 등이 활발했고, 초교파적으로 시작된 민족 복음화 운동도 특징 중 하나다. 이

시기는 한국 사회에서 기독교가 사회 중심에 진입한 시기다. 주후 380년 테오도시우스(Theodosius) 황제가 기독교를 로마제국의 국교로 선포한 이후 일어난 교회 부흥기와 비슷하다.

한국 교회의 세 번째 부흥기는 1970년대 한국 경제 부흥기 시작과 6·25 전쟁 이후 베이비부머 세대 등장으로 인한 인구 성장 수혜로 1990년대까지 만들어진 대부흥기였다. 제3의 대부흥기를 촉발시킨 결정적 사건은 빌리 그레이엄 전도 집회였다. 한국 교회 세 번째 대부흥기의 특징은 거대한 대중 집회를 연달아 개최하며 강렬하고 거대한 복음의 물결이 전국으로 펼쳐진 것이었다.

한국 교회는 세 번의 부흥기마다 적게는 2-3배(제2-3차 대부흥기), 많게는 10배 이상(제1차 대부흥기) 성도 수가 증가하는 폭발적 성장을 경험했다. 이 시기는 기독교가 한국 사회 종교 분포에서 최대 종교로 올라서고, 교단의 다양성이 커지며, 한국 사회 곳곳에 기독교인의 영향력이 극대화된 시기다. 중세 교회로 비교하자면, 기독교 문화와 사상이 활짝 피고, 수도회를 중심으로 다양한 교단들이 성장하고, 교황권이 강화되고, 기독교 대학이 발전하는 등 13세기 중세 기독교 황금기와 비슷하다.

2023년 현재, 한국 교회는 쇠퇴기 가속화 단계에 접어들었다. 총 교인 수 감소라는 대반전은 2000-2010년 사이를 기점으로 시작되었다. 2020-2022년 코로나19라는 전염병 팬데믹 사태는 한국 교회 쇠퇴에 가속도를 붙이는 사건이 되었다. 이 시기도 1347-1350년 유럽에 페스트가 발병하면서 교회의 권위가 무너지고 양적, 경제적 쇠퇴가 가속화되기 시작했던 시점과 매우 유사하다. 한국 교회는 놀라운 세 번의 대부흥기를 겪으며 전 세계에서 가장 빠른 성장 속도를 기록했고, 다수의 한국 교회가 세계 30대 교회 안에 들었고, 단일 교회 역사상 가장 큰 교회를 보유했다.

1990년대 한국 교회는 전 세계 기독교와 선교의 미래를 짊어질 나라로 평가받기까지 했다. 이런 한국 기독교가 급속한 몰락 현실화라는 최대 위기에 직면했다. 필자의 예측으로는, 만약 이대로 간다면… 2050년에는 한국 사회가 이단과 무신론자의 나라가 되는 최악의 미래를 맞을 수 있다. 2067년이 되면, 한국 기독교인 총인구는 213만 7,764명(전체 인구의 7.09%, 가나안 성도 포함)까지 줄면서 이단(229만 8,011명)에 추월당하는 미래도 가능성으로 떠올랐다.

많은 목회자와 성도들이 미래학자인 필자에게 묻는다.

"한국 교회의 부흥기는 이대로 끝이 난 것입니까? 한국 교회에는 더 이상 희망이 없습니까?"

필자의 대답은 분명하다.

"아닙니다! 지금이라도 우리가 돌이키면, 하나님이 한국 교회를 위해 마련해 두신 최소 두 번의 새로운 부흥의 기회를 맞이할 수 있습니다."

소멸하는 교회, 재부흥하는 교회, 새롭게 탄생하는 교회

성경은 분명하게 증언한다. 하나님은 포로기에도 선지자를 통해 이스라엘의 부흥과 구원을 예언해 주셨다. 아니, 하나님은 이스라엘의 멸망을 계획하셨지만, 회개와 회복도 이미 계획해 놓으셨다.

"내가 그들 중에서 기뻐하는 소리와 즐거워하는 소리와 신랑의 소리와 신부의 소리와 맷돌 소리와 등불 빛이 끊어지게 하리니 이 모든 땅이 폐허가 되어 놀랄 일이 될 것이며 이 민족들은 **칠십 년 동안 바벨**

론의 왕을 섬기리라"(렘 25:10-11).

"여호와의 말씀이니라 **칠십 년이 끝나면** 내가 바벨론의 왕과 그의 나라와 갈대아인의 땅을 그 죄악으로 말미암아 벌하여 영원히 폐허가 되게 하되 내가 그 땅을 향하여 선언한 바 곧 예레미야가 모든 민족을 향하여 예언하고 이 책에 기록한 나의 모든 말을 그 땅에 임하게 하리라"(렘 25:12-13).

한국 교회를 향한 하나님의 계획도 마찬가지다. 예측의 측면에서는 '골든타임'이 존재하지만, 하나님 편에서는 '늦음'이란 없다. 한국 교회가 지금이라도 우리가 어디서 떨어졌는지, 무엇을 잘못했는지 깨닫고 회개하고 돌이켜 갱신의 길을 간다면, 하나님은 지금보다 더한 위기 속에서도 한국 교회를 다시 일으키실 것이다. 아니, 앞으로 하나님이 한국 교회 내에 거대한 회개와 돌이킴의 역사를 진행하실 것이다. 그리고 되돌아오는 자들을 중심으로 새로운 부흥기를 펼치실 것이다. 이것이 필자가 예측하는 앞으로 일어날 제4의 부흥기, 제5의 대부흥기의 '기회'다.

"우리가 스스로 우리의 행위들을 조사하고 여호와께로 돌아가자"(애 3:40).

필자가 예측하는 제5의 대부흥기는 '통일'이 계기가 될 것이다. 제4의 부흥기는 그전에 온다. 제4의 부흥기는 통일을 준비시키는 부흥기다. 이 부흥기는 이스라엘 백성이 포로기에 맞은 부흥과 비슷하다. 이스라엘 백성이 위기와 고난 속에서도 새로운 소망, 성벽 재건, 성전 건축 등 일련의 회복과 부흥의 역사를 경험한 것과 같은 일이 일어날 것이다.

하나님은 예레미야 선지자에게 이스라엘의 포로기 부흥기를 직접 계획하고 이끌 것이라고 약속하셨다. 하나님이 직접 이스라엘을 회복시킬 것을 알려 주셨다. 필자는 믿는다. 하나님이 한국 교회의 제4의 대부흥기도 직접 성취하실 것이다. 하나님이 직접 우리를 회개시키시고, 기도하게 하시고, 사명으로 다시 돌아오게 하실 것이다. 교회를 다시 세우실 것이다. 재부흥시키실 것이다. 하나님은 신약의 교회, 현대의 교회, 미래의 교회를 위해, 거대한 구속 사역을 위해 이스라엘 백성을 다시 회복시키셨다. 하나님이 한국 교회에 제4의 대부흥기를 주시는 이유도 마찬가지다. 하나님이 북한 성도들의 고통과 눈물을 보시고 통일한국과 그들을 중심으로 한 한국 교회의 제5의 대부흥기를 위해 한국 교회를 다시 회복시키신다. 바벨론에서 70년이 차자, 하나님은 이스라엘의 회복을 성취하셨다. 하나님이 계획하신 제4의 대부흥기가 성취되면, 하나님은 한반도 통일도 성취하실 것이다. 영적으로 분별할 때, 한국 교회의 제4의 대부흥기는 통일한국에 매우 중요한 사건이 될 수 있다.

"여호와께서 이와 같이 말씀하시니라 바벨론에서 칠십 년이 차면 내가 너희를 돌보고 나의 선한 말을 너희에게 성취하여 너희를 이곳으로 돌아오게 하리라 여호와의 말씀이니라 너희를 향한 나의 생각을 내가 아나니 평안이요 재앙이 아니니라 너희에게 미래와 희망을 주는 것이니라 너희가 내게 부르짖으며 내게 와서 기도하면 내가 너희들의 기도를 들을 것이요 너희가 온 마음으로 나를 구하면 나를 찾을 것이요 나를 만나리라 이것은 여호와의 말씀이니라 나는 너희들을 만날 것이며 너희를 포로 된 중에서 다시 돌아오게 하되 내가 쫓아 보내었던 나라들과 모든 곳에서 모아 사로잡혀 떠났던 그곳으로 돌아오게 하리라 이것은 여호와의 말씀이니라"(렘 29:10-14).

이스라엘과 유다의 역사에서 '포로기 부흥기'는 중요한 의미와 구속사적 단계를 갖는다. 북이스라엘은 주전 722년 앗수르 제국에게 멸망당했다. 남유다 왕국은 주전 586년 앗수르를 멸망시킨 신흥 제국 바벨론에게 멸망당했다. 끌려간 백성들은 노예가 되거나 지구라트 건설에 동원되었다. 두 나라의 멸망 이유는 분명했다. 우상 숭배, 즉 하나님을 떠남이다. 세계사에 '바빌론 유수'(Babylonian Captivity)로 기록된 이 사건은 네부카드네자르 2세(느부갓네살)에게 멸망당하고 치드키야(시드기야)왕과 유대인들이 바빌론에 억류되어 약 70년간 포로 생활을 했던 사건이다. '유수'(幽囚)는 '유배되어 갇히다'라는 뜻이다.[31]

이스라엘 역사에서 '포로기 고통'과 '포로기 부흥기'는 중요한 의미를 갖는다. 선지서가 쓰인 시기였고, 우상 숭배를 버릴 수 있었고, 나라를 잃고 적국의 수도에 끌려가 노예 생활을 하면서 비로소 자신들의 정체성을 기억할 수 있었고, 본질로 되돌아가서 성경 묵상과 연구, 회당을 중심으로 예배와 신앙의 부흥을 이루었고, 메시아와 구원에 대한 소망을 회복했던 시기다. 정확히 말하면, 이 모든 일은 구속 역사를 위해 하나님이 '강제로' 하신 것이다. 이 시기에 하나님이 하신 회복과 부흥의 방법을 눈여겨보아야 한다. 하나님은 먼저 자기 백성을 본질로 되돌리셨다. 본질은 하나님 자신이다. 본질을 회복시키신 후, 하나님은 이스라엘 백성을 귀환시켜 민족의 재부흥을 이루셨다.

주전 539년 하나님은 본질을 회복한 이스라엘의 귀환을 성취하시기 위해 페르시아의 왕 크루소스 2세[키루스 대왕, Cyrus the Great, 히브리어 표기법으로 고레스(כורש)]를 사용해서 기적처럼 바빌론을 멸망시키셨다. 하나님은 신바빌로니아 왕 벨사자르가 밤늦게까지 만찬에 빠져서 흥청망청하게 하시고, 그 시간에 어둠을 틈타 이슈타르의 문을 통과한 페르시아 특공대가 바빌론 황궁을 정복하게 했다. 신바빌로니아 성벽에 쓰인 "메네 메네 데겔 우바르신"(단 5:25)이라는 심판 문구를 성취하시면서 동시에 '시온으로의 귀환'이라는 이스라엘의 재부흥 약속을 이루시는 역사의 시작이었다.

신바빌로니아의 수도에 입성한 페르시아의 왕 크루소스 2세는 바빌론 제국의 소유물이 된 유대인들을 처음 보았다. 고대 전쟁에서 승자는 패자의 모든 것을 전리품으로 소유할 수 있다. 하지만 정복자 크루소스 2세는 유대인들을 전리품으로 취하지 않고 무조건으로 해방시켰다. 유대인 입장에서 보면 무슨 말로도 설명할 수 없는 기적이 일어난 것이다. 필자는 하나님이 한국 교회의 제4의 부흥기에도 같은 방식을 사용하실 것이라고 생각한다. 본질을 먼저 회복시키신 후, 누구도 설명하지 못한 방식으로 한국 교회의 양적 성장의 재부흥을 이루실 것이다.

이스라엘 민족의 첫 번째 귀환은 주전 538년에 시작되었다. (참고로, 주전 538년은 크루소스 2세가 귀환 조서를 내린 것을 기준으로 삼는 시점이다. 하지만 실제로 귀환 준비를 마치고 예루살렘으로 돌아온 것은 주전 537년이었다. 성전 건축을 시작한 것은 주전 536년이었다. 이는 예레미야 선지자의 예언대로 바벨론 포로 기간이 70년이 되었다는 것과 일치한다.) 정복자 크루소스 2세는 자신의 명령이 담겨 있는 편지인 '크루소스 칙령'을 내려 고향으로 돌아가기를 원하는 유대인들의 귀향을 허락했다.

"바사 왕 고레스는 말하노니…이스라엘의 하나님은 참 신이시라 너희 중에 그의 백성 된 자는 다 유다 예루살렘으로 올라가서 이스라엘의 하나님 여호와의 성전을 건축하라 그는 예루살렘에 계신 하나님이 시라…"(스 1:2-4).

'크루소스 칙령'으로 1차 귀환의 지도자는 스룹바벨과 예수아(여호수아)였으며, 제사장 4,289명을 포함하여 총 4만 9,897명이 귀환했다(스 2:64-70). 대부분의 유대인은 바사(페르시아)에 남았다. 귀환자들은 예루살렘으로 돌아가 성전을 재건했다. '솔로몬 성전'이라 불린 예루살렘의 제1성전은 바벨론과 전쟁에서 파괴되었다. 예루살렘으로 귀환한 유대인들은 파괴된 성전 재건을 가장 먼저 했다. 정복자 크루소스 2세도 옛적에 느부갓네살 왕이 예루살렘에서 빼앗아 와서 자기 신당에 두었던 여호와의 전 기명을 돌려보냈다. 유대인들이 가지고 돌아온 기명들은 금 접시 30개, 은 접시 1천 개, 칼 29개, 금 대접 30개, 그보다 못한 은 대접 410개, 그 밖의 그릇 1천 개로 금, 은 그릇이 도합 5,400개였다(스 1:7-11).

주전 536년에 시작된 성전 건축은 여러 방해 세력으로 인해 16년간 중단되었다가 주전 520년 재개되었고, 약 4년 5개월간의 공사를 걸쳐 솔로몬 성전에 비하면 훨씬 축소된 규모로 주전 516년에 완공되었다. 당시 성전을 재건할 때 유대 총독이 유다 왕실의 후예인 스룹바벨이었기 때문에 예루살렘의 제2성전을 '스룹바벨 성전'이라고도 부른다.[32]

두 번째 귀환은 주전 458년에 서기관 에스라의 지도로 이루어졌다. 이때 에스라와 함께 귀향한 수많은 유대인을 중심으로 종교개혁이 일어났다. 하나님은 에스라가 판사와 재판관을 임명하고 율법을 가르치는 공식 권한을 부여받도록 해주셨다. 2차 귀환에서 돌아온 땅은 '예후드 메디나타'라고 불렸다. 이는 아람어로 '유다 속주'라는 뜻이다. 이곳은 아키메네스 페르시아 제국의 지배 아래 자치하는 유대인 지방이었다. 그 지역 영토는 전대의 유다 왕국보다 훨씬 더 작고 인구도 훨씬 더 적었다. 과거에 비해 양적으로 상당히 축소된 영토였다.[33] 하나님은 양적으로 상당히 적어진 곳에서 회복과 재부흥을 시작하셨다.

하나님께는 규모는 중요하지 않다. 본질로 되돌아온 남은 자가 더 중요하다. 하나님은 바벨론 포로기에 본질로 되돌아가서 영적 회복과 부흥을 경험한 이들을 중심으로 이스라엘 전체에 종교개혁의 바람을 일으키셨다. 하나님은 종교개혁 지도자 에스라를 사용해 모세의 토라를 이스라엘의 민법과 종교법의 토대로 삼으셨고, 이로써 개혁을 단행시켜 새로운 이스라엘 공동체의 기반을 재건하셨다.

세 번째 귀환은 아닥사스다왕 20년(느 1:1), 제2차 귀환(주전 458년) 이후 14년인 주전 444년에 왕의 술 맡은 관원장 느헤미야가 이끌었다. 이때 예루살렘의 성벽이 재건되었다. 성벽 재건은 민족 공동체의 완벽한 회복을 상징한다. 유대인이 고향으로 돌아가는 혜택을 받았지만, 여전히 유다는 바사 제국에서 파견된 총독의 관할 지역이었다. 이런 지역에서 성벽을 재건한다는 것은 반란을 의미하는 행동이었다. 아닥사스다왕의 명령 없이는 불가능했다.

에스라 시절, 아닥사스다왕은 신하들의 고소장을 받고 예루살렘 성곽 공사를 중단시켰다(스 4:6-23). 이 틈을 타고, 이스라엘의 적들은 부분적으로 복구된 성벽을 무너뜨리고 불을 질렀다. 아닥사스다 20년 기슬르월에 느헤미야는 친척 하나니를 통해 이 소식을 들었다. 그 말을 듣고 수일 동안 슬퍼하며 하나님 앞에 금식 기도한 느헤미야는 4개월 후 반란의 오해를 살 수 있는 위험을 무릅쓰고 왕 앞에 섰다. 그리고 하나님의 선한 손의 도우심이(느 2:8, 18) 역사했다. 아닥사스다왕은 느헤미야를 유다의 총독으로 임명하고 예루살렘 성벽 재건을 허락했다. 하지만 하나님의 계획은 더

컸다. 에스라가 신앙 개혁을 주도했다면, 느헤미야는 사회 개혁을 주도했다. 하나님은 포로기 부흥의 마지막 동력으로 성벽 재건을 넘어 사회 개혁까지 이뤄 유대 민족이 구속사를 다시 이끌어 갈 하나님의 백성으로 면모를 갖추게 하시려는 목적이었다.

이처럼 포로 귀환 시대에 벌어진 이스라엘 민족의 재부흥기는 하나님의 사랑과 신실함으로 완성되었다. 필자는 믿는다. 2023년 현재, 한국 교회는 붕괴의 위기에 처해 있다. 우상 숭배의 결과로 나라를 빼앗기고 바빌론 유수의 치욕을 당한 이스라엘 민족과 같다. 하지만 이 고통과 치욕의 시간에 다가오는 위기의 목소리를 통해 하나님의 경고의 음성을 듣는다면, 한국 교회에는 아직 희망이 있다. 우리가 어디서 떨어졌는지를 알고, 교회와 성도의 가정에 깊이 침투한 하나님과 세상을 겸하여 섬기는 죄악을 버리고, 하나님 나라의 백성으로서 정체성과 첫사랑을 기억하고, 복음이라는 본질로 되돌아가서 성경 묵상과 연구에 열심을 내고, 예배의 부흥을 이루고, 다시 오실 그리스도와 영원한 천국에 대한 소망을 회복하면 제4의 부흥기를 경험할 수 있다.

앞으로 한국 교회의 제4의 부흥기의 시작은 예배와 교회 사역의 회복에서 비롯될 것이다. 이스라엘의 포로기 부흥기 첫 단계가 성전 재건이었듯 말이다. 그다음은 성도에게서 말씀의 권위 회복이 일어날 것이다. 성도가 성도다운 삶을 회복하는 것은 제2차 귀환에서 하나님이 에스라를 통해 율법을 가르치시고 그들의 삶이 개혁되었던 것과 같다. 이 단계에서 한국 교회 지도자들은 에스라처럼 진리인 성경 말씀을 교회 운영의 기준이며 성도의 생활 규칙의 토대로 삼도록 개혁해야 한다. 하나님은 이런 종교개혁을 기반으로 한국 사회에 하나님 나라 공동체를 재건하실 것이다.

제4의 부흥기의 마지막 완성은 기독교가 대사회적 능력을 회복하는 것이다. 2차 귀환기 지도자 에스라가 신앙 개혁을 주도했다면, 3차 귀환기 지도자 느헤미야는 사회 개혁을 주도했다. 3차 귀환기에 이루어진 성벽 재건은 이스라엘 민족 공동체의 완벽한 회복을 상징했다. 하나님은 한국 교회 제4의 부흥의 마지막 동력으로 교회 공동체 회복을 넘어 전도의 회복과 사회 개혁까지 이뤄 우리 민족이 구속사를 다시 이끌어 갈 하나님의 백성으로 면모를 갖추게 하실 것이다. 이유는 분명하다. 제5차 부흥기 통일한국 준비가 제4차 부흥기에 일어나야 하기 때문이다.

한국 교회의 제4의 부흥기 교회는 세 가지 형태로 분류될 것이다. 소멸하는 교회, 재부흥하는 교회, 새롭게 탄생하는 교회다. 포로 귀환기에도 고향으로 귀향하지 않고 바벨론에 남아 있기를 더 좋아했던 사람들이 있었다. 이스라엘의 포로기 부흥기에는 바벨론에 남는 자, 되돌아간 자, 회복된 공동체에서 새롭게 태어난 자로 나뉘었다.

필자가 예측하는 한국 교회의 제4차 부흥기도 비슷한 모습일 가능성이 높다. 변화된 시대, 새로운 시대가 도래했음에도 과거의 습관이나 패배주의에 머물러 있는 교회가 있을 것이다. 이런 교회는 하나님이 그 자리에서 '자연적 소멸'이 되게 하실 것이다. 반면, 위기와 고통과 수치를 통해 하나님의 뜻을 깨닫고 회개하고 복음의 본질로 되돌아가는 교회가 있을 것이다. 이런 교회는 하나님이 회복을 넘어 재부흥의 은혜를 주실 것이다. 마지막으로, 새로운 시대에 맞는 '하나님이 기뻐하시는 새로운 시대적 소명'을 감당하는 교회가 탄생할 것이다. 새로운 시대, 미래 시대를 감당하기 위해 하나님이 새롭게 일으켜 세우시는 교회다. 특히 제5의 대부흥기에 강력하게 쓰임 받을 교회다. 당신이 섬기는 교회는 이런 세 부류의 교회 중에서 어떤 교회가 되고 싶은가?

소멸하지 않으려면 '패배주의' 동굴에서 나오라

현재 한국 교회의 양적 쇠퇴 가속화보다 더 염려스러운 것이 있다. 패배주의다. 한국 교회 내에 패배주의는 목회 전반에 만연되어 있다. "이제 전도는 안 된다", "이 시대는 모이기를 폐한 시대다", "성장도 안 된다", "아무리 가르쳐도 변화가 안 된다", "아이들이 모이지 않는다", "저출산 시대인데, 주일학교가 감소하는 것은 당연하지 않은가! 앞으로 계속 줄어드는 것을 막을 도리는 없다", "뭘 해봐도 되지 않는다", "쓸데없는 노력, 쓸데없는 도전을 하지 말자", "다 해봤는데, 소용이 없더라" 등 목회 전반, 사역 전반에 '무엇을 해도 안 된다', '어떤 방법도 통하지 않는다', '결국 우리는 질 것이다'라는 생각이 팽배해 있다. 그래서 열왕기상 18장처럼 지도자들 모두가 동굴에 숨어 있다. 성도는 머뭇거리고 있다.

2022년 한국교회지도자센터가 발표한 자료에 따르면, 한국 목회자 10명 가운데 6명 이상(63%)은 "지쳐 있다"라고 답했다. '엘리야 증후군'이다.[34] 엘리야는 갈멜산에서 바알 선지자 450명, 아세라 선지자 400명과의 대결에서 승리했다(왕상 18장). 여호와의 능력이 엘리야에게 임하자 그는 허리를 동이고 이스르엘(잇사갈에 있는 마을)에 있는 아합왕 궁전까지 단번에 달려가는 기적을 경험했다. 하지만 아합왕의 아내 이세벨이 모든 선지자를 엘리야가 죽였다는 이야기를 듣고 그를 잡아 죽이려고 했다. 엘리야는 무서워서 광야에 있는 호렙산까지 도망갔다(왕상 19:1-8). 하나님께 자기를 죽여 달라고 할 정도로 나약해졌다. 인간은 잠시라도 방심하면 무너진다. 850대 1의 위대한 승리를 거둔 엘리야 선지자도 패배주의자로 돌변했다.

'패배주의'(defeatism)의 사전적 의미는 '어떤 상황에서든 결국 실패할 것이라는 기대 또는 신념'이다. 놀랍지 않은가? 패배주의도 '신념'이라고 한다. '기대'라고 한다. 즉 한국 교회에는 소망은 사라지고, 잘못된 신념, 우울한 기대만 가득하다. 이런 분위기는 양적 감소의 가속화보다 더 위험하다. 패배주의는 패배에 대한 사전 인식을 만들어서 목표에 대한 노력을 저하시키는 악순환을 만든다. 조직의 효과성에 부정적인 영향을 촉발한다. 패배주의 태도는 여러 원인에서 비롯된다. 예를 들어, 반복된 실패 경험, 부정적인 자아 인식, 성공에 대한 높은 사회적 기대치, 사회적 압력, 갈수록 커져 가는 불확실성에 대한 과도한 두려움, 부정적 관점을 강화하는 자아 실현 예언, 작은 실패도 수용하지 못하는 완벽주의 등이다.

위기와 패배의식은 다르다. 우리나라의 역사를 보라. 위기는 수백 번, 수천 번 반복되었다. 나라를 강탈당한 위기까지도 경험했다. 6·25전쟁으로 국가 인프라의 80%가 파괴된 경험도 했다. 그렇지만 우리는 망하지 않았다. 결국 위기를 극복하고 다시 일어섰다. 폐허 위에서 세계가 놀랄 만한 경제 성장도 이루었다. 지금 한국 교회가 맞닥뜨린 상황도 또 다른 위기일 뿐이다. 패배의식을 갖고 있지만 않으면 얼마든지 극복 가능한 위기다. 정확한 해법도 있고, 그 해법을 수행하기만 하면 극복 가능한 위기일 뿐이다. 하지만 패배주의를 벗어던지지 못하면 '스스로' 무너진다.

스스로 무너지는 과정은 이렇다. 먼저, 패배주의는 상황을 오판하게 만든다. 패배주의는 좋은 것이나 기회는 눈에 보이지 않고, 부정적인 것만 보이기 때문에 상황을 오판하게 한다. 민수기 13장에서 모세는 12명의 정탐꾼을 가나안 땅에 보냈다. 과연 하나님이 말씀하신 것처럼 '젖과 꿀이 흐르는 땅'이 맞았다. 포도송이 하나가 그 가지를 베어 막대기에 꿰어 장정 두 명이 메고 와야 할 정도로 비옥한 땅이었다. 석류와 무화과도 풍성했다.

"또 에스골 골짜기에 이르러 거기서 포도송이가 달린 가지를 베어 둘이 막대기에 꿰어 메고 또 석류와 무화과를 따니라 이스라엘 자손이 거기서 포도를 베었으므로 그곳을 에스골 골짜기라 불렀더라…모세에게 말하여 이르되 당신이 우리를 보낸 땅에 간즉 과연 그 땅에 젖과 꿀이 흐르는데 이것은 그 땅의 과일이니이다"(민 13:23-24, 27).

그런데 패배주의에 익숙했던 10명의 정탐꾼의 눈에는 부정적인 것만 보였고, 그들은 상황을 오판했다. 그들이 헛것을 본 것은 아니다. 실제로 가나안 거주민은 이스라엘 백성보다 크고 건장했다. 가나안 족속은 철제 무기도 가지고 있었다(민 13:28-29). 문제는 10명의 정탐꾼은 패배주의 의식에 사로잡혀 상황이 객관적으로 보이지 않았다는 것이다. 균형 있게 보이지 않았다. 패배주의 의식 때문에 기회와 희망은 실제보다 작아 보이고, 위기와 부정적인 면은 실제보다 크게 보였다. 그 결과, 상황 판단이 틀려 버렸다. 해석이 잘못되어 버렸다. 평가가 왜곡되어 버렸다.

"그와 함께 올라갔던 사람들은 이르되 우리는 능히 올라가서 그 백성을 치지 못하리라 그들은 우리보다 강하니라 하고 이스라엘 자손 앞에서 그 정탐한 땅을 악평하여 이르되 우리가 두루 다니며 정탐한 땅은 그 거주민을 삼키는 땅이요 거기서 본 모든 백성은 신장이 장대한 자들이며 거기서 네피림 후손인 아낙 자손의 거인들을 보았나니 우리는 스스로 보기에도 메뚜기 같으니 그들이 보기에도 그와 같았을 것이니라"(민 13:31-33).

패배주의는 절망을 불러온다. 절망은 속도가 빠르다. 10명의 정탐꾼 마음속에 피어난 절망은 순식간에 공동체 전체로 퍼졌다. 온 회중이 소리를 높여 부르짖으며 밤새도록 통곡했으며, 이스라엘 자손이 다 모세와 아론을 원망하며 "우리가 애굽 땅에서 죽었거나 이 광야에서 죽었으면 좋았을 것을 어찌하여 여호와가 우리를 그 땅으로 인도하여 칼에 쓰러지게 하려 하는가 우리 처자가 사로잡히리니 애굽으로 돌아가는 것이 낫지 아니하랴"(민 14:2-3)라고 말했다.

패배주의와 절망은 잘못된 판단과 행동을 불러온다. 자기 스스로를 죽이거나 남을 죽이는 행동을 불러온다. 10명의 정탐꾼과 이스라엘 백성 전체가 모세를 지도자 자리에서 끌어내리고, 여호수아와 갈렙을 돌로 쳐 죽이려고 달려들었다(민 14:4, 10). 패배주의에 빠진 10명의 정탐꾼과 이스라엘 백성 전체는 '스스로' 무너졌다. 가나안 거주민이 쳐들어오기도 전에 스스로 패했다. 그리고 하나님께도 버려졌다.

> "그러나 진실로 내가 살아 있는 것과 여호와의 영광이 온 세계에 충만할 것을 두고 맹세하노니 내 영광과 애굽과 광야에서 행한 내 이적을 보고서도 이같이 열 번이나 나를 시험하고 내 목소리를 청종하지 아니한 그 사람들은 내가 그들의 조상들에게 맹세한 땅을 결단코 보지 못할 것이요 또 나를 멸시하는 사람은 한 사람도 그것을 보지 못하리라"(민 14:21-23).

하나님은 우리가 말하는 것이 현실이 되게 하시는 분이다. 된다고 믿으면 되고, 안 된다고 믿으면 안 되게 해주신다.

> "그들에게 이르기를 여호와의 말씀에 내 삶을 두고 맹세하노라 **너희 말이 내 귀에 들린 대로 내가 너희에게 행하리니**"(민 14:28).

"여분네의 아들 갈렙과 눈의 아들 여호수아 외에는 내가 맹세하여 너희에게 살게 하리라 한 땅에 결단코 들어가지 못하리라 너희가 사로잡히겠다고 말하던 너희의 유아들은 내가 인도하여 들이리니 그들은 너희가 싫어하던 땅을 보려니와 너희의 시체는 이 광야에 엎드러질 것이요 너희의 자녀들은 너희 반역한 죄를 지고 너희의 시체가 광야에서 소멸되기까지 사십 년을 광야에서 방황하는 자가 되리라 너희는 그 땅을 정탐한 날 수인 사십 일의 하루를 일 년으로 쳐서 그 사십 년간 너희의 죄악을 담당할지니 너희는 그제서야 내가 싫어하면 어떻게 되는지를 알리라 하셨다 하라 나 여호와가 말하였거니와 모여 나를 거역하는 이 악한 온 회중에게 내가 반드시 이같이 행하리니 그들이 이 광야에서 **소멸되어** 거기서 죽으리라"(민 14:30-35).

이 책을 읽는 독자는 귀를 열고 들어야 한다. 한국 교회를 향해, 지도자를 향해, 성도를 향해 하나님이 "여호와의 손이 짧으냐?"라고 물으신다. "패배주의를 말하면 소멸할 것이고, 회개하고 일어서면 다시 부흥하는 교회가 될 것이다"라고 말씀하신다. 필자는 믿는다. 하나님이 '반드시' 한국 교회를 고치신다. 고쳐서, 다시 사용하신다.

패배주의에서 벗어나야 하나님이 쓰신다

"곧 그 땅에 대하여 악평한 자들은 여호와 앞에서 재앙으로 죽었고 그 땅을 정탐하러 갔던 사람들 중에서 오직 눈의 아들 여호수아와 여분네의 아들 갈렙은 생존하니라"(민 14:37-38).

하나님이 쓰시는 사람은 '패배주의에서 벗어난 사람'이다. 위기 가운데 살아남은 사람은 '패배주의에 사로잡히지 않은 사람'이다. 왜 하나님은 패배주의자를 쓰지 않으실까? 회개와 패배주의는 다르다. 패배주의는 불신에서 생긴다. '패배주의자'는 '불신자'와 동의어이기 때문에 하나님이 쓰지 않으신다. 민수기 14장 35절은 분명히 말한다. 패배주의가 만연한 교회는 하나님이 '소멸'시키신다.

필자가 분석한 위기 데이터, 위기 시나리오를 당신의 패배주의 의식을 정당화하는 데 사용하면 안 된다. 미래학자가 한국 교회가 위기라고 말하는 것은 "변화가 필요하다"는 것을 말하고자 함이지 "이제 끝장났다"라고 '패배'를 말하는 것이 아니다. 한국 교회가 위기에 처한 것은 '사실'이다. 여기까지는 객관적 상황이다. 필자가 위기를 말하면 이런 질문이 나온다. "한국 교회의 미래를 너무 부정적으로 보는 것은 아닙니까?"

미래는 부정적으로 보면 안 된다. 그렇다고 긍정적으로 봐도 안 된다. 미래는 '객관적'으로 보아야 한다. '균형 있게' 보아야 한다. 대신, 그 어떤 위기가 예측되더라도 그것을 대하는 태도는 '긍정적'으로 가져야 한다. 이것을 바꾸면 재앙이 온다. 객관적이고 균형 있는 시각은 상황을 인식하는 데 사용해야 한다. 긍정적인 사고는 상황을 대하는 태도에 사용해야 한다. 여호수아와 갈렙은 상황을 인식하는 데는 객관적이고 균형 있는 시각을 사용했다. 반면, 그런 상황에 어떻게 대처할 것인가라는 태도에는 긍정적인 사고, 믿음의 사고를 사용했다. 10명의 정탐꾼과 이스라엘 백성은 정반대로 했다. 그래서 '소멸'이라는 대재앙을 맞았다.

한국 교회 지도자와 성도여, 우리가 처한 문제와 죄악, 그리고 그것을 고치지 못할 경우 다가오는 거대한 재앙과 위기는 객관적으로 받아들여야 한다. 하지만 아무리 탕자 같은 생활을 했더라도, 우리가 돌이키기만

하면 언제나 우리를 다시 회복시키시는 하나님의 사랑과 능력에 대한 긍정적 태도와 믿음을 견지해야 한다. 그래야 거대한 변화와 위기에 휩쓸려 가지 않고, 그 가운데 숨겨진 '하나님의 마음과 뜻과 역사'를 볼 수 있다. '하나님의 새로운 계획'을 볼 수 있다. 하나님이 주시는 '새로운 시대적 소명'을 발견할 수 있다. 필자가 위기를 경고하는 이유는 한국 교회를 포기하지 않기 때문이다. 회개, 치유, 회복, 재부흥을 하자는 목적이다.

패배주의에서 벗어나는 방법은 무엇일까? 패배주의에서 벗어나는 첫 번째 방법은 '말을 바꾸는 것'이다. 이것은 하나님의 명령이다. "안 된다"는 말을 하지 않기로 선언하라. 목회자 자신에게 선언하고, 교인 전체에게 명령하라. 그렇다고 "무조건 된다!"고 소리치라는 말이 아니다. 그런 태도는 근거 없는 낙관론이다. 대신, "조금 복잡하다", "조금 어렵다"는 어구로 바꾸라. "이제 전도는 안 된다", "이제 교회 성장은 끝났다"는 말 대신, "전도나 교회 성장이 옛날보다 어려워졌고 복잡해졌다"고 말하자. 사실이 그렇다. 세상이 복잡해지고, 교회의 권위가 예전보다 못하고, 자기주장이 강해지고, 관심사가 초개인화되었고, 공동체보다 개인을 우선하고, 유물주의적 세계관의 도전이 거세졌다. 이런 변화된 시대에 전도의 열매를 맺는 과정이 복잡해졌다. 쉽고 간단하지 않다. 빠르게 열매가 맺히지 않는다. 그렇다. 그럴 뿐이지, 불가능한 것이 아니다. "예전보다 어려워졌고 복잡해졌지만, 그래도 전도는 지금도 가능하다. 성장은 여전히 가능하다"라고 말하라. 이 말이 하나님의 귀에 들리게 하자. 이런 말이 하나님의 귀에 들리면, 그 말의 성취는 하나님이 약속하셨다.

"그들에게 이르기를 여호와의 말씀에 내 삶을 두고 맹세하노라 **너희 말이 내 귀에 들린 대로 내가 너희에게 행하리니**"(민 14:28).

하나님이 일하시는 방법을 다시 기억해 내자

"네가 혹시 심중에 이르기를 이 민족들이 나보다 많으니 내가 어찌 그를 쫓아낼 수 있으리요 하리라마는 그들을 두려워하지 말고 네 하나님 여호와께서 바로와 온 애굽에 행하신 것을 잘 기억하되 네 하나님 여호와께서 너를 인도하여 내실 때에 네가 본 큰 시험과 이적과 기사와 강한 손과 편 팔을 **기억하라** 네 하나님 여호와께서 네가 두려워하는 모든 민족에게 그와 같이 행하실 것이요 네 하나님 여호와께서 또 왕벌을 그들 중에 보내어 그들의 남은 자와 너를 피하여 숨은 자를 멸하시리니 **너는 그들을 두려워하지 말라 너희의 하나님 여호와 곧 크고 두려운 하나님이 너희 중에 계심이니라**"(신 7:17-21).

패배주의에서 벗어나는 두 번째 방법은 '생각을 바꾸는 것'이다. 생각은 어떻게 바뀔까? '하나님이 일하시는 방법'을 되새겨 보면 된다. 하나님은 어떻게 일하시는가? 성경에서 해답을 복기해 보자. 필자는 창세기 41장 요셉의 이야기를 통해 하나님이 일하시는 방법을 정리해 본다. 역사적 배경은 이집트 12왕조 힉소스 왕조(아메넴헤트 3세로 추정, 주전 1860-1814년) 시절이다.

이집트 왕 바로가 꿈을 꾸었다. 흉하고 파리한 일곱 암소가 아름답고 살찐 암소 일곱 마리를 잡아먹는다. 가늘고 동풍에 마른 일곱 이삭이 무성하고 충실한 일곱 이삭을 삼켜 버린다. 일생에 한 번 꿀까 말까 하는 불길한 꿈이다(창 41:1-7). 바로는 두 번 겹쳐 꾼 끔찍한 꿈이 예언하는 내용이 무엇인지 급히 알아내야 했다. 바로의 마음이 '번민'에 휩싸였다(창 41:8). 왕궁의 정세가 급박하게 돌아갔다. 꿈 하나로 순식간에 만들어진 사건이다. 이것이 우리가 알아야 할 첫 번째다.

"하나님은 한순간에, 그리고 쉽게 거대한 변화를 만들어 내실 수 있다."

한국 교회의 회복과 재부흥을 위해 거대한 반전이 일어나야 한다고 한다. 맞다. 하지만 거대한 반전은 초대형 교회, 최고 교단, 최고 지도자의 영향력으로 만들어지지 않는다. 우리의 힘으로 거대한 물결을 일으키거나 거대한 반전을 만들 수 없다. 거대한 물결, 거대한 반전은 하나님이 만드신다. 우리가 해야 할 일은 회개다. 한국 교회에 회개의 행위가 일어나도록 기도하는 것이다. 우리가 어디서 떨어졌는지, 무엇을 잘못했는지를 생각하는 것이다. 처음 행위(첫사랑)를 가지는 것이다. 이것이 우리가 알아야 할 두 번째다.

> "그러므로 어디서 떨어졌는지를 생각하고 회개하여 처음 행위를 가지라 만일 그리하지 아니하고 회개하지 아니하면 내가 네게 가서 네 촛대를 그 자리에서 옮기리라"(계 2:5).

다시 복기한다. 하나님은 회복과 부흥이 회개에서 시작되기를 원하신다. 처음 행위를 갖는 것에서 시작되기를 원하신다. 그러면 하나님이 들으신다. 고치신다. 일하신다.

> "내 이름으로 일컫는 내 백성이 그들의 악한 길에서 떠나 스스로 낮추고 기도하여 내 얼굴을 찾으면 내가 하늘에서 듣고 그들의 죄를 사하고 그들의 땅을 고칠지라 이제 이곳에서 하는 기도에 내가 눈을 들고 귀를 기울이니"(대하 7:14-15).

필자는 미국 교회가 스페인 독감 대재앙을 지나면서 무능력이 심해지고, 회개와 반성은 없고, 사랑과 희생정신도 잃어버렸다고 했다. 스페인 독감이 끝난 후에는 경제적 충격과 손실을 만회하기 위해 돈 사랑하기를 그치지 못했고, 물질만능주의와 상업적 대형화 추구에 열을 더 올렸다고 했다. 이런 흐름에 정당성을 부여해 주면서 이익을 공유한 신학자들도 늘어났고, 사상적 분열과 싸움도 치열하게 일어났다고 했다. 그럴수록 미국민과 성도의 교회에 대한 혐오와 불신은 늘어나서 기독교인이 세운 나라에서 기독교 신앙 도서 비호감도가 67%(1925년 조사)에 이를 정도가 되었다고 했다. 미국 교회는 신학자 라인홀드 니버가 신앙의 패배주의에 사로잡혀 있다고 평가할 정도로 추락했다고 했다.

교회가 무능력해지자 미국 사회의 도덕적 기준도 빠르게 무너졌다. 대표적 사례는 미국 내에서 '우생학'의 대중화였다. '우생학'(優生學, eugenics)은 인간 유전 형질 중 우수한 것을 선별, 개량하여 인류 전반의 유전적 품질(genetic quality)을 향상시켜야 한다고 믿는 신념이다. 현대 생물학계에서는 폐기된 이론이지만, 인종 차별이나 도덕적 타락이 심해지거나 독재자가 출현하는 시기마다 고개를 든다.

우생학이란 단어는 1900년대 초에 등장했지만, 개념 자체는 고대부터 있었다. 스파르타의 장애 영아 살해, 제국주의와 파시즘에서 특정 인종 우월론 등이다. 즉 타락한 인간의 본성에 기인하는 신념이라는 말이다. 우생학의 이론적 정립은 찰스 다윈(Charles Darwin)의 진화론으로부터 영향을 받았다. 1869년 다윈의 고종사촌인 인류학자 프랜시스 골턴(Francis Galton)이 『유전적 천재성』(Hereditary Genius)이라는 책에서 런던에 상경한 스코틀랜드 출신의 노동자 주거 지역에서 발생한 범죄를 분석하고, 이들을 격리하고 사회에서 철저하게 배제시켜야 한다는 주장을 정당화하기 위해 다윈의 진화론을 근거로 사용한 것이 시초다.

스페인 독감으로 심각한 사회, 경제적 타격을 입은 미국은 극우적 흐름이 커졌다. 당시 미국 교회는 이런 흐름을 막을 힘도 없었고, 막을 생각도 없었다. 우생학이 인기를 얻자, 미국 의회는 다른 인종과 백인의 결혼을 법적으로 금지했다. 저명한 학자와 경제인들도 미국 의회의 결정을 지지했다. 지지한 학자와 정치인 중에는 존 록펠러(John Rockefeller)나 프랭클린 루스벨트(Franklin Roosevelt) 대통령 등 다수 기독교인이 포함되었다. 백인과 다른 인종의 결혼은 캘리포니아주를 비롯한 30개 주에서 법으로 금지됐다. 버지니아주에서는 유전적으로 열등한 아동의 출산을 막는 '단종법'까지 제정되어 정신 이상자, 알코올 중독 판정자, 병 들고 질 떨어진다고 손가락질을 받는 사람 등 8,300여 명의 주민들에게 강제 불임 수술이나 강제 자궁 적출 시술 등의 위해를 가했다. 그 희생자 대부분은 흑인이었다. 1931년경에는 이런 법이 미국 30여 개 주로 확대되었다. 버지니아 법원은 이런 행위에 정당성을 부여한 판례를 내렸고, 훗날 나치 전범들은 이 판례를 유대인 학살의 명분과 근거로 이용했다. 1924년 미국 의회가 북서 유럽계 외의 유럽계 이민을 제한하고, 아시아계 이민을 원천적으로 금지하는 이민법을 통과시킨 것도 같은 맥락이었다.[35]

1929년 미국 경제가 대공황에 빠지자 미국 교회의 침체는 가속되면서 예배 참석률이 기존 90%에서 50%로 급락했고, 남자 성도들의 출석률은 10%로 곤두박질쳤으며, 교회학교도 300만여 명 감소했고, 수많은 교회가 문을 닫고, 목회를 포기한 목사들이 20%가 넘었고, 선교 헌금은 60% 줄었고, 선교사 지원생 숫자도 10분의 1로 급감했다고 했다. 제2차 세계대전이 끝나자 미국의 도덕적 쇠퇴는 절정에 달했고, 네 가정 중 한 가정이 이혼하고, 알코올 중독자가 600만 명에 달했다. 하지만 속절없이 무너지고, 신뢰를 상실하고, 패배주의에 빠진 미국 교회가 아직도 건재한 이유가 있다. 스페인 독감과 대공황을 거치며 무너지는 미국 교회를 다시 일으켜 세운 것은 '영적 갱신 운동'이었다.

미국의 제1차 대각성 운동은 1735년에 시작되어 20년간 미국 전역에 회개와 부흥의 불길을 일으켰다. 이때 하나님이 사용하신 '하나님의 영에 감동된 사람'이 조나단 에드워즈(Jonathan Edwards)다. 교회가 각성하면 사회도 치유되고 회복하는 축복을 받는다. 제1차 대각성 운동은 당시 식민지 미국민들을 각성시켜서 미국 독립 운동과 국가 탄생에 지대한 영향을 끼쳤다.

미국의 제2차 대각성 운동은 1790년부터 1840년까지 50년 동안 지속되었다. 제2차 대각성 운동은 미국 전역에 도덕적 혁명을 일으켰다. 노예 제도의 죄악을 지적하여 노예 해방이 실현되도록 하는 데 큰 공헌을 했다.[36] 이때 하나님이 사용하신 '하나님의 영에 감동된 사람'이 찰스 피니(Charles Finney)였다.

미국의 제3차 대각성 운동은 20세기 중반에 일어났다. 역사신학자 박용규 박사는 빌리 그레이엄 목사의 복음주의 부흥과 전통적 신앙 가치 재건 물결, 오랄 로버츠(Oral Roberts)를 중심으로 한 성령 운동이 20세기 중반 미국 교회의 회복과 재부흥의 중심을 이루었다고 평가했다.[37]

스페인 독감부터 제2차 세계대전기까지 쇠퇴를 거듭하던 미국 교회를 다시 일으켜 세운 영적 갱신, 영적 대각성 운동은 회개, 생활의 변화, 전도 재개, 전통적 신앙 가치로 되돌아감으로 일어났다. 1954년 빌리 그레이엄 목사의 고백을 들어 보자.

"현대 역사에서 비교할 수 없는 종교적 부흥이 요원의 불길처럼 영어

권 세계를 휩쓸고 있다. 수백만 명이 하나님께로 돌아오는 영적 대각성 운동이 임했다."[38)]

위기는 기도의 본능을 깨운다

1950년 7월 14일 한국전쟁의 위기에서 해리 트루먼(Harry Truman) 대통령은 백악관 뜰에서 동료들과 함께 무릎 꿇고 기도했다. 1953년 미국의 수도에 기도실이 세워졌고, 각종 종교 서적들이 매진되는 일이 일어났다. 1954년 미국 의회는 국기에 대한 충성 서약에 "하나님 앞에서"(under God)라는 단어를 추가했고, 그 결과 1949년 37%였던 미국 교회 주일예배 출석률은 1955년에는 49%로 증가했다. 미국 최대 교단인 남침례교 교인 수는 1949년 700만에서 1960년 950만으로 성장했다. 제3차 대각성 운동 시기의 특징 중 하나는 새로운 기술 문명이 복음화의 도구로 사용되었다는 것이다. 바로 라디오와 TV였다.

필자는 믿는다. 우리가 회개하고 다시 각성하고 하나님의 방법을 믿으면, 하나님이 속절없이 무너지고 있는 한국 교회를 다시 회복시키시고 제4의 부흥의 물결을 일으키실 것이다. 한국 교회 지도자와 성도가 "여호와여 주의 백성을 불쌍히 여겨 주옵소서"라고 부르짖으면 하나님이 다시 번성케 하신다.

"여호와의 말씀에 너희는 이제라도 금식하고 울며 애통하고 마음을 다하여 내게로 돌아오라 하셨나니 너희는 옷을 찢지 말고 마음을 찢고 너희 하나님 여호와께로 돌아올지어다 그는 은혜로우시며 자비로우시며 노하기를 더디 하시며 인애가 크시사 뜻을 돌이켜 재앙을 내리지 아니하시나니"(욜 2:12-13).

"내가 그들을 향하여 휘파람을 불어 그들을 모을 것은 내가 그들을 구속하였음이라 **그들이 전에 번성하던 것같이 번성하리라**"(슥 10:8).

필자의 눈에는 하나님이 제4의 부흥기를 여는 일을 이미 시작하신 것이 보인다. 필자가 예측한 '한국 교회의 위기'는 하나님의 영에 감동된 사람들의 기도 본능을 깨울 것이다. 위기는 기도의 본능을 깨운다.

2023년 1월 첫 번째 월요일, 미국 최고의 인기 스포츠 NFL(미국 프로 풋볼 리그) 최종 우승을 가리는 플레이오프 경기가 시작되었다. 버펄로 빌스와 신시내티 벵골스는 미국 오하이오주 신시내티 페이코 스타디움에서 맞붙었다. 두 팀이 우승컵을 두고 치열한 경기를 펼치던 도중, 충격적인 사고가 일어났다. 버펄로 수비수 다마르 햄린(Damar Hamlin)이 상대 팀 선수에게 태클을 시도하면서 가슴을 강하게 부딪히면서 정신을 잃고 쓰러졌다. 심정지였다. 의료진이 달려와 심폐소생술(CPR)을 했지만 의식이 돌아오지 않았다. 급박한 위기의 순간, 놀라운 일이 벌어졌다. 버펄로 선수들과 신시내티 선수들과 코치진 모두가 쓰러진 햄린의 주위를 둘러쌌다. 서로 어깨동무를 하고 무릎을 꿇고 햄린을 위해 기도를 시작했다.

생방송 중계를 하던 ESPN(미국 스포츠 전문 케이블 방송) 해설자 댄 올롭스키는 "방송 중에 해서는 안 되는 것일 수 있지만, 지금은 그를 위해 기도하고 싶습니다"라고 말하며 햄린을 위해 소리 내어 기도했다. 공동 진행자인 로라 러트리지와 마커스 스피어스도 함께 기도했다. 같은 시간, 수백만 명의 NFL 팬들도 기도에 동참했다. 트위터에는 응원의 마음을 담은 해

시태그 "Pray for Damar"가 넘쳤다.

햄린은 쓰러진 지 16분 후 심장 박동이 되살아났고, 구급차에 실려 신시내티 대학병원으로 이송됐다. 병원 이송 후에도 중환자실에 있는 햄린을 위한 기도회가 신시내티 대학병원 인근, 하이마크 스타디움(버펄로 빌스 홈 경기장) 등 곳곳에서 열렸다. 햄린을 위한 기도의 물결은 「뉴욕타임스」, AP통신 등 미국 주요 미디어를 통해 전국으로 퍼져 나갔다.[39] 사흘 만에, 다마르 햄린이 기적적으로 깨어났다. 그러자 미국 대통령 조 바이든(Joe Biden)은 트위터에 "좋은 소식이다. 당신의 부모님께 말씀드린 대로, 나와 아내, 그리고 미국의 모든 사람이 기도하고 있다"라는 글을 남겨 감사하고 축하했다.[40]

기억하자. 위기는 기도의 본능을 깨운다. 우리가 기도하면 하나님이 일하신다. 그리고 하나님이 일하시면 정확하다. 정밀하다. 완벽하다. 실패가 없다. 그리고 쉽다. 한순간이다. 창세기 41장 14절에서 하나님은 한순간에, 그리고 쉽게 거대한 변화가 시작되는 사건을 일으키셨다.

"이에 바로가 사람을 보내어 요셉을 부르매 그들이 급히 그를 옥에서 내놓은지라 요셉이 곧 수염을 깎고 그의 옷을 갈아입고 바로에게 들어가니"(창 41:14).

하나님은 거대한 변화의 물결을 어떻게 만들어야 하는지를 '가장 정확하게' 아시는 분이다. 그리고 그 지렛대 지점을 아신다. 누구의 마음을 움직여야, 어떤 사건을 일으켜야, 어디를 흔들어야 거대한 변화의 쓰나미 파도가 일어날지 알고 계신다. 한국 교회의 회복과 제4의 부흥을 위해 누구의 마음을 움직이고, 어떤 사건을 일으키고, 어디를 흔들어야 하는지를 가장 정확하게 아시는 분은 하나님 한 분뿐이시다. 그런 일이 벌어지게 하실 수 있는 분도 하나님 한 분뿐이시다. 그것을 믿는 지도자만이 회개를 외칠 수 있다. 그것을 믿는 교회만이 한국 교회를 위해 울며 기도할 수 있다. 우리가 회개하면, 우리가 처음 행위를 갖는 노력을 시작하면 하나님도 거대한 변화의 쓰나미 파도를 일으키는 일을 시작하신다.

　세 번째로 하나님이 하나님의 사람을 불러 세우시는 방법도 정해져 있다. 하나님이 일하기 시작하시는 '바로 그 시간'에 그 누구도 반박하지 못하도록 완벽한 조건을 만들어 '극적으로' 불러 세우신다. 바로의 명령을 받고 급하게 궁으로 들어온 애굽 최고의 점술가와 현인들은 그 누구도 바로의 꿈을 해석하지 못했다. 모두 죽음을 면하기 어려운 상황이 되었다. 바로의 신하들도 큰 날벼락을 맞을 수 있는 일촉즉발의 위기감이 고조되었다. 너무 급박한 정세이기에 그 누구도 최악의 죄목을 가진 죄인의 신분인 요셉을 총리로 불러 세운 것에 한마디 반박도 못했다. 이 모든 연출은 하나님의 작품이다. 하나님은 최고의 시간에, 최적의 자리로 우리를 인도하신다. 이것이 하나님이 일하시는 방법이다.

　열심히 목회해도 잘 안되었는가? 기도해도 일이 일어나지 않았는가? 내가 생각하는 것과 다르게 일이 일어났는가? 이 모든 것을 다 받아들여야 한다. 왜일까? 그 뒤에 하나님이 계시기 때문이다. 갱신의 방향이 맞다면 포기하지 말아야 한다. 하나님의 방법을 믿고 따른다면 위기가 점점 깊어져도 '포기하지 말고' 기다려야 한다. 아직 하나님의 시간이 안 되었을 뿐이다. 그때가 되면 하나님이 '완벽하게' 일하신다. 극적 반전이 일어난다. 필요하다면 왕의 마음을 움직여서라도 일이 되게 하신다.

　"왕의 마음이 여호와의 손에 있음이 마치 봇물과 같아서 그가 임의로 인도하시느니라"(잠 21:1).

"모세가 백성에게 이르되 너희는 두려워하지 말고 가만히 서서 여호와께서 오늘 너희를 위하여 행하시는 구원을 보라 너희가 오늘 본 애굽 사람을 영원히 다시 보지 아니하리라"(출 14:13).

위기를 두려워 말라. 하나님은 위기 속에서 일하신다

위기를 두려워 말자. 위기는 하나님이 일하시는 시간이다. 이것이 우리가 알아야 할 하나님이 일하시는 방법 네 번째다. 하나님은 위기 속에서 극적인 방법, 그 누구도 예측하지 못했던 방법으로 일하신다. 마태복음에 예수님이 중풍병에 걸린 백부장의 하인, 열병에 걸린 베드로의 장모를 고치신 후 가다라 지방으로 가기 위해 갈릴리 바다를 건너시는 장면이 나온다.

"주여 구원하소서 우리가 죽겠나이다 예수께서 이르시되 어찌하여 무서워하느냐 믿음이 작은 자들아 하시고 곧 일어나사 바람과 바다를 꾸짖으시니 아주 잔잔하게 되거늘 그 사람들이 놀랍게 여겨 이르되 이이가 어떠한 사람이기에 바람과 바다도 순종하는가 하더라"(마 8:25-27).

주님이 함께 계셔도 '사망의 음침한 골짜기'를 지날 수 있다. 풍랑에 빠질 수 있다. 하지만 주님이 바다를 가르시거나, 바다 위를 걷게 하시거나,

바다에 빠져 죽지 않게 하신다. 해를 당하지 않게 하신다. 한국 교회가 회개하면, 처음 행위를 갖기 위해 노력하면 하나님은 한국 교회를 버리지 않으신다. 하나님의 방법으로 회복시키신다. 하나님의 방법으로 재부흥시키신다. 한국 교회가 당하는 위기는 전화위복의 계기가 된다.

"내가 사망의 음침한 골짜기로 다닐지라도 해를 두려워하지 않을 것은 주께서 나와 함께하심이라 주의 지팡이와 막대기가 나를 안위하시나이다"(시 23:4).

"내가 애굽 사람에게 어떻게 행하였음과 내가 어떻게 독수리 날개로 너희를 업어 내게로 인도하였음을 너희가 보았느니라 세계가 다 내게 속하였나니 너희가 내 말을 잘 듣고 내 언약을 지키면 너희는 모든 민족 중에서 내 소유가 되겠고"(출 19:4-5).

위기를 만나면 이렇게 생각하자. '드디어, 하나님이 일하시는 광경을 내 눈으로 직접 보는 영광을 만나게 되는구나.' 인간은 평화롭고 안정적이고 만사가 잘될 때는 '교만해져서' 하나님의 일하심을 못 본다. 교회도 마찬가지다. 부흥 성장할 때는 하나님의 일하심이 눈에 들어오지 않는다. 재정이 풍부할 때는 하나님의 도우심이 필요 없다. 위기는 하나님이 필요하다는 것을 기억하게 해주는 기회다. 평상시에는 형통케 하시는 하나님을 만나고, 위기와 고난의 때에는 구원하시는 하나님을 만나는 영광을 본다. 한국 교회가 만난 위기는 하나님의 하나님 되심, 예수님의 하나님 아들 되심을 알게 하는 위대한 기회다.

예수님이 잠시 주무시는 듯, 가만히 계시는 듯하다고 실망하지 말자.

소망 없는 기다림은 고통이다. 우리의 기다림은 '약속이 주는 소망이 있는 기다림'이다. 폭풍을 두려워하지 말자. 이 책을 읽고 있는 순간에도 주님은 절대로 졸지도, 주무시지도 않는다. 주께서 내 배 안에 함께 계시고, 함께 싸우시고, 나보다 한 발 먼저 일하신다. 흉년을 만나면 피할 길을 주신다. 피할 수 없다면 견딜 수 있게 해주신다. 그리고 '절대, 절대, 절대' 망하지 않게 해주신다. 한국 교회의 살고 죽음, 회복과 번성이 전능하신 하나님께 달려 있다. 그러니 전능하신 하나님, 그분을 믿자. 그분을 믿고 그분이 원하시는 다음의 일을 하자.

"내 이름으로 일컫는 내 백성이 그들의 악한 길에서 떠나 스스로 낮추고 기도하여 내 얼굴을 찾으면 내가 하늘에서 듣고 그들의 죄를 사하고 그들의 땅을 고칠지라 이제 이곳에서 하는 기도에 내가 눈을 들고 귀를 기울이리니"(대하 7:14-15).

"그러므로 어디서 떨어졌는지를 생각하고 **회개하여 처음 행위를 가지라**"(계 2:5).

회개하면 성령이 역사하신다. 이것이 하나님이 일하시는 다섯 번째 방법이다. 한국 교회 세 번의 부흥기에도 하나님은 같은 방식으로 일하셨다. 회개하고 성령이 역사하시어 하나님의 영에 감동된 사람이 된다. 하나님의 영에 감동된 사람은 하나님의 일하심에 초청받아 함께 일하는 축복을 받았다.

"베드로가 이르되 너희가 **회개하여** 각각 예수 그리스도의 이름으로 세례를 받고 죄 사함을 받으라 그리하면 **성령의 선물을 받으리니**"(행 2:38).

"바로가 그의 신하들에게 이르되 이와 같이 **하나님의 영에 감동된 사람을 우리가 어찌 찾을 수 있으리요 하고**"(창 41:38).

단, 주의 사항이 하나 있다. 하나님이 세상을 이끌어 가시는 섭리를 통찰하고, 하나님이 일하시는 방법을 '기억'하는 것은 필요하다. 하지만 하나님이 어떻게 역사하실 것(어떻게 나를 도우실 것)인지는 예측하지 말아야 한다. 예측 불가능의 영역이다. 하나님은 우리의 생각의 한계를 넘어서 다가오시고 일하시기 때문이다.

하나님은 우리가 어떻게 일하기를 원하시는가?

하나님은 하나님의 일하심에 우리를 '초청'하신다. 하나님은 야곱을 초청하셔서 '허락한 것'을 함께 이루셨다. 하나님은 모세를 초청해 이스라엘 백성을 구원하여 하나님을 섬기게 하는 일을 함께 이루셨다. 여호수아도 하나님께 초청받아 하나님의 구원 사역(맹세한 것)을 이루는 데 협력자로 쓰임 받았다.

"**내가 너와 함께 있어** 네가 어디로 가든지 너를 지키며 너를 이끌어 이 땅으로 돌아오게 할지라 내가 네게 허락한 것을 다 이루기까지 **너를 떠나지 아니하리라**"(창 28:15).

"하나님이 이르시되 **내가 반드시 너와 함께 있으리라** 네가 그 백성을 애굽에서 인도하여 낸 후에 너희가 이 산에서 하나님을 섬기리니 이것이 **내가 너를 보낸** 증거니라"(출 3:12).

"여호와께서 또 눈의 아들 여호수아에게 명령하여 이르시되 너는 이스라엘 자손들을 인도하여 내가 그들에게 **맹세한 땅으로 들어가게** 하리니 강하고 담대하라 **내가 너와 함께하리라** 하시니라"(신 31:23).

단, 하나님의 일하심에 초청받은 사람은 하나님이 원하시는 방법으로 일해야 한다. 우리는 하나님의 일을 할 때 첫째, 하나님의 주인 되심을 인정해야 한다. 요셉은 바로의 꿈을 해석해 주면서 바로에게 몇 가지 중요한 말을 했다. 꿈을 해석하고 꿈으로 미리 알려 주는 역사를 이루시는 분은 자신이 아니라 하나님이시라는 고백이다.

"요셉이 바로에게 대답하여 이르되 **내가 아니라 하나님께서** 바로에게 편안한 대답을 하시리이다"(창 41:16).

"요셉이 바로에게 아뢰되 바로의 꿈은 하나라 **하나님이 그가 하실 일**을 바로에게 보이심이니이다"(창 41:25).

요셉은 과거, 현재, 미래, 모든 역사의 주인이 하나님이시라는 분명한 선언을 했다. 하나님이 애굽과 세계 역사를 직접 이끌어 가시는 분이라고 명확하게 밝혔다. 그분이 장차 할 일을 미리 우리에게 가르쳐 주신다고 고백했다. 하나님은 말세에 어떠한 일들이 일어날지도 미리 알려 주셨다.

요한계시록, 에스겔서, 이사야서 등을 통해 말세가 되면 사람들의 왕래가 빨라지고, 지식이 폭발적으로 증가하고, 처처에 기근과 재난이 발생한다고 미리 알려 주셨다. 하나님은 한국 교회의 미래에 대해서도 하나님의 영에 감동된 사람을 통해 통찰하게 해주신다. 하나님이 한국 교회를 어디로 이끄실지, 어떤 일을 하실지, 무엇을 원하시는지, 어떤 방법으로 일하실지를 하나님의 영에 감동된 사람을 통해 깨닫고 이해하게 하신다.

"그는 때와 계절을 바꾸시며 왕들을 폐하시고 왕들을 세우시며 지혜자에게 지혜를 주시고 총명한 자에게 지식을 주시는도다"(단 2:21).

"너희는 삼가라 내가 모든 일을 너희에게 **미리 말하였노라**"(막 13:23).

"이르시되 너희가 사람의 미혹을 받지 않도록 주의하라 많은 사람이 내 이름으로 와서 이르되 나는 그리스도라 하여 **많은 사람을 미혹하리라** 난리와 난리 소문을 듣겠으나 너희는 삼가 두려워하지 말라"(마 24:4-6).

"또 이르시되 **민족이 민족을, 나라가 나라를** 대적하여 일어나겠고 곳곳에 큰 지진과 기근과 전염병이 있겠고 또 무서운 일과 하늘로부터 큰 징조들이 있으리라"(눅 21:10-11).

"다니엘아 마지막 때까지 이 말을 간수하고 이 글을 봉함하라 **많은 사람이 빨리 왕래하며 지식이 더하리라**"(단 12:4).

"너는 이것을 알라 말세에 고통하는 때가 이르러 사람들이 자기를 사랑하며 돈을 사랑하며 자랑하며 교만하며 비방하며 부모를 거역하며 감사하지 아니하며 거룩하지 아니하며 무정하며 원통함을 풀지 아니하며 모함하며 절제하지 못하며 사나우며 선한 것을 좋아하지 아니하며 배신하며 조급하며 자만하며 쾌락을 사랑하기를 하나님 사랑하는 것보다 더하며 경건의 모양은 있으나 경건의 능력은 부인하니"(딤후 3:1-5).

둘째, 우리는 하나님의 일을 할 때 우리의 죄, 문제, 올바르지 못함을 지적하고 조롱하는 목소리에 귀를 기울여야 한다. 한국 교회는 불신자와 반기독교인에게 공격받고 있다. 한국 교회가 깨닫지 못하니 하나님이 교회 밖의 불신자들과 타 종교인을 통해서까지 이야기하시는 것이다. 경고를 하시는 것이다. 민수기 22장을 보면, 모압 왕 발락이 발람을 찾는다. 하나님은 발람에게 나타나셔서 그들의 부탁대로 '이스라엘을 저주하는 행동'을 하지 말라고 명령하신다. 사욕에 사로잡힌 발람은 하나님의 경고를 무시한다. 그러자 하나님은 나귀의 입을 열어 발람에게 마지막 경고를 하셨다(민 22:28-35). 한국 교회도 마찬가지다. 성경을 보면, 하나님이 이스라엘 백성에게 경고하실 때는 그들이 개나 돼지로 여겼던 이방인을 통해서 말씀하셨고 그들을 통해서 치셨다는 것을 잊어서는 안 된다.

우리가 하나님과 함께 일을 하려면 내 안을 먼저 들여다보아야 한다. 현재 한국 교회를 향한 비난과 지적이 우리가 순수한 믿음을 지키기 위한 행동을 하다가 받는 핍박인가, 아니면 한국 교회가 시대적 소명을 잃어버리고 잘못된 길을 가는 것에 대해서 하나님이 교회 밖의 사람들을 통해 주시는 경고인가를 분별하고 통찰해야 한다.

"그들은 모략이 없는 민족이라 그들 중에 **분별력이 없도다** 만일 그들이 지혜가 있어 이것을 깨달았으면 자기들의 종말을 분별하였으리라"(신 32:28-29).

셋째, 우리는 하나님의 일을 할 때 세상이 어떻게 변할지에 대한 지혜를 말하는 이들의 목소리에 귀를 기울여야 한다. 하나님은 장차 하실 일을 기도 많이 한 목사나 선교사에게만 통찰하게 하지 않으신다. 창세기 41장은 흥미로운 사실을 알려 준다. 하나님은 바로에게 장차 일어날 일들을 가르쳐 주셨다. 단, 바로는 그 꿈(하나님의 계시)을 해석하지는 못했다. 그것을 해석하는 일을 맡은 사람은 요셉(하나님의 영에 감동된 사람)이었다.

현재 하나님은 세상에 있는 수많은 전문가의 생각과 입을 통해 하나님이 역사를 어디로 이끌어 가시는지를 보여 주신다. 뉴스 기자, 과학 기술 전문가, 경제 금융 전문가, 사회학자, 인구학자 등 다양한 전문가들이 세상 변화의 모습과 미래 변화 가능성을 말한다. 하지만 그들은 그 변화와 미래 비전에 담긴 영적 의미, 구속사적 의미, 하나님의 뜻을 해석하지 못한다. 헤아리지 못한다. 그것을 해석하는 일은 하나님의 영에 감동된 사람, 신실하고 경건한 성도가 맡는다. 그렇기 때문에 하나님의 영에 감동된 사람은 세상이 어떻게 변할지에 대한 지혜를 말하는 이들의 목소리에 귀를 기울이고 그것을 해석하는 사명을 감당해야 한다.

그렇다고 성경에 나오는 선지자처럼 직접 계시를 받는다고 생각하면 안 된다. 하나님의 직접 계시는 끝났다. 성경에 쓰인 직접 계시만으로 충분하기 때문이다. 대신, 하나님은 성경에 쓰인 직접 계시를 기준 삼아, 하나님의 깊은 것까지 통달하시는 성령의 조명(밝히 드러나게 하심, 밝게 이해하고 깨닫게 하심)으로, 하나님의 영에 감동된 사람에게 지금 이 시대에 하나님이 세상과 교회를 어떻게 이끌어 가실지 커다란 방향과 흐름을 가르쳐 주신다. 하나님이 장차 하실 일들의 의미를 깨닫는 지혜를 주신다. 통찰하게 하신다.

'통찰'(洞察)의 사전적 의미는 '예리한 관찰력으로 사물을 꿰뚫어 봄'이다. 통찰을 가리키는 히브리어는 'בִּין'(빈)이고 'speak perspicuously', 즉 '알기 쉽게, 명료하게 말하다'라는 뜻이다(잠 24:12). 성경 전체 맥락에서 통찰은 이렇게 정의된다. '하나님의 뜻과 섭리(만세전에 미리 정하신 것)의 이해, 인식, 깨달음'이다.

> "우리가 **온전한 자들 중에서는 지혜를 말하노니** 이는 이 세상의 지혜가 아니요 또 이 세상에서 없어질 통치자들의 지혜도 아니요 오직 은밀한 가운데 있는 **하나님의 지혜**를 말하는 것으로서 곧 감추어졌던 것인데 하나님이 우리의 영광을 위하여 만세전에 미리 정하신 것이라…**오직 하나님이 성령으로 이것을 우리에게 보이셨으니** 성령은 모든 것 곧 하나님의 깊은 것까지도 **통달**하시느니라"(고전 2:6-7, 10).

> "하나님이 이 네 소년에게 **학문을 주시고 모든 서적을 깨닫게 하시고** 지혜를 주셨으니 **다니엘은 또 모든 환상과 꿈을 깨달아 알더라**"(단 1:17).

> "너희가 구름이 서쪽에서 이는 것을 보면 곧 말하기를 소나기가 오리라 하나니 과연 그러하고 남풍이 부는 것을 보면 말하기를 심히 더우리라 하나니 과연 그러하니라 외식하는 자여 너희가 천지의 기상은 분간할 줄 알면서 **어찌 이 시대는 분간하지 못하느냐**"(눅 12:54-56).

넷째, 우리는 하나님의 일을 할 때 맞닥뜨린 위기를 하나님 편에서 보고 듣고 해석하고 생각하고 행동해야 한다. 요셉의 꿈 해몽 이야기로 다시 돌아가 보자. 요셉은 7년의 흉년을 없애 달라고 기도하지 않았다. 요셉은 왜 기도하지 않았을까? 답은 간단하다. 7년의 흉년도 하나님이 이미 정하신 '하나님의 일'이라는 것을 깨달았기 때문이다. 인간은 기회의 시간에는 그것이 하나님이 주시는 은혜로운 일이라고 생각한다. 반면, 위기는 '하나님의 일'이라고 생각하기 쉽지 않다. 하나님의 영에 감동된 사람, 신실하고 경건한 성도와 지도자는 달라야 한다. 위기도 하나님 편에서 보고 듣고 해석하고 생각하고 행동해야 한다.

요셉은 흉년이 오지 않도록 기도하는 것은 하나님의 뜻에 어긋난 기도라고 생각했다. 결과적으로 7년의 흉년은 하나님의 위대한 계획 속에 있는 하나의 중요한 사건이었다. 하나님이 요셉을 지도자로 서게 하시고, 야곱의 가정을 애굽으로 내려오게 해 번성케 하셔서 "네 씨로 바다의 셀 수 없는 모래와 같이 많게 하리라"(창 32:12)라는 약속을 성취하시고, 출애굽을 통해 구속사의 중요한 사건을 만드신 전초 사건이었다. 이처럼 하나님의 뜻과 일하심은 우리의 생각으로 헤아릴 수 없이 깊고 풍부하고 정확하다. 하나님의 영에 감동된 사람, 신실하고 경건한 성도와 지도자는 위기와 변화 속에서 이런 미래를 통찰한다.

"너희는 이 세대를 본받지 말고 오직 마음을 새롭게 함으로 변화를 받아 [당신을 향한] 하나님의 선하시고 기뻐하시고 온전하신 뜻[비전, 사명]이 무엇인지 **분별하도록 하라**"(롬 12:2).

마지막으로, 하나님의 일하심에 초청받은 하나님의 사람은 깨어 분별력을 가지고 미래를 준비하는 일을 해야 한다. 위기를 대비하는 일을 시작해야 한다. 그래야 망함을 면할 수 있다. 늘 깨어 분별력을 가지고 미래를 준비하면 자기를 지킬 수 있고, 위기를 극복하고 최후 승리를 얻는 지혜로운 판단, 선택, 행동을 할 수 있게 된다. 요셉의 분별력과 지혜로운 행동으로 애굽과 전 세계가 7년의 극심한 흉년이라는 위기를 극복하고 살 수 있었다. 실제 이집트 역사를 보면, 요셉이 섬기던 바로(아메넴헤트 3세)의 통치 기간은 이집트 중왕국 시대의 황금기로 기록되어 있다. 솔로몬왕도 분별력과 지혜로운 행동으로 수많은 백성이 고통, 문제, 위기를 극복하게 도왔다.

하나님은 이 책을 읽는 당신을 요셉처럼 다가오는 위기를 대비하는 일을 시작하는 데 '초청'하신다. 당신을 통해 무너져 가는 한국 교회를 다시 일으키기를 원하신다. 당신을 한국 교회가 맞을 제4의 부흥기의 주역으로 부르고 계신다.

"이와 같이 그 곡물을 이 땅에 저장하여 애굽 땅에 임할 일곱 해 흉년에 대비하시면 땅이 **이 흉년으로 말미암아 망하지 아니하리이다**"(창 41:36).

"기근이 더욱 심하여 사방에 먹을 것이 없고 애굽 땅과 가나안 땅이 기근으로 황폐하니 요셉이 곡식을 팔아 애굽 땅과 가나안 땅에 있는 돈을 모두 거두어들이고…내가 너희의 가축과 바꾸어 주리라 그들이 그들의 가축을 요셉에게 끌어오는지라…우리 몸과 우리 토지를 먹을 것을 주고 사소서 우리가 토지와 함께 바로의 종이 되리니…**애굽의 모든 사람들이 기근에 시달려 각기 토지를 팔았음이라 땅이 바로의 소유가 되니라**"(창 47:13-20).

통일이 되면, 기독교인 2천만 명의 시대가 열린다

필자가 예측하는 제5의 대부흥기는 통일한국 시대에 온다. 필자는 제5의 부흥기를 거치면 통일한국 교회의 성도 총수가 최소 1,500만 명에서 최대 2천만 명까지 증가할 수 있을 것으로 예측한다. 가능성은 충분하다. 예를 들어, 제4의 부흥기 기간에 새로운 영적 대각성 운동이 일어나면서 한국의 기독교인 비율이 전체 인구 대비 19-20%까지(2015년 기독교 비율) 회복되고, 제4의 부흥기에 주일학교를 다시 세우면 제5의 대부흥기가 일어날 2050년경이 되면 장년층 성장으로 결실을 맺는다.

다음 도표를 보자. 2015년 기준 각 5세별 연령층에서 기독교, 천주교, 불교, 무신론(종교 없음)의 비율이다. 50세 이상 층에서는 상대적으로 종교심이 높다. 기독교 비율도 높다. 두 가지 이유다. 하나는 6·25전쟁 이후 한국 교회 제3의 부흥기의 열매가 유지되고 있다. 다른 하나는 인간은 50대를 넘어가면서 종교심이 커지기 때문이다. 인생에 대한 깨달음이 깊어지고, 성공보다는 죽음과 죽음 이후에 대한 생각이 커진다. 반평생을 배우고 경험했지만 진리의 지식에 이르지 못했다는 자괴감이 든다. 특히 60대 후반이 되면 이런 특성은 강해진다. 이 세대는 앞으로 전도 가능성이 높은 그룹이다.

2022년 4월 목회데이터연구소가 발표한 자료에 따르면, 이 세대는 친구나 지인의 전도나 혹은 스스로 기독교를 선택한 비율이 가장 높다. 2030세대의 경우, 신앙을 갖게 된 계기는 가족과 친척에 의한 비율이 77%, 친구나 지인이 17%, 스스로 출석이 5%다. 3040세대도 가족과 친척에 의한 비율이 74%에 달했다. 반면, 5060세대는 부모를 포함한 가족과 친척에 의한 전도 비율이 59%이고, 친구나 지인은 30%, 스스로 출석이 10%나 된다. 신앙생활의 이유를 묻는 질문에 "구원과 영생을 위해서"라는 대답은 5060세대가 50%로, 2030세대의 33%보다 훨씬 높았다. 참고로, 구원과 영생을 위해서 신앙생활을 한다는 응답은 70세를 넘은 고령 교인의 경우 60%로 높아진다. 나이가 들수록 죽음과 죽음 이후가 중요해져서, 평생을 불신자로 살아도 종교를 가질 가능성이 높아질 수 있다는 것을 알 수 있다. 반면, "습관적으로 신앙생활을 한다"는 응답은 5060세대는 4%에 불과하고, 2030세대는 4.5배가 높은 19%를 기록했다.

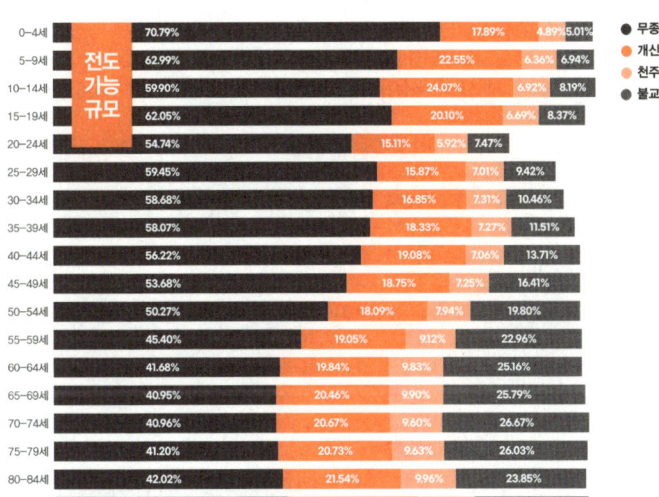

| 2015년 연령별 기독교, 천주교, 불교, 무종교 비율 |

5060세대는 신앙은 "삶의 역경을 이기는 힘이다"라는 응답률이 95%에 달했다. 5060세대는 "신앙이 더 깊어졌다"(43%)가 "약해졌다"(20%)보다 2배

이상 높았다. 5060세대는 신앙 수준도 3040세대보다 높았다. "나는 하나님을 믿지만, 그리스도에 대해서는 잘 모르겠다"는 응답 비율이 3040세대는 34%나 되지만, 5060세대는 14%밖에 되지 않았다. "하나님은 내 삶의 전부이며, 나는 그분으로 충분하다"는 응답 비율도 3040세대는 11%이지만, 5060세대는 30%로 3배 정도 높았다.

필자는 이런 응답 비율의 차이는 인생 연륜의 차이에서 만들어졌을 것으로 추정한다. "예수님을 믿으며, 그분을 알기 위해 여러 가지 일을 하고 있는가?"라는 질문에 3040세대(29%)와 5060세대(33%)의 "그렇다"는 응답률이 비슷하고, "나는 그리스도와 가까이 있으며, 거의 매일 그분의 인도하심에 의지한다"는 응답도 3040세대(27%)와 5060세대(23%)가 비슷하다는 것이 증거다.

3040세대는 아직 세상과 신앙 사이에서 씨름을 하며 답을 찾아 가는 중이고, 5060세대는 인생의 최고의 역경을 지나서 나름 "하나님이 내 삶의 전부이며, 세상의 것은 허무하다"는 결론을 내린 상태다. 이런 태도는 출석하는 교회에 대한 만족도를 높이는 결과도 낳았다. 5060세대의 출석 교회 만족도는 79%였고, 특히 60대가 더 높았다.[41] 이런 특성들은 곧바로 세대별 양적 비율에도 반영된다.

첫 번째 도표에서 보듯 60대부터는 나이가 들어 갈수록 기독교 비율이 점점 높아진다. 두 번째 도표를 보자. 2005년과 2015년의 60세 이상 복음화율은 2-3%p 높아졌다. 고령화 추세가 반영된 것이지만, 거꾸로 보면 교회 이탈률이 미미하다는 의미다.

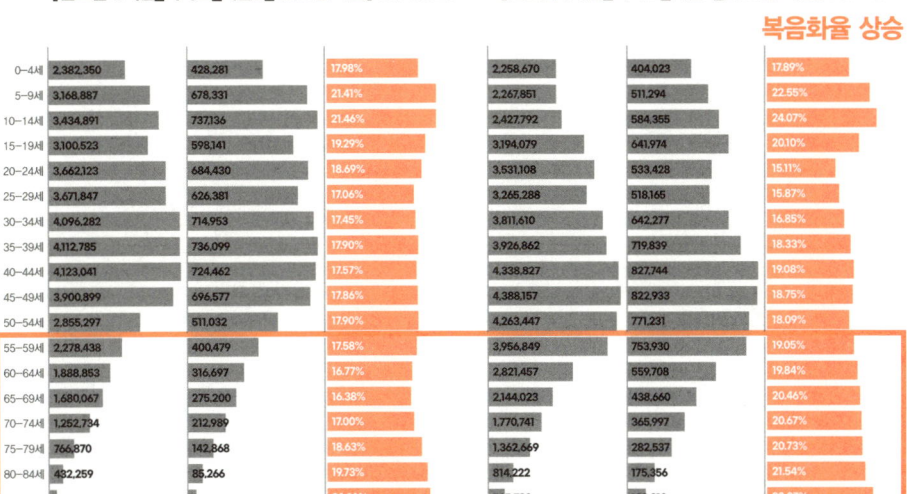

다음 그래프를 보자. 필자가 한국 교회 기독교의 양적 미래 예측 시뮬레이션을 돌린 결과다.

첫 번째 그래프는 '완전 붕괴 시나리오'에서 2067년경에 한국 교회 실제 출석하는 성도 숫자가 이단에게 전체 숫자에 역전당하는 그림이다. 두 번째 그래프는 앞으로 한국 교회가 65-100세 연령층에서 기독교인 추가 이탈을 막고, 제4의 대부흥기 기간에 영적 대각성이 일어나서 장년, 신중년, 노년 연령층에서 전도가 회복되고, 지금부터 주일학교 씨를 뿌리면 2050년경에는 그 열매가 청장년층에서 나타나는 미래 시나리오를 반영한 것이다.

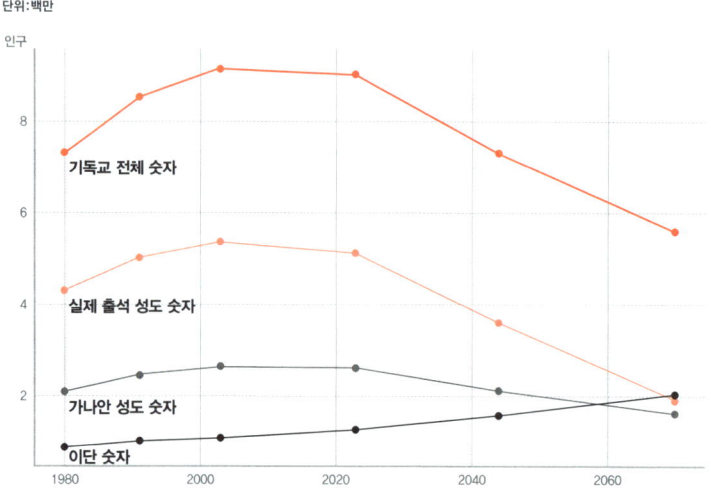

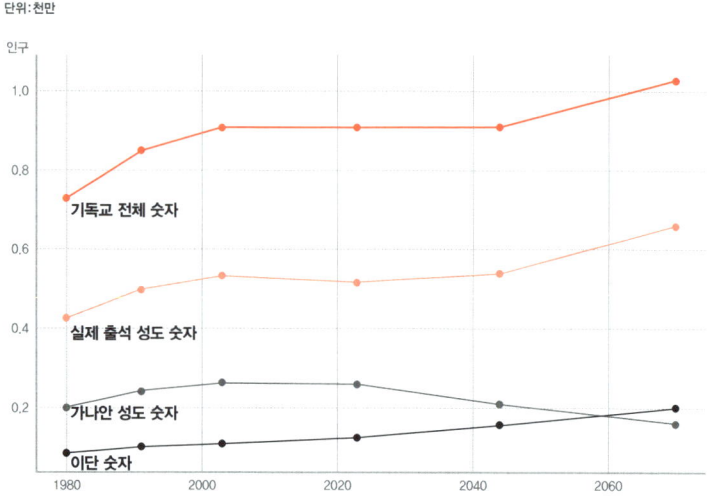

이런 준비를 거쳐서 통일이 되는 순간, 남북한 명목 총인구가 7,257만 1,696명(2050년 남북한 예상 인구 총합)에 달하는 효과가 발생하면서 기독교인도 그만큼 비례해서 늘어난다. 다음 도표를 보자. 2048년경에 한국(남한)과 북한의 총인구와 연령별 인구 비율이다. 2048년 한국의 총인구는 4,661만 890명으로 예측되고, 북한은 2,596만 806명으로 예측된다. 독일은 통일 당시 동독 인구(1,602만 명)가 서독 인구(6,372만 명)의 4분의 1에 불과했다. 반면, 한국은 통일 시점에도 북한의 인구가 남한의 55-60% 정도를 유지할 것이다. 그만큼 남한보다 더 순수하고 뜨거운 열정으로 무장된 북한 성도의 유입 효과와 영향력이 통일독일보다 더 크게 나타날 수 있다.

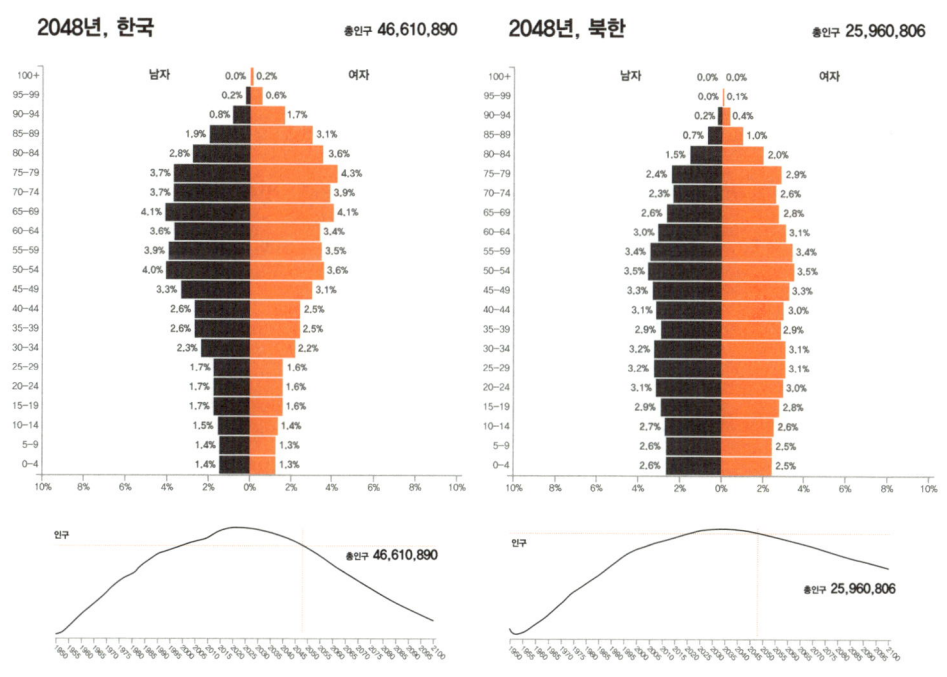

| 2048년, 한국과 북한 합산 인구(72,571,696) 및 인구 비율 |

또 다른 효과도 있다. 도표에서 보듯이, 2048년 한국은 인구 감소 추세가 급격하게 빨라지기 시작한다. 반면, 북한은 인구 감소 추세가 더딘 시점이다. 2048년에 한국은 초고령사회가 극에 달하지만, 북한은 어린이, 청소년, 청장년층이 탄탄하다. 북한의 인구 구성이 통일한국의 인구 추세 변화를 일으켜서 한반도 전체의 총인구 증가와 어린이, 청소년, 대학청년층이 탄탄해지는 효과를 발생시킬 가능성이 높다. 그 결과, 기독교인 인구도 추가 증가할 것이고, 한국 교회의 주일학교, 대학청년부에서 추가 부흥이 일어날 수 있다. 마지막으로, 통일이 되면 북한 성도의 순결하고 뜨거운 영성과 통일 모멘텀이 시너지를 일으키면서 20-30년 동안 제5의 대부흥기가 지속되면서 양적 성장이 빠르게 진행될 수 있다.

필자는 한국 교회는 세 번의 부흥기마다 하나님이 적게는 2-3배(제2-3차 대부흥기), 많게는 10배 이상(제1차 대부흥기) 성도 수가 증가하는 폭발적 성장을 하게 만드셨다고 분석했다. 제5의 부흥기에도 하나님이 역사하시면 한국 교회의 양적 부흥이 적게는 1,500만, 많게는 2천만까지 성장하는 기적은 얼마든지 가능한 미래다. 참고로, 다음 도표는 독일이 통일 이후에 30년 동안 총인구가 5.1% 증가했고, 어린이, 청소년, 청장년층이 탄탄하게 버텨 주고 있음을 보여 준다.

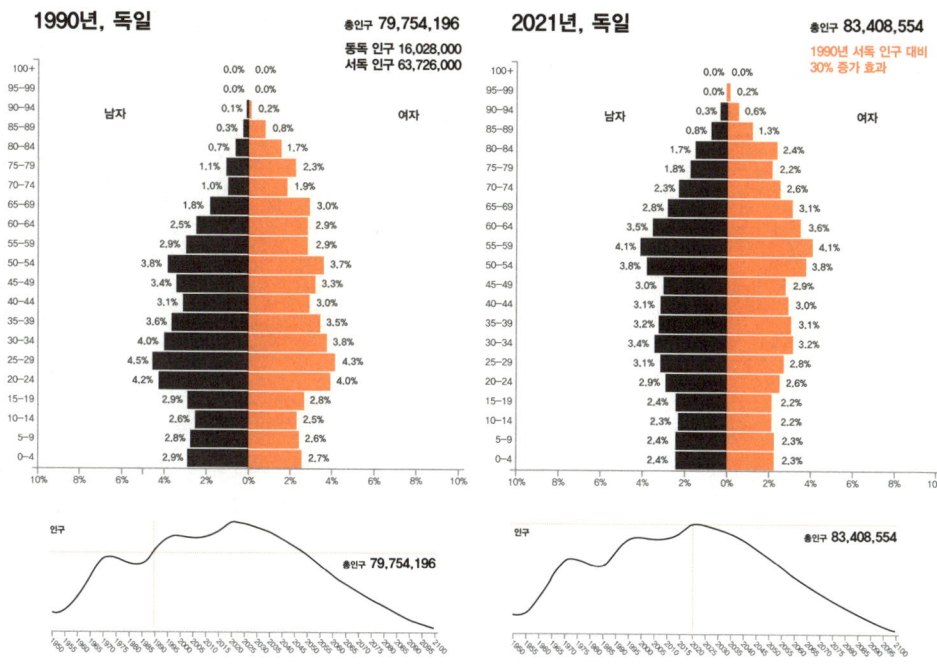

| 1990년, 2021년 독일 인구 비율 |

3. 앞으로 두 번의 대부흥이 온다

CHAPTER 4

하나님께 칭찬받는 7가지 사역 전략으로 두 번의 대부흥기에 동참하라

사역 전략 1.
하나님의 칭찬을 사역 열매의 평가 기준으로 삼는다

하나님이 한국 교회를 위해 준비해 두신 두 번의 대부흥기에 쓰임 받는 사역자, 교회가 되기 위해서는 '하나님께 칭찬받는 전략(지혜)'으로 사역을 해야 한다. 고린도전서 4장 5절은 "주께서 오시기까지 아무것도 판단하지 말라 그가 어둠에 감추인 것들을 드러내고 마음의 뜻을 나타내시리니 그 때에 각 사람에게 하나님으로부터 **칭찬이 있으리라**"라고 말한다.

우리의 사역, 지상 교회는 이 땅에서 평가받지 않는다. 마지막 날에, 하나님이 직접 우리의 사역을 평가하고 칭찬하시는 시간이 있다. 우리의 사역, 지상 교회의 평가는 이 땅이 기준이 아니다. 하나님의 평가 기준은 숫자도 아니고, 돈도 아니다. 우리가 사역하면서 마음속에 품고 있었던 뜻(마음 자세, 사역 목표)이 하나님께 칭찬받을 만한 것인지 아닌지가 평가의 기준이다.

우리가 사역하면서 마음속에 품고 있는 뜻(마음 자세, 사역 목표)이 하나님께 칭찬받는 것인지 아닌지는 어떻게 알 수 있을까? 어렵지 않다. 하나님은 칭찬받을 만한 마음 자세, 사역 목표가 무엇인지 분명하게 가르쳐 주셨다. 그래서 하나님께 칭찬받는 사역 전략 첫 번째는 '하나님의 칭찬을 사역 열매의 평가 기준으로 삼는다'라는 것이다. 성경에는 주인이 종을 칭찬하는 세 가지 기준이 나온다. 충성, 순결, 지혜다. 필자는 이 세 가지가 하나님이 사역자와 교회를 칭찬하시는 세 단어라고 생각한다.

충성

"맡은 자들에게 구할 것은 충성이니라"(고전 4:2).

충성하면 하나님이 기뻐하신다. 하나님께 칭찬받는다. 하나님이 사역자와 지상 교회에 요구하시는 것은 '충성'이다. 충성을 요구하시는 이유는 분명하다. 예수님이 하나님 아버지께 충성하셨기 때문이다. 충성은 예수 그리스도의 성품이다. 하나님의 창조의 근본이신 예수님은 충성을 최고의 덕목으로 삼으셨다.

"라오디게아 교회의 사자에게 편지하라 아멘이시요 **충성되고 참된 증인**이시요 하나님의 창조의 근본이신 이가 이르시되"(계 3:14).

하나님이 아브라함과 언약을 맺으신 이유도 충성이었다. 하나님이 충성을 기뻐하시고 칭찬하신 또 다른 이유는 하나님이 의로우시기 때문이다. 의로움과 충성은 동전의 양면과 같다. 의로우면 충성하고, 충성하는 자는 의롭다.

> "그의 마음이 주 앞에서 **충성됨을 보시고 그와 더불어 언약을 세우사** 가나안 족속과 헷 족속과 아모리 족속과 브리스 족속과 여부스 족속과 기르가스 족속의 땅을 그의 씨에게 주리라 하시더니 그 말씀대로 이루셨사오매 주는 의로우심이로소이다"(느 9:8).

하나님이 모세를 칭찬하신 이유도 충성이었다.

> "내 종 모세와는 그렇지 아니하니 그는 내 온 집에 충성함이라"(민 12:7).

갈렙이 여호수아에게 가나안 땅의 분깃인 헤브론을 기업으로 요청할 때도 유일하게 내세운 것이 충성이었다. 충성을 다한 갈렙에게 하나님은 아낙 사람 중에서 가장 강력한 족속을 몰아내고 그 땅을 차지할 수 있는 축복을 허락하셨다.

> "나와 함께 올라갔던 내 형제들은 백성의 간담을 녹게 하였으나 나는 내 하나님 여호와께 충성하였으므로 그날에 모세가 맹세하여 이르되 네가 내 하나님 여호와께 충성하였은즉 네 발로 밟는 땅은 영원히 너와 네 자손의 기업이 되리라 하였나이다"(수 14:8-9).

> "여호수아가 여분네의 아들 갈렙을 위하여 축복하고 헤브론을 그에게 주어 기업을 삼게 하매 헤브론이 그니스 사람 여분네의 아들 갈렙

의 기업이 되어 오늘까지 이르렀으니 이는 그가 이스라엘의 하나님 여호와를 온전히 좇았음이라 헤브론의 옛 이름은 기럇 아르바라 아르바는 아낙 사람 가운데에서 가장 큰 사람이었더라 그리고 그 땅에 전쟁이 그쳤더라"(수 14:13-15).

수천 년이 지난 지금도 하나님은 충성하는 사역자를 찾으신다. 하나님의 뜻을 따라 시대적 소명에 충성할 교회를 찾으신다. 그리고 '죽도록 충성'하면 최고의 상을 주겠다고 약속하셨다.

"**충성되고 지혜 있는 종**이 되어 주인에게 그 집 사람들을 맡아 때를 따라 양식을 나눠 줄 자가 누구냐"(마 24:45).

"너는 장차 받을 고난을 두려워하지 말라 볼지어다 마귀가 장차 너희 가운데에서 몇 사람을 옥에 던져 시험을 받게 하리니 너희가 십 일 동안 환난을 받으리라 **네가 죽도록 충성하라 그리하면 내가 생명의 관을 네게 주리라**"(계 2:10).

순결

충성 다음으로 칭찬받는 단어는 '순결'이다.

"내가 너희를 보냄이 양을 이리 가운데로 보냄과 같도다 그러므로 너희는 뱀같이 지혜롭고 **비둘기같이 순결하라**"(마 10:16).

"순결하라." "순결을 회복하라." "순결을 유지하라."

우리 사역을 위해 주님이 주시는 충고다. 순결은 성도의 상태를 의미하는 단어다. 순결해졌다는 것은 구원받았다는 것이고, 구원 이후에 순결을 회복한다는 것은 잃어버린 첫사랑을 다시 회복했다는 것이고, 앞으로 순결을 유지한다는 것은 우리가 구원과 첫사랑 안에 굳건하게 계속 서 간다는 의미다.

순결의 원천은 '성령'이시다. 예수님이 제자들을 파송하실 때 "순결하라" 하고 명령하시면서 '비둘기'를 상징으로 드신 이유가 무엇일까? 성경에서 비둘기가 성령의 상징으로 종종 사용되기 때문이다. 예를 들어, 예수님이 세례 요한에게 세례를 받으실 때 성령이 비둘기의 형태로 내려와서 예수님을 축복하셨다.

성령은 순수함, 순결함을 상징하기도 한다. 이로 인해 비둘기 또한 순결의 상징으로 간주되었다. 비둘기는 흰색이기에 직관적으로 순결과 순수성을 떠올리게 한다. 그래서 고대 근동 문화에서도 비둘기는 평화, 사랑, 순결의 상징으로 여겨졌다. 노아 홍수 사건에서도 비둘기는 하나님과 인간의 화해와 새로운 시작의 상징으로 등장한다. 예수님이 제자들에게 비둘기처럼 순결하라고 명령하셨을 때, 제자들은 그 의미를 정확하게 이해했을 것이다. 성령의 능력을 의지해야만 순수함과 순결함을 유지할 수 있다는 것을 알아차렸다.

순결의 또 다른 원천은 '하나님의 말씀'이다. 하나님의 말씀은 정결하고 진실하기 때문에 순결 그 자체다. 하나님의 말씀이 영원하니, 하나님의 말씀이 순결하다는 것도 영원 불변하다. 그래서 하나님의 말씀을 들음으로 구원을 얻어 순결한 상태가 획득된다. 하나님의 교훈과 계명으로 되돌아가는 것이 순결을 회복하는 것이다. 하나님의 교훈과 계명을 따라 계속 행하는 것이 순결을 계속 유지함의 비결이다.

"**여호와의 말씀은 순결**함이여 흙 도가니에 일곱 번 단련한 은 같도 다"(시 12:6).

"여호와의 교훈은 정직하여 마음을 기쁘게 하고 **여호와의 계명은 순결**하여 눈을 밝게 하시도다 여호와를 경외하는 도는 정결하여 영원까지 이르고 여호와의 법도 진실하여 다 의로우니"(시 19:8-9).

사도 바울은 '순결'을 '경건'이라는 단어로 바꿔서 가르쳤다. 이것은 순결을 유지한다는 것이 '우리가 구원과 첫사랑 안에 굳건하게 계속 서 간다'는 의미이고, 이런 면에서 순결은 '경건'의 본래 의미와 일맥상통하기 때문이다. 그래서 "순결하라"라는 말씀은 "경건에 힘쓰라"라는 명령과 동일한 의미를 가질 수 있다.

'경건'의 사전적 의미는 '공경하는 자세로 삼가고 조심함'이다. 경건한 자는 자신이 믿는 신을 공경하는 자세로 삼가고 조심한다. 당연하다. 하지만 성경이 말하는 경건은 그 이상이다. 로마서 5장 6절에서 말하듯이 예수님은 경건하지 않은 우리를 위해 죽으셨고, 그분의 죽으심으로 우리는 경건한 자가 되었다. 즉 경건한 자는 예수 그리스도의 의를 전가받은 '구원받은 자'를 가리킨다.

시편 86편 2절에도 경건이 영혼을 보존하고 구원받는 조건으로 등장한다. 디모데전서 4장 8절에서도 경건은 내생의 약속(구원)과 연결해서 강조된다. 경건이 내생의 약속과 연결된다는 것은 구원의 조건이라는 의미다. 시편 4편 3절에서도 하나님의 선택을 경건과 연결시킨다. 성경에서 '순결',

'경건', '구원'은 성도의 존재와 상태에 대한 같은 의미의 다른 표현이다.

"우리가 아직 연약할 때에 기약대로 그리스도께서 경건하지 않은 자를 위하여 죽으셨도다"(롬 5:6).

"나는 경건하오니 내 영혼을 보존하소서 내 주 하나님이여 주를 의지하는 종을 구원하소서"(시 86:2).

"망령되고 허탄한 신화를 버리고 경건에 이르도록 네 자신을 연단하라 육체의 연단은 약간의 유익이 있으나 경건은 범사에 유익하니 금생과 내생에 약속이 있느니라"(딤전 4:7-8).

"여호와께서 자기를 위하여 경건한 자를 택하신 줄 너희가 알지어다 내가 그를 부를 때에 여호와께서 들으시리로다"(시 4:3).

경건이 곧 순결이고, 순결은 하나님의 말씀과 성령의 역사와 예수 그리스도의 대속을 통한 구원의 역사만으로 얻어질 수 있다. 순결의 획득은 예수 그리스도의 구속의 역사만으로 가능하다. 획득된 순결을 회복하는 것은 성령이 주시는 은혜로 말미암은 회개만으로 가능하다. 한국 교회가 회개하는 것은 첫 행위로 되돌아감이며, '순결을 회복하기'다. 회개가 순결의 회복이기 때문에, 회개는 죄에 대한 자복과 더불어 세상이 아닌 하나님 편에 다시 서는 것, 하나님의 말씀을 따라서 하나님 사랑과 이웃 사랑을 다시 시작하는 것이다. 그래서 회개는 자복만으로 완성되지 않는다. 인간의 세 가지 심적 요소인 지정의(知情意) 전부가 돌아서는 '전인적(全人

的) 돌아섬'으로 완성된다.

2022년 6월 14-15일 세계 최대 교단인 미 남침례회(SBC) 총회가 열린 캘리포니아 애너하임 컨벤션 센터에서 '남침례교의 새로운 역사적 표결 순간'이 일어났다. 지역 교회 대표 7천여 명이 모인 총회에서 '성적 학대 태스크포스(TF)'가 제시한 두 가지 권고 사항이 압도적 찬성으로 채택되었다. 성적 학대 혐의를 받는 목사와 교역자를 추적하는 방법을 만들고 교단의 추가 개혁을 감독할 새 TF를 발족한다는 내용이었다. "교단을 위험에 빠뜨릴 수 있다", "선교에 어려움을 줄 것이다" 등 다양한 반대 목소리가 있었다. 하지만 TF팀을 이끈 브루스 프랭크 목사는 "행동이 없으면 회개도 없습니다"라는 말로 지역 교회 대표들을 설득했고, 끝내 압도적 찬성으로 개혁 법안을 통과시켰다.[1)]

야고보 사도는 "경건에 힘쓰라"라는 명령을 하면서, 그 방법에 대해 구체적으로 설명도 했다. 자신을 지키는 경건의 모습은 하나님 사랑에서 시작해서 고아와 과부를 환난 중에 돌보는 것, 사람을 차별하여 대하지 않는 등 이웃 사랑 '행동'으로 완성되어야 한다고 가르쳤다. 경건과 회개는 말로 완성되지 않는다. 말로 시작해서 마음으로 내려와 행동으로 완성된다. 하나님은 한국 교회에 이런 수준의 순결함, 경건을 원하신다.

> "하나님 아버지 앞에서 정결하고 더러움이 없는 경건은 곧 고아와 과부를 그 환난 중에 돌보고 또 자기를 지켜 세속에 물들지 아니하는 그것이니라"(약 1:27).

> "내 형제들아 영광의 주 곧 우리 주 예수 그리스도에 대한 믿음을 너희가 가졌으니 사람을 차별하여 대하지 말라"(약 2:1).

지혜

'충성'과 '순결' 다음으로 칭찬받는 마지막 단어는 '지혜'다. 하나님은 하나님의 일을 맡은 자가 지혜롭게 일하기를 원하신다. 주님은 제자들에게, 그리고 청지기에게 지혜롭게 일하라고 명령하셨다. 지혜롭게 일하면 칭찬받을 것이라고 약속하셨다.

성경은 지혜로운 아들은 하나님 아버지를 기쁘시게 한다고 가르쳐 준다. 다윗은 모든 일을 보이지 않는 믿음만으로 하지 않았다. 지혜롭게 행했다. 지혜롭게 행하면 하나님께는 칭찬받고, 세상은 우리를 두려워한다. 귀하게 여김 받는다.

"곧 흠이 없고 용모가 아름다우며 **모든 지혜를 통찰하며**"(단 1:4).

"주께서 이르시되 **지혜 있고 진실한 청지기**가 되어 주인에게 그 집 종들을 맡아 때를 따라 양식을 나누어 줄 자가 누구냐"(눅 12:42).

"다윗이 그의 모든 일을 **지혜롭게** 행하니라"(삼상 18:14-15).

"사울은 다윗이 **크게 지혜롭게 행함**을 보고 그를 두려워하였으나"(삼상 18:15).

"블레셋 사람들의 방백들이 싸우러 나오면 그들이 나올 때마다 다윗이 사울의 모든 신하보다 더 **지혜롭게 행하매 이에 그의 이름이 심히 귀하게 되니라**"(삼상 18:30).

예수님의 열두 제자도 성령과 지혜가 충만한 사람을 집사로 세웠다. 성령이 충만한 사람이란 '순결'한 사람을 의미한다. 즉 예수님의 제자들도 일곱 집사를 세우는 조건으로 비둘기처럼 순결하고 뱀처럼 지혜로운 사람을 뽑았다. 성경에서 뱀은 사탄을 상징하지만, 지혜를 상징하기도 한다. 창세기 3장 1절에 뱀의 '간교함'을 뜻하는 히브리어 단어 '아룸'(ערום)은 '슬기로움', '지혜로움'이라는 뜻도 동시에 갖고 있다.

고대부터 다양한 문화, 신화, 그리고 종교적 전통에서 뱀은 '지혜'를 상징했다. 창세기에서도 뱀은 에덴동산의 동물 중에서 가장 영리했다. 고대 이집트에서 뱀, 특히 우레우스(Uraeus)라는 코브라는 왕과 왕비의 권위와 지혜를 상징하는 표식으로 사용되었다. 그리스 로마 신화에서 뱀은 지혜와 의술의 신 아스클레피오스(Asclepius)와 관련이 있다. 아스클레피오스는 뱀이 감싸고 있는 지팡이를 가지고 있다. 고대 그리스인들은 뱀이 허물벗는 것을 보고 재생과 치유의 상징으로 간주했다. 중국에서도 뱀은 지혜를 상징하는 동물로 간주된다. 뱀은 중국의 십이지신 중 하나로, 고요하고 냉철한 판단력을 상징한다. 성경에서 지혜를 뜻하는 또 다른 히브리어 단어인 '호크마'도 요셉처럼 때를 분별하고 지혜로운 판단과 결정으로 성공으로 이끄는 사람을 가리킨다.

"지혜자의 마음은 때와 판단을 분변하나니"(전 8:5).

"하나님이 이 모든 것을 네게 보이셨으니 **너와 같이 명철하고 지혜 있는 자가 없도다**"(창 41:39).

"지혜가 무기보다 나으니라"(전 9:18).

"오직 지혜는 성공하기에 유익하니라"(전 10:10).

"지혜로운 자는 용사의 성에 올라가서 그 성이 의지하는 방벽을 허느니라"(잠 21:22).

"지혜가 지혜자를 성읍 가운데에 있는 열 명의 권력자들보다 더 능력이 있게 하느니라"(전 7:19).

성경이 말하는 지혜는 무엇일까? 크게 세 가지다.
첫째, 성경이 말하는 지혜는 '사물의 이치를 아는 것'이다. 성경이 말하는 지혜자는 사물의 이치를 아는 자요, 자연의 이치를 통찰하는 사람이다. 배운 지식 속에서 이치를 통찰하는 것이 지혜자의 첫걸음인 이유는 이치를 만드시고 주관하시는 분이 하나님이시기 때문이다. 즉 이치를 통찰하는 것은 하나님의 섭리를 헤아려 아는 것이다.

"누가 지혜자와 같으며 **누가 사물의 이치를 아는 자이냐** 사람의 지혜는 그의 얼굴에 광채가 나게 하나니"(전 8:1).

"하나님이 이 네 소년에게 학문을 주시고 **모든 서적을 깨닫게 하시고 지혜를 주셨으니**"(단 1:17).

종교개혁자 존 칼빈(John Calvin)은 우리 주위에서 우연히 일어난 것처럼 보이는 것들이 사실은 필연적으로 일어난다고 해석했다. 세상 변화는 겉으로는 인간의 선택으로 모든 일이 이루어지는 것처럼 보이지만, 실제로는 하나님이 자신의 계획에 맞춰서 일치되도록 만드신다. 신학적으로 이런 모습을 '하나님의 주권적 통치'라고 설명한다. 반면, 하나님을 모르는 세상에서는 "세상 모든 일이 힘 있는 사람들에 의해서 좌지우지되는 것처럼 보이지만, 결국은 인간의 욕망이나 힘보다 더 강한 '자연의 이치'로 수렴한다"고 설명한다. 다음 내용은 칼빈이 '세상의 작동(변화)'과 '하나님의 주권(뜻)'의 관계를 설명한 글이다.

> "하나님은 친히 창조하신 세상을 책임지고 있고, 자신의 능력으로 자연 세계의 일들을 유지해 나갈 뿐만 아니라, 인간의 마음을 통치하고 자기의 선택과 일치하도록 이러저러한 모양으로 그들의 의지를 굴복시키고, 그들의 행동을 지시하는 분이시다. 그래서 그들은 하고자 하는 일이 무엇이든지 간에, 결국에는 하나님이 정하지 않은 어떤 것도 행하지 않는다. 따라서 거의 확실하게 우연히 일어난 것처럼 보이는 것들이 사실은 필연적으로 일어난다. 그것들 스스로의 내재적인 속성에 의해서 일어나는 것이 아니라 영원하고 지속적인 하나님의 목적이 주권적으로 그것들을 통치하고 있기 때문에 일어난다."[2]

'이치'(理致)는 한자어로 '다스릴 이'(理), '도달할 치'(致)를 쓴다. 문자 그대로 해석하면, '다스려서 결국 도달하게 하는 그곳'이라는 뜻이다. 세상의 움직임이 변화무쌍(變化無雙, 변하는 정도가 비할 데 없이 심함)하게 날뛰어도, 이것을 다스려서 결국은 이미 정해진 곳으로 도달하게 하는 힘을 이치라고 부른다.

모든 사물에는 이치가 있다. 사람의 일생도 이치를 따른다. 가장 기본적인 이치는 생로병사다. 세상의 모든 운동에는 이치가 있다. 지구에서는 모든 것이 결국은 땅으로 떨어진다. 이런 이치를 이론으로 정리한 것이 '중력의 법칙'이다. 사회적 현상의 이면에는 거스를 수 없는 이치가 있다. '열흘 동안 붉은 꽃은 없다'는 뜻을 말하는 '화무십일홍'(花無十日紅)은 한 번 성하더라도 얼마 못 가서 반드시 쇠하는 것이 이치라는 뜻이다. '제아무리 높은 권세도 십 년을 가지 못한다'는 '권불십년'(權不十年)도 사회에서 작동하는 이치다. 자연의 움직임도 이치에 따라 진행된다. 물이 높은 데서 낮은 데로 흐르는 것이 자연의 이치다. 지혜로운 농부가 이른 비와 늦은 비에 맞춰서 농사를 짓는 것도 자연의 이치를 따라서 일하는 것이다. 세상은 표면적으로, 그리고 단기적으로 보면 힘 있는 사람이 좌지우지하거나 무질서(random behaviors)하게 움직이는 것처럼 보인다. 종종 이치에서 벗어나는 일도 벌어진다. 하지만 세상은 결국 이치의 다스림을 받는다.

"그러므로 형제들아 주께서 강림하시기까지 길이 참으라 보라 농부가 땅에서 나는 귀한 열매를 바라고 길이 참아 이른 비와 늦은 비를 [이치를 따라서] 기다리나니"(약 5:7).

모든 일이 결국 이치로 되돌아오기 때문에, 이치는 곧 '필연'이다. 필연의 정수는 하나님의 뜻이다. 하나님은 자신의 뜻을 따라 우주를 만드셨다. 하루도 쉬지 않으시고, 무한한 책임감을 가지시고, 자신의 능력으로 자연 세계의 일들을 유지해 나가신다. 힘 있고 권력 있는 인간이 자기 욕망에 따라서 세상을 변화시킬 선택을 해도, 하나님은 그런 선택과 행동까지도 이미 알고 계신다. 그들의 선택과 행동이 하나님의 뜻과 일하심과 일치하도록 인간의 마음을 통치하신다. 필요하다면 이러저러한 모양으로 그들의 의지를 굴복시키시고 행동도 지시하신다. 그래서 결국 하나님이 정하신 필연(이치)에 맞춰서 세상이 작동되도록 관리하신다. 영원하고 지속적인 하나님의 목적(뜻)이 주권적으로 반영되도록 하시기 위함이다.

아는 것과 깨닫는 것이 다르듯, 지혜는 지식보다 높은 차원이다. 지혜 속에는 지식이 포함되지만, 지식과는 다르다. 세상에서 말하는 지혜는 오랜 시간이라는 깊은 반석 위에서 사물의 이치를 깨닫고 정확하게 처리하는 정신적 능력이다. 성경이 말하는 지혜는 영적 차원까지 높아진다. 성경은 하나님이 정하신 이치와 섭리가 가장 잘 설명되어 있는 거룩한 책이다. 지혜는 오랜 시간 하나님의 말씀을 배우고 익히는 가운데 성령의 감동 감화로 하나님이 창조하신 자연(세상, 우주) 속에 숨겨져 있는 하나님의 섭리, 통치 방식을 깨닫고 체험하는 정신적이고 영적인 능력이다.

요셉, 다니엘과 세 명의 친구들은 정확한 판단력과 지식이 종합하여 작용하는 정신적 사고 능력(psychological thinking)에도 능했지만, 하나님의 말씀(계시) 위에서 운행하시는 하나님의 섭리를 깨닫는 영적인 지각 능력(spiritual perception)을 사용해 세상을 지혜롭게 다스렸다. 신학적으로 설명하면, 요셉과 다니엘과 세 명의 친구들은 하나님이 주시는 특별은혜와 일반은혜를 균형 있게 사용한 충성되고 순결하고 지혜로운 청지기였다. 아무리 문명이 고도화되어도 하나님은 자신이 기뻐하시는 사역, 그분께 칭찬받는 사역을 숫자나 돈이나 겉으로 드러나는 규모로 평가하지 않으신다. 우리가 이런 수준의 지혜를 가지고 일했느냐로 평가하신다.

성경이 말하는 지혜 두 번째는 '성경 말씀을 지키는 것이 형통의 유일한 길'이라는 것이다. 성경에 등장하는 지혜자들은 하나님의 말씀을 지키면 하나님이 언약을 지키시고, 인자를 베푸시고, 형통의 길을 여신다는 것을 잘 알았다. 하나님의 말씀인 성경을 사랑하고 주야로 묵상하고 지켜 행하는 사람이 지혜로운 청지기가 될 수 있다.

"나를 사랑하고 내 계명을 지키는 자에게는 천대까지 은혜를 베푸느니라"(출 20:6).

"주를 사랑하고 주의 계명을 지키는 자를 위하여 언약을 지키시고 그에게 인자를 베푸시는 이시여"(단 9:4).

"너희는 이 언약의 말씀을 지켜 행하라 그리하면 너희가 하는 모든 일이 형통하리라"(신 29:9).

"주의 계명들이 항상 나와 함께하므로 그것들이 나를 원수보다 지혜롭게 하나이다"(시 119:98).

성경이 말하는 지혜 세 번째는 '꼼꼼한 계산'이다. 하나님은 일하실 때 허투루 하지 않으신다. 대충, 어림셈으로 하지 않으신다. 정확하고 엄밀한 계산을 하고 일하신다. 하나님의 말씀은 일점일획(一點一劃)도 틀림이 없다. 하나님의 계산도 한 치의 오차도 없다. 지혜로운 청지기는 주인을 본받아 정확하게, 엄밀하게 헤아려 일해야 한다. 단, 하나님의 계산은 '완벽한 계산'이다. 반면, 우리의 계산은 완벽하지 않다. 우리의 계산은 '최선의 계산'일 뿐이다. 하나님은 최선의 계산이라는 작은 것에 충성하기를 원하신다. 우리가 작은 계산과 헤아림의 일에 충성하면, 모자라고 틀린 것은 하나님의 완벽한 계산이 해결해 준다.

"너희 중의 누가 망대를 세우고자 할진대 자기의 가진 것이 준공하기까지에 족할지 먼저 앉아 그 비용을 **계산하지 아니하겠느냐**"(눅 14:28).

"어떤 임금이 다른 임금과 싸우러 갈 때에 먼저 앉아 일만 명으로써 저 이만 명을 거느리고 오는 자를 대적할 수 있을까 **헤아리지 아니하겠느냐**"(눅 14:31).

성경이 가르치는 세 가지 지혜를 한국 교회 사역에 적용해 보자. 한국 교회와 지도자는 하나님의 섭리를 알고, 섭리대로 일해야 한다. 예를 들어, 아무리 힘들고 어렵더라도 씨를 뿌리는 교회만이 열매를 거둘 수 있다. 울며 씨를 뿌리면 기쁨으로 단을 거둘 수 있다. 이것은 하나님이 만드신 이치다.

전도하지 않는 교회, 주일학교의 씨를 뿌리지 않는 교회는 소멸된다는 것을 아는 것이 지혜다. 남의 터 위에 건축하는 것은 전도가 아니라는 말씀을 따르는 것이다. 사도 바울의 가르침이다.

"내가 그리스도의 이름을 부르는 곳에는 복음을 전하지 않기를 힘썼노니 이는 남의 터 위에 건축하지 아니하려 함이라 기록된바 주의 소식을 받지 못한 자들이 볼 것이요 듣지 못한 자들이 깨달으리라 함과 같으니라"(롬 15:20-21).

다른 하나는 학문적 접근법을 통해 지(知)를 사랑하고 세상의 변화 속에서 시대를 분별하고(꼼꼼히 계산하여 따지고 변화의 행간을 읽고) '하나님이 기뻐하시는 시대적 소명'을 찾고 옳은 것을 판단하여(헤아려) 행하는 지혜를 발휘해야 한다.

"눈물을 흘리며 씨를 뿌리는 자는 기쁨으로 거두리로다 울며 씨를 뿌리러 나가는 자는 반드시 기쁨으로 그 곡식 단을 가지고 돌아오리로다"(시 126:5-6).

"외식하는 자여 너희가 천지의 기상은 분간할 줄 알면서 어찌 이 시대는 분간하지 못하느냐 또 어찌하여 옳은 것을 스스로 판단하지 아니하느냐"(눅 12:56-57).

사역 전략 2.
중요한 것을 먼저 한다

아무리 급해도 바늘허리에 실을 매어 사용할 수 없다. 급한 것에만 매달리면, 결국 망한다. 중요한 것을 먼저 해야 한다. 시스템 사고(System thinking) 원리 중에 '중독(Addiction) 모델'이라는 것이 있다. 고치고 수선해도 문제가 더 심각해지는 상황이 있다. 이럴 때는 중독 모델이 작동한다고 생각해야 한다. 다음은 중독 모델이 작동하는 시스템 구조다.

| 중독(Addiction) 모델 |

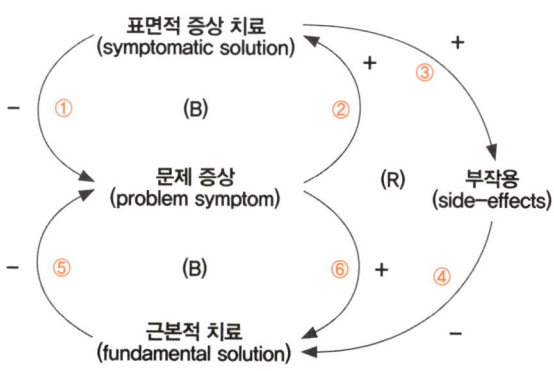

중독 모델이 작동하는 원리는 간단하다. 이 도표를 가지고 설명하면, 문제가 생길 때 가장 접근하기 쉬운 대처는 '표면적 증상 치료'(symptomatic solution)다. 표면적 증상 치료는 대체로 두 가지에 속한다. 하나는 눈에 보이는 것만 해결하고 덮어 버리는 것이다. 다른 하나는 급한 것만 해결하고 덮어 버리는 것이다. 눈에 보이고 급한 것을 해결하는 것은 대부분 표면적 증상 치료에 불과하다. 표면적 증상 치료도 효과는 난다. 표면적 증상 치료를 하면 문제의 증상이 잠시 감소된다. 하지만 급한 불만 껐기 때문에, 비슷하거나 똑같은 문제가 다시 발생한다. 이때에도 대부분의 사람은 표면적 증상 치료를 반복한다. 표면적 증상 치료로 문제의 증상이 잠시 감소되는 경험을 할수록 표면적 증상 치료 횟수가 증가한다. 쉬운 문제 해결법에 중독되는 것이다.

하지만 표면적 증상 치료 횟수가 증가할수록 부작용이 증가한다. 부작용은 쉬운 방법에 매달리는 것이나 여기저기서 스멀스멀 새로운 문제들이 일어나는 것이다. 부작용이 증가할수록 근본적 치료(fundamental solution)가 어려워진다. 근본적 치료가 어려워질수록 표면적 문제는 점점 심각해진다. 표면적 문제가 점점 심각해질수록 근본적 치료가 더 어려워진다. 결국 표면적 문제마저도 해결하지 못하고, 전체 시스템이 붕괴된다. 다음은 중독 모델이 작동하면서 나타나는 행동 양식(behavior)이다.

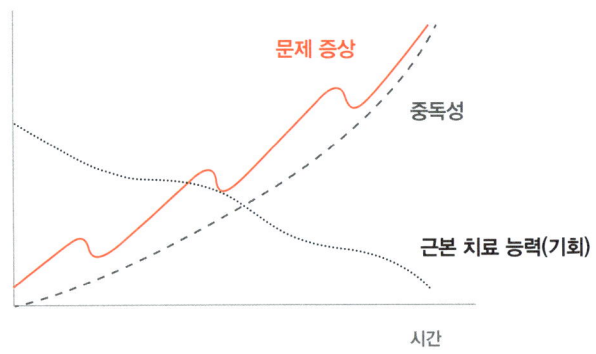

이런 시스템에서 발생하는 문제를 해결하는 지혜는 무엇일까? 표면적 증상 치료를 임시 처방으로 하되, 의존도는 약화시켜야 한다. 반대로 근본적 치료는 최대한 빨리 서둘러서 강화시키는 두 가지 작업을 동시에 하는 것이다. 근본적 치료의 첫 번째는 가장 먼저 떠오르는 해결 방법, 눈에 보이고 급한 것을 해결하는 것은 표면적 증상 치료에 불과하다는 것을 인식하는 것이다. 표면적 증상 치료는 최소한의 효과만을 보는 선에서 조절한다. 그다음으로는 시스템 전체 구조를 분석하여 무엇이 근본적인 문제의 원인인지를 파악하고 대책을 마련한다. 마지막으로, 표면적 증상 치료로 인해 잠시 문제가 사라진 것처럼 보이더라도 근본적 원인을 해결할 때까지 계속 근본적 치료를 진행해야 한다.

사역도 눈에 보이고 급한 것에만 매달리면, 결국 무너진다. 중요한 것을 먼저 해야 한다. 하나님은 늘 중요한 일을 먼저 하셨다. 중요도에 따라서 사역의 순서를 말씀하셨다. 하나님도 우리에게 중요한 것을 먼저 하라고 명령하신다. 중요한 것은 근본적인 것이다. 근본적인 것을 하면, 하나님이 나머지 모든 문제는 저절로 해결되게 해주겠다고 약속하셨다.

먹고사는 것, 내일 염려는 급한 것이다. 우리에게 익숙한 세상의 법칙은 급한 것을 먼저 하는 것이다. 그래서 우리는 하나님의 약속이 잘 이해되지 않는다. 믿어지지 않는다. 불안하다. 그래서 믿음의 영역이다. 하나님의 지혜에 따른 약속을 믿으면 문제를 해결하는 힘이 생긴다. 정확히 말하면, 하나님이 주시는 능력(되게 해주시는 능력, is enabled)이 내 안에서 작동한다(히 11:12). 하나님의 약속을 믿으면 놀라운 힘이 생기고 기적이 일어나는 이유가 있다. 하나님은 구원의 약속을 '반드시' 이루시기 때문이다. 단, 하나님의 약속을 믿는 사람을 '통해' 이 땅에서 그 약속이 성취되게 하신다.

"내가 너희에게 이르노니 목숨을 위하여 무엇을 먹을까 무엇을 마실까 몸을 위하여 무엇을 입을까 염려하지 말라"(마 6:25).

"너희는 **먼저 그의 나라와 그의 의를 구하라** 그리하면 이 모든 것을 너희에게 더하시리라"(마 6:33).

하나님께 칭찬받는 두 가지 중요한 사역

하나님께 칭찬받는 중요한 사역은 두 가지다. '전도'와 '말씀을 가르침으로 한 사람을 끝까지 세우는 것'이다. 예수님을 만난 성도는 모두 예수 그리스도의 증인이다.

전도는 예수 그리스도의 증인이 해야 할 가장 중요한 일이다. 성경도 전도는 "때를 얻든지 못 얻든지 항상 힘쓰라"고 강조한다. 성령이 내 안에 오셔서 권능을 주시는 가장 중요한 이유가 전도자의 일을 감당하게 하려 하심이다. 그래서 전도는 성도의 본분이고 가장 중요한 일이다. 교회 공동체의 본분이고 가장 중요한 일이다.

"너는 말씀을 전파하라 **때를 얻든지 못 얻든지 항상 힘쓰라** 범사에 오래 참음과 가르침으로 경책하며 경계하며 권하라 때가 이르리니 사람이 바른 교훈을 받지 아니하며 귀가 가려워서 자기의 사욕을 따를 스승을 많이 두고 또 그 귀를 진리에서 돌이켜 허탄한 이야기를 따르리라 그러나 너는 모든 일에 신중하여 고난을 받으며 **전도자의 일을 하며** 네 직무를 다하라"(딤후 4:2-5).

"오직 성령이 너희에게 임하시면 너희가 권능을 받고 예루살렘과 온 유대와 사마리아와 땅끝까지 이르러 내 증인이 되리라"(행 1:8).

"예수께서 나아와 말씀하여 이르시되 하늘과 땅의 모든 권세를 내게 주셨으니 그러므로 너희는 가서 모든 민족을 제자로 삼아 아버지와 아들과 성령의 이름으로 세례를 베풀고 내가 너희에게 분부한 모든 것을 가르쳐 지키게 하라 볼지어다 내가 세상 끝날까지 너희와 항상 함께 있으리라 하시니라"(마 28:18-20).

성경에는 하나님이 교회와 성도에게 주신 두 가지 대명령이 있다. 하나는 '지상 대명령'이라고 불리는 마태복음 28장 18-20절 말씀이다. 필자는 지상 대명령을 하나님이 우리에게 주신 '사도적 사명'이라고 부른다. 사도직(使徒職)은 바울을 끝으로 공식 종료되었다. 하지만 '사도성'은 신약 교회와 성도에게 주님 오실 때까지 계승된다. '사도'(使徒, apostle, disciple)는 '(누구에게) 사용되는 무리', 또는 '파견된 무리'라는 뜻이다. '사도'를 뜻하는 영어 단어 'apostle'은 그리스어 '아포스톨로스'(ἀπόστολος, apostolos)가 라틴어(apostolus)를 거쳐 들어온 것인데, 어원을 따지면 '(어딘가로) 파견된 자, 전령'이라는 의미다.

"하나님의 지혜가 일렀으되[성령이 일렀으되] **내가 선지자와 사도들을 그들에게 보내리니** 그중에서 더러는 죽이며 또 박해하리라 하였느니라"(눅 11:49).

"그 제자들을 부르사…열둘을 택하여 사도라 칭하셨으니"(눅 6:13).

"두 사도 바나바와 바울이 듣고 옷을 찢고 무리 가운데 뛰어 들어가
서 소리 질러"(행 14:14).

성경에서 사도는 진리를 전하고 교회를 세우는 자, 전령으로 파견된 사자(使者, 보냄 받은 자)를 가리킨다. 사도직은 특별하다. 구약 시대에는 선지자가 하나님의 사자였고, 신약 시대에 이 일을 공식적인 '직분'(職分)으로 맡아 수행했던 사람은 예수님의 열두 제자와 사도 바울과 바나바였다(행 13:43, 14:1, 3, 4, 5, 14, 26). 다른 지도자들은 복음 전하는 자, 목사, 교사로 불렸다(엡 4:11). 사도는 예수님이 직접 부르시고 임명하셨다. 사도는 예수님의 부활과 승천을 목격하고, 그분의 성령을 받고, 예수님의 가르침을 전파하고, 그분의 이름으로 사람들을 치료하고, 귀신을 쫓아내고, 기적을 행하고, 교회를 세우고, 교회를 이끌었다.

예수님이 직접 임명하신 사도들은 예수님의 부활 승천 이후 이스라엘과 이방 나라에 최초의 교회를 세우는 특별한 직책(職責)을 수행했다. 예수님이 제자들에게 하신 "아버지께서 나를 보내신 것같이 나도 너희를 보내노라"(요 20:21)라는 말씀은 열두 제자와 사도 바울과 바나바 이후에도 계속되어야 한다.

최초의 교회들이 세워진 이후, 로마 가톨릭은 교황과 주교들을 사도들의 법적 계승자로 삼았다. 특히 베드로만이 천국 열쇠를 소유했고(마 16:18-19), 교황은 그 권한을 이어받은 자로 본다. 하지만 종교개혁으로 탄생한 교회는 다르게 해석한다. 최초의 교회들이 세워진 이후, 예수님이 직접 사도직을 임명하시는 사건은 끝났다. 대신, 교회 전체가 사도들의 가르침을 성실하게 계승하는 임무를 맡는다.[3) 교황 한 사람이 대표성을 갖지 않는다. 교회 전체가 대표성을 갖는다. 요한계시록을 보자. 예수님

이 사도성을 계승하시고 거룩한 무리인 '성도'를 대표하는 지상 교회에게 보내신 예언과 계시의 말씀이다.

"귀 있는 자는 **성령이 교회들에게** 하시는 말씀을 들을지어다"(계 2:29).

"**나 예수는 교회들을 위하여 내 사자를 보내어** 이것들을 너희에게 증언하게 하였노라"(계 22:16).

예수님은 교회가 이스라엘을 대표하고, 선택받은 백성을 대표하고, 사도성의 계승을 대표하게 하신다. 예수님은 친히 이런 교회의 머리가 되신다. 교회의 머리는 교황도 아니고, 목사나 장로도 아니다. 예수님은 열두 제자와 사도 바울과 바나바에게 명령하신 임무가 주님 다시 오실 때까지 교회를 통해 계속되도록 하신다. 이를 위해 예수님은 교회에 성령을 보내시고 죄 사함의 권세를 부여하셨다.

개신교에서는 성경적 교회는 모두 사도적 교회가 되어야 한다고 믿는다. 사도적 교회가 되기 위해서는 목사, 장로, 집사, 평신도 모두가 사도의 임무를 계승하는 자라는 사실을 믿어야 한다. 이것이 사도성의 계승이다. 교회는 한 사람을 양육하는 공동체이며, 동시에 예수 그리스도의 말씀과 가르침을 땅끝까지 전파하고, 예수 그리스도의 이름으로 사람들에게 세례를 주고, 또 다른 교회를 세우는 공동체다. 교회가 잊지 말아야 할 것은 사도성을 계승해야 한다는 것이고, 성도 한 사람, 한 사람은 때를 얻든지 못 얻든지 땅끝까지 이르러 예수 그리스도의 증인이 되기를 항상 힘써야 한다.

전도가 가장 중요한 사역인 이유를 하나 더 덧붙인다면, 전도는 하면 칭찬받고, 하지 않으면 '화'가 있을 것이라고 규정되어 있기 때문이다. 교회를 살리는 것은 전도다. 전도를 멈춘 교회에는 화가 임할 수 있다.

"예수께서 또 이르시되 너희에게 평강이 있을지어다 아버지께서 나를 보내신 것같이 나도 너희를 보내노라 이 말씀을 하시고 그들을 향하사 숨을 내쉬며 이르시되 성령을 받으라 너희가 누구의 죄든지 사하면 사하여질 것이요 누구의 죄든지 그대로 두면 그대로 있으리라 하시니라"(요 20:21-23).

"좋은 소식을 전하며 평화를 공포하며 복된 좋은 소식을 가져오며 구원을 공포하며 시온을 향하여 이르기를 네 하나님이 통치하신다 하는 자의 산을 넘는 발이 어찌 그리 아름다운가"(사 52:7).

"누구든지 나와 복음을 위하여 자기 목숨을 잃으면 구원하리라"(막 8:35).

"내가 복음을 전할지라도 자랑할 것이 없음은 내가 부득불 할 일임이라 **만일 복음을 전하지 아니하면 내게 화가 있을 것이로다**"(고전 9:16).

성경이 "때를 얻든지 못 얻든지 항상 힘쓰라"고 말하며 강조하는 일이 하나 더 있다. 디모데후서 4장 2절의 '가르침'으로 양육함이다. 이것이 하나님이 사역자와 교회에 주시는 또 다른 중요한 사역이다. 하나님은 모세에게도 가르침을 중요한 사역으로 명령하셨다. 십계명 두 돌판을 주신 것도 가르침을 위해서다. 신약 시대에는 가르침을 위해 성경을 주셨다. 이스라엘 백성에게는 부모가 자녀에게 '부지런히' 말씀을 가르치라고 명령하셨다. 때를 얻든지 못 얻든지 항상 전도에 힘쓰라고 하신 것처럼, 말씀을 가르치는 것도 집에서든 길에서든 누워서든 일어서든 항상 힘쓰라고 말씀하셨다.

하나님이 성도와 교회에게 "때를 얻든지 못 얻든지 항상 힘쓰라"고 말씀하신 것은 전도와 말씀 가르침, 그리고 예배 등 세 가지뿐이다. 예수님이 열심으로 하신 일도 이 세 가지다. 마지막 잡히시던 날 밤까지 주님은 이 일들을 멈추지 않으셨다.

"내가 이를 때까지 읽는 것과 권하는 것[전도]과 가르치는 것에 **전념하라**"(딤전 4:13).

"예수께서 온 갈릴리에 두루 다니사 그들의 회당에서 **가르치시며 천국 복음을 전파하시며** 백성 중의 모든 병과 모든 약한 것을 고치시니"(마 4:23).

"그들이 날마다 성전에 있든지 집에 있든지 **예수는 그리스도라고 가르치기와 전도하기를 그치지 아니하니라**"(행 5:42).

"이제 가라 내가 네 입과 함께 있어서 할 말을 가르치리라"(출 4:12).

"여호와께서 모세에게 이르시되 너는 산에 올라 내게로 와서 거기 있으라 네가 그들을 가르치도록 내가 율법과 계명을 친히 기록한 돌판을 네게 주리라"(출 24:12).

"네 자녀에게 부지런히 가르치며 집에 앉았을 때에든지 길을 갈 때에든지 누워 있을 때에든지 일어날 때에든지 이 말씀을 강론할 것이며"(신 6:7).

'양육'(養育)의 사전적 의미는 '아이를 보살펴서 자라게 함'이다. 성경이 명령하는 양육은 어린아이를 돌보는 수준을 넘는다. 성경이 말하는 양육의 목표는 '하나님의 말씀을 가르쳐서 믿음이 시작할 때에 확신한 것을 끝까지 견고히 잡고 있도록 도와서 그 성도가 그리스도의 영광에 참여하는 은혜에서 떨어지지 않도록 돕는 것'이다. 이것을 한마디로 하면, '온전하게 함'이다.

예수님께 영생을 얻고 싶은 한 청년이 찾아왔다. 이 청년은 십계명을 다 지켰다. 예수님은 청년에게 이렇게 말씀하셨다.

"예수께서 이르시되 네가 **온전하고자 할진대** 가서 네 소유를 팔아 가난한 자들에게 주라 그리하면 하늘에서 보화가 네게 있으리라 그리고 와서 나를 따르라 하시니"(마 19:21).

이 말씀을 들은 청년은 근심하며 돌아갔다(마 19:22). 예수님의 말씀은 돈이 하나도 없어야 천국에 들어간다는 의미가 아니다. 예수님은 제자들에게 온전한 자만이 영생을 얻을 수 있고 천국에 들어갈 수 있다고 가르쳐 주셨다(마 19:20-21). '온전함'의 히브리어 단어 '타밈'은 '완전한', '완벽한', '전체의', '흠 없는'이란 뜻을 가진다. 그렇다. 영생을 얻고 천국에 들어가는 것은 '흠 없는 사람'만 가능하다. 죄인은 아무리 재물이 많아도 천국에 들어갈 수 없다. 십계명을 다 지켜도 안 된다. 재물이 많아도, 구제를 많이

해도 온전해질 수 없다. 이 땅에서 완전하고 완벽하고 흠 없는 사람은 아무도 찾을 수 없다. "의인은 없나니 하나도 없"(롬 3:10)다는 것이 성경이 내린 결론이다. 그럼에도 예수님은 제자들과 우리에게 이렇게 명령하신다.

"그러므로 하늘에 계신 너희 아버지의 온전하심과 같이 너희도 온전하라"(마 5:48).

예수님은 제자들과 우리에게 이방인과 달라야 하며, 그 기준으로 온전함을 제시하셨다. 불가능한데, 하라고 하신다. 우리는 어떻게 온전해질 수 있을까? 방법이 있다. '온전함'이라는 기준에 합당하신 분은 예수님 한 분뿐이시다. 우리는 아무리 노력해도 예수님처럼 온전할 수 없다. 대신, 예수님의 온전함의 전가를 받으면 "온전하다"라는 법정적 선언을 받을 수 있다. 우리는 예수님이 이루신 속죄(贖罪)와 의(義)만 전가(轉嫁)받은 것이 아니다. 예수님의 온전함도 전가받았다. 예수님이 내 안에 계시면 하나님이 나를 온전한 자로 여겨 주신다. 이 일은 하나님의 능력으로 가능하다. 즉 온전함은 삼위일체 하나님이 우리에게 주시는 놀라운 은혜요 축복이다.

"(율법은 아무것도 온전하게 못할지라) 이에 더 좋은 소망이 생기니 이것으로 우리가 하나님께 가까이 가느니라"(히 7:19).

"내가 그들 안에 있고 아버지께서 내 안에 계시어 **그들로 온전함을 이루어**"(요 17:23).

"예수께서 그들을 보시며 이르시되 사람으로는 할 수 없으나 하나님으로서는 다 하실 수 있느니라"(마 19:26).

"믿음의 주요 또 온전하게 하시는 이인 예수를 바라보자"(히 12:2).

하나님이 우리를 온전하게 하시고 영생과 천국을 선물로 주시는 이유가 무엇일까? 첫 번째는 하나님의 사랑이다. 두 번째는 하나 되게 하려 하심이다. 그래서 교회는 하나 되기를 힘써야 한다. 하나 되려면 지체의 아픔을 내 아픔으로 여겨야 한다. 이것이 한국 교회 전체를 위해 우리가 울고 아파해야 할 이유다. 함께 회개해야 할 이유다. 내 이웃에 있는 교회가 망하는 것을 아파하지 않는 교회가 있다면, 하나님이 우리에게 주신 온전함의 은혜를 저버리는 행위다. 세 번째는 그리스도의 장성한 분량이 충만한 데까지 이르게 하시기 위함이다. 마지막 이유는 봉사의 일을 하게 하려 하심이다. 디모데후서 3장 17절은 "모든 선한 일을 행할 능력을 갖추게 하려 함"이라고 말한다.

하나님이 우리가 하기를 원하시는 봉사의 일, 모든 선한 일은 무엇일까? 필자는 성경에서 하나님이 교회와 성도에게 주신 '지상 대명령'은 '사도성의 계승'과 연결된다고 해석했다. 성경에는 하나님이 교회와 성도에게 주신 또 다른 명령이 있다. '창조 대명령'이다. 창조 대명령(문화 대명령)은 '통치성의 계승'과 연결된다. 통치적 사명과 연결된다. 우리는 교회와 성도가 청지기적 사명을 감당해야 할 임무가 있다는 것을 잘 안다.

'청지기'라는 단어는 한자로 '청직'(廳直), 즉 '관청 청'(廳)에, '곧을 직'(直)을 쓴다. 영어 단어로는 'manager', 'servant'라고 한다. '하나님 나라, 창조 세계를 관리하고 섬기는 공무원'이라는 뜻이다. 하나님은 우리를 하나님의 형상대로 만드시고, 하나님이 하시는 '다스림'의 일을 맡기셨다. 놀라운 은혜다. 창조 대명령을 수행하는 것은 봉사의 일, 모든 선한 일의 가장 큰 개념이다. 하나님은 세상을 창조하시는 5일 동안은 매일 보시기에 좋아하셨고, 마지막 날 6일째에는 6일간 창조한 모든 것을 보시고 감탄하며 심히 좋아하셨다(창 1:31). 청지기로서 다스림의 사역은 하나님이 만드신 세상을 '심히 좋았던 상태'로 계속 유지시키는 것이다. 봉사의 일, 선한 일의 작은 개념은 '착한 행동'이다. 봉사의 일, 선한 일의 큰 개념은 하나님이 "선하다", "심히 좋다", "심히 아름답다"고 감탄하신 그 상태로 세상을 회복시키는 것이다.

"곧 내가 그들 안에 있고 아버지께서 내 안에 계시어 그들로 온전함을 이루어 하나가 되게 하려 함은 아버지께서 나를 보내신 것과 또 나를 사랑하심같이 그들도 사랑하신 것을 세상으로 알게 하려 함이로소이다"(요 17:23).

"누구든지 그의 **말씀을 지키는 자는 하나님의 사랑이** 참으로 그 속에서 **온전하게 되었나니** 이로써 우리가 그의 안에 있는 줄을 아노라"(요일 2:5).

"흩어진 하나님의 자녀를 모아 **하나가 되게 하기 위하여 죽으실 것을** 미리 말함이러라"(요 11:52).

"평안의 매는 줄로 성령이 **하나 되게 하신 것을 힘써 지키라**"(엡 4:3).

"만일 한 지체가 고통을 받으면 모든 지체가 함께 고통을 받고 한 지체가 영광을 얻으면 모든 지체가 함께 즐거워하느니라 너희는 그리스도의 몸이요 지체의 각 부분이라"(고전 12:26-27).

"이는 성도를 **온전하게 하여 봉사의 일을 하게 하며** 그리스도의 몸을 세우려 하심이라 우리가 다 하나님의 아들을 믿는 것과 아는 일에 하나가 되어 **온전한 사람을 이루어 그리스도의 장성한 분량이 충만한 데까지 이르리니**"(엡 4:12-13).

"하나님이 자기 형상 곧 하나님의 형상대로 사람을 창조하시되 남자와 여자를 창조하시고 하나님이 그들에게 복을 주시며 하나님이 그들에게 이르시되 생육하고 번성하여 땅에 충만하라, 땅을 정복하라, 바다의 물고기와 하늘의 새와 땅에 움직이는 모든 생물을 **다스리라** 하시니라"(창 1:27-28).

종합하면, 하나님은 우리를 온전하다 칭하시고, 우리에게 하나 되고, 봉사의 일을 하고, 그리스도의 장성한 분량이 충만한 데까지 자라고, '온전하게 해주신 은혜'에 합당하게 살라고 명령하신다. 하나님의 아들이 되게 해주었으니 아들답게 살라는 명령이다. 당연히 아버지께서 아들에게 주실 수 있는 말씀이다. 성경이 양육의 중심을 '말씀을 가르치는 것'에 두는 이유가 여기에 있다. 말씀을 배워야만 이 땅에서 하나님의 아들다운 생활이 무엇인지 알게 된다. '온전하게 해주신 은혜'에 합당한 사람으로 살아가는 방법이 무엇인지 알게 된다. 그래서 성경적 양육의 중심은 '하나님의 말씀을 가르침'이다.

"**성경은 능히** 너로 하여금 그리스도 예수 안에 있는 믿음으로 말미암아 **구원에 이르는** 지혜가 있게 하느니라 모든 성경은 하나님의 감동으로 된 것으로 교훈과 책망과 바르게 함과 의로 교육하기에 유익하니 이는 **하나님의 사람으로 온전하게** 하며 모든 선한 일을 행할 능력을 갖추게 하려 함이라"(딤후 3:15-17).

"하나님의 말씀은 살아 있고 활력이 있어 좌우에 날 선 어떤 검보다도 예리하여 혼과 영과 및 관절과 골수를 찔러 쪼개기까지 하며 또 마음의 생각과 뜻을 판단하나니"(히 4:12).

말씀을 가르쳐야 할 이유를 한 가지 더 들어 보자. 주님 오실 날이 멀지 않았다. 필자의 예언이 아니다. 성경의 가르침이다. 말세가 될수록 거짓 선지자와 거짓 메시아가 늘어나고 "[종말의] 때가 가까이 왔다"(눅 21:8)고 미혹하는 일이 증가한다. 말씀으로 양육받지 못하면 미혹을 이기지 못한다. 말세가 될수록 예수를 믿고 성경의 기준을 따라 살면 박해를 받고, 옥에 끌려가고, 대적에게 시달리게 된다(눅 21:12). 말씀만이 끝까지 견디게 하는 힘을 준다. 끝까지 견디는 기적을 이루시는 분은 성부, 성자, 성령 하나님이시다.

하지만 성삼위 하나님은 우리에게 말씀을 통해 역사하신다. 말씀으로 양육을 받은 자에게는 모든 대적이 능히 대항하거나 변박할 수 없는 구변과 지혜를 주겠다고 약속하셨다(눅 21:15). 구변과 지혜의 원천이 말씀이다. 그래서 때를 얻든지 못 얻든지 교회는 말씀을 가르쳐야 한다.

"모든 사람에게 구원을 주시는 **하나님의 은혜가 나타나 우리를 양육**

하시되 경건하지 않은 것과 이 세상 정욕을 다 버리고 신중함과 의로움과 경건함으로 이 세상에 살고"(딛 2:11–12).

"우리가 **시작할 때에 확신한 것을 끝까지 견고히 잡고 있으면** 그리스도와 함께 참여한 자가 되리라"(히 3:14).

"**끝까지 견디는** 자는 구원을 얻으리라"(마 24:13).

"주께서 너희를 우리 주 예수 그리스도의 날에 **책망할 것이 없는 자로 끝까지 견고하게** 하시리라"(고전 1:8).

언제까지 가르쳐야 할까? '가르치는 대로 힘써 다 지켜 행할 때'까지다. '배우고 확신한 일을 행할 때'까지다. 왜 지킬 때까지 가르쳐야 할까? 첫째, 말씀대로 사는 것이 '참된 예배'다. '거룩한 산 제사'다. 하나님이 이 땅에서 주시는 모든 복과 기적의 역사는 배운 대로, 들은 대로 '행할 때'에 얻어지기 때문이다. 즉 우리는 성도가 복을 받게 하기 위해, 만사에 형통하게 하기 위해, 하나님의 구원의 역사를 체험하도록 하기 위해 '다 지켜 행할 때'까지 가르쳐야 한다.

하나님의 말씀을 가르치지 않으면 방자해진다. 자기 소견에 옳은 대로 행하다가 망한다. 성도가 성도답지 못한 이유는 가르치지 않아서다. 가르치더라도, 끝까지 가르치지 않아서다. 지켜 행할 때까지 가르치지 않아서다. 하나님 나라의 완성은 땅의 모든 끝이 여호와를 경외하고 돌아와서 참된 예배를 드리는 것이다. 그러므로 전도와 가르침이 가장 중요한 사역이다. 본질이다.

"그러므로 형제들아 내가 하나님의 모든 자비하심으로 너희를 권하노니 너희 몸을 하나님이 기뻐하시는 **거룩한 산 제물로 드리라 이는 너희가 드릴 영적 예배**니라"(롬 12:1).

"그러므로 나는 그들이 **복음의 진리를 따라 바르게 행하지 아니함을** 보고 모든 자 앞에서 게바에게 이르되 네가 유대인으로서 이방인을 따르고 **유대인답게 살지 아니하면서**"(갈 2:14).

"내가 너희에게 분부한 모든 것을 **가르쳐 지키게 하라** 볼지어다 내가 세상 끝날까지 너희와 항상 함께 있으리라 하시니라"(마 28:20).

"너와 네 아들과 네 손자들이 평생에 네 하나님 여호와를 경외하며 내가 너희에게 명한 그 모든 규례와 명령을 **지키게 하기** 위한 것이며 또 네 날을 장구하게 하기 위한 것이라 이스라엘아 듣고 삼가 그것을 **행하라 그리하면 네가 복을 받고** 네 조상들의 하나님 여호와께서 네게 허락하심같이 젖과 꿀이 흐르는 땅에서 네가 크게 번성하리라"(신 6:2-3).

"너희는 내 규례를 행하며 내 법도를 **지켜 행하라** 그리하면 너희가 그 땅에 **안전하게 거주할 것이라**"(레 25:18).

"이 율법책을 네 입에서 떠나지 말게 하며 주야로 그것을 묵상하여 그 안에 기록된 대로 **다 지켜 행하라** 그리하면 네 길이 평탄하게 될 것이며 네가 **형통하리라**"(수 1:8).

"너희는 내게 **배우고 받고 듣고 본 바를 행하라** 그리하면 평강의 하나님이 너희와 함께 계시리라"(빌 4:9).

"그러나 너는 배우고 확신한 일에 거하라"(딤후 3:14).

"오직 너희는 그리스도의 복음에 합당하게 생활하라"(빌 1:27).

"이르시되 그물을 배 오른편에 던지라 그리하면 잡으리라 하시니 이에 던졌더니 물고기가 많아 그물을 들 수 없더라"(요 21:6).

전도가 안 된다? No!

이렇게 말할 수 있다. "지금 시대는 전도가 안 됩니다." "사람들이 모이기를 좋아하지 않습니다." "사람들이 말씀 배우기를 싫어합니다." 전부 틀린 말이다. 지금 시대 사람들이 진리를 찾기 싫어하고, 모이기를 폐하고, 성경을 배우기를 싫어한다면, 이단은 왜 성장할까?

전문 미래학자로서 예측한다. 21세기는 영성 사회다. 기술 발달이 빨라질수록 영적 공허감이 커진다. 일명, '하이테크(High Tech), 하이터치(High Touch)' 사회의 출현이다. 한국도 예외가 아니다. 한국인은 본래 종교심이 높은 민족이다. 매우 영적인 민족이다. 한국 사회는 오랜 역사를 통해 다양한 종교의 영향을 받아 왔다. 그리고 그 영향력은 사람들의 일상생활, 문화, 예술, 철학, 가치관, 생활 방식, 그리고 사회 구조에까지 깊숙이 들어가 있다. 한국 사회의 종교 인구 비율은 꾸준히 변화하고 있지만, 여전히 많은 사람이 기독교, 천주교, 불교, 천도교 등을 믿고 있다. 한국 사회의 가치관과 덕목은 종교에서 영향을 받았다. 예를 들어, 한국인은 근면, 성실, 자기 계발, 가족에 대한 헌신, 상사에 대한 존경, 그리고 공동체에 대한 책임감을 중시하는 경향이 있다. 이러한 가치는 유교나 기독교의 가르침에서 비롯된 것이다. 한국의 명절과 행사도 대부분 종교적 배경을 가지고 있다. 설날과 추석은 고대 삼국 시대의 민간신앙에서 기원했고, 성탄절과 부활절은 기독교의 중요한 명절이다.

필자가 2070년경에 한국 사회가 무신론과 이단의 나라가 된다고 예측한 것은 한국인에게서 종교심이 사라져서가 아니다. 삶의 의미, 자기를 맡길 절대자를 찾지 못해서다. 잘못된 진리, 가짜 구원자를 만났기 때문이다. 현재는 '아직 종교를 선택하지 않은 사람'이지만, 2070년에는 사회적 갈등이 증폭되고, 유물주의 교육이 지배 사상이 되고, 기독교 몰락 과정에서 나타나는 부패가 극대화된 것에 환멸을 느껴 극단적 반기독교 문화가 만연하고, 과학 기술이 영적 세계관까지 지배하고, 극단적 자기 이익 우선주의 등의 영향으로 '무신론자'로 고착되는 것이다. 이 모든 원인은 교회가 바로 서지 못했기 때문이다. 빛이 되어야 할 목회자가 빛을 잃어버렸기 때문이다. 소금인 성도가 맛을 잃어버렸기 때문이다. 종교가 제 역할을 하지 못하면 그 자리를 과학 기술이 대체한다.

21세기 가장 빠르게 성장하고 있는 이단은 '과학 기술을 숭배하는 무리'다. 과학 기술을 종교로 믿고 섬기는 무리는 1954년에 처음 출현했다. 라파예트 로널드 허버드(Lafayette Ronald Hubbard)는 라틴어 '스키오'(scio, '알다', '완전한'이라는 의미)와 그리스어 '로고스'(logos, '학문의'라는 의미)에서 각각 유래한 말을 가지고 '사이언톨로지'라는 새로운 종교를 창시했다.[4] 이들이 믿는 교리는 1950년 SF 소설 작가인 허버드가 출간한 『다이아네틱스』(dianetics)라는 책에 기록되어 있다. 허버드는 자기의 SF 소설에 등장하는 여러 세계관과 플롯 장치 위에 기독교의 상징인 십자가 상징, 불교의 윤회 교리와 정신분석학 및 초자연적 외계인 존재와 신비적 치료 주장 등을 적당히 섞어서 교리를 만들었다.

허버드는 인간의 마음은 감성적인 '반응적 마음'(reactive mind)과 이성적인 '분석적 마음'(analytical mind)으로 이루어져 있다고 주장했다. 기독교 교리에서, 이 땅에서 고통의 원인은 아담의 범죄에서 기원한다. 사이언톨로지에서는 반응적 마음에 있는 기억의 흔적들(engrams)로부터 발생한 두려움, 불안, 분노 등을 고통의 원인이라고 가르친다. 그래서 고통과 죽음에서 구원받는 길은 과거의 사건을 돌아보고 제거하여 현재에 미치는 영향을 없애면 된다. 최종적으로 잠재의식에 붙어 있는 군더더기인 반응적 마음까지 없애는 '정화'(clear)의 단계에 이르면 영혼은 깨끗해지고 육체는 더 이상 아프지 않은 자유와 해방을 누리게 된다.

이들은 과거의 아픈 기억을 지우고 정화에 이르기 위해서 몸에 전류를 보내 상대방의 정신을 분석한다고 주장하는 'E-미터'라는 장치를 사용한다. 영혼이 정화되면, 죽음은 윤회로 극복할 수 있다. 이들은 금성에 사는 외계인이 인간을 윤회시키는 주체라고 믿는다. 사이언톨로지 신자들은 영적 존재를 '세탄'(Thetan)이라고 부른다. '생각', '생명', '정신'이라는 뜻을 가진 그리스 문자 'Θ'(세타, theta)에서 유래한 말이다. 세탄은 죽지 않는 존재이며, 인간에 붙어 살면서 온갖 악으로부터 인간의 육신을 보호하며, 우주의 생명력을 유지하는 일을 한다.

사이언톨로지는 1950년대부터 '프로젝트 셀러브리티'(Project Celebrity)라는 이름으로 유명인들을 적극적으로 포섭했다. 현재 교인으로 유명한 스타는 톰 크루즈와 엘비스 프레슬리의 딸이자 마이클 잭슨의 아내였던 리사 마리 프레슬리를 비롯해서 엘리자베스 모스, 존 트라볼타, 마이클 페냐, 재즈 음악인 칙 코리아 등이 있다. 제니퍼 로페즈는 사이언톨로지에서 탈출했고, 브래드 피트는 연애 시절에 사귀던 여자 친구 때문에 사이언톨로지를 믿을 뻔했다고 한다.[5] 21세기에는 이렇게 드러내 놓고 종교를 흉내 내는 사이언톨로지가 아니더라도 수많은 사람이 과학 기술에서 절대자와 구원의 답을 찾으려 할 것이다.

이런 미래가 일어나지 않게 하려면 종교가 제 역할을 회복해야 한다. 특히 교회가 교회다움을 회복해야 한다. 목회자가 빛을 발해야 한다. 성도가 소금의 맛을 회복해야 한다. 교회가 하늘에 소망을 두고 참된 진리이신 예수님을 자신 있게 외치면 된다. 믿음의 역사와 사랑의 수고와 우리 주 예수 그리스도에 대한 소망의 인내를 회복해야 한다(살전 1:3).

21세기는 영성 사회다. 우리가 전도가 안 된다고 패배주의 생각에 빠져 있는 동안, 한쪽에서는 기독교인 숫자가 증가 중이다. 미국 고든콘웰신학교 산하 세계기독교연구센터의 "세계 기독교 통계 보고서"(2022년)는 북반구의 기독교 신자 수(가톨릭 포함)는 2022년 현재 8억 3,800만 명에서 2025년 8억 2,900만 명, 2050년 7억 7,300만 명으로 감소(2022년 대비 8% 감소)하지만, 남반구는 2022년 17억 2천만 명에서 2025년 18억 1천만 명, 2050년에는 25억 6천만 명까지 48.8% 증가할 것으로 전망했다. 지나 절로(Gina Zurlo) 소장은 "1900년에는 82%의 기독교인이 유럽과 북미 등 북반구에 살았는데, 2020년에는 이 비율이 33%로 떨어졌다"고 분석했다.

남반구 기독교 증가세의 핵심 요인은 오순절 교회(은사주의 계열 포함)의 성장세다. 세계기독교연구센터는 전 세계 오순절 교회 신자 수는 2022년 6억 6,700만 명에서 2025년 7억 400만 명, 2050년 10억 300만 명(2022년 기준 54.4% 증가)이 될 것으로 전망했다. 같은 기간, 남반구 기독교 신자 수 증가율(48.8%)보다 높다.[6]

2022년 초 미국 「월스트리트 저널」은 "가톨릭이 남미를 잃는 이유"라는 제목의 기사에서, 가톨릭이 주류인 남미에서 신자들이 썰물처럼 빠져나가는데, 그 발길이 오순절 교회로 향하고 있다고 보도했다. 세계 기독교 데이터베이스의 자료에 따르면, 브라질에서 오순절 교회 성도는 1970-2020년 50년 동안 680만 명에서 4,670만 명으로 약 7배 늘었다. 같은 기간 과테말라에서는 오순절 교회 신자가 19만 6천 명에서 290만 명으로 10배 이상 증가했다.[7]

중요한 사실이 하나 더 있다. 오순절 교회의 성장은 "전도가 안 된다"는 평가가 주를 이루고 있는 북반구의 기독교 선진국 영국과 미국 등에서도 일어나고 있다. 미국은 2005-2019년에 미국 양대 개신교단인 남침례교와 연합감리교회 성도 수가 각각 11%, 19% 줄었다. 반면, 오순절 교단인 하나님의성회(AG) 성도 수는 16% 증가했다.

영국도 비슷하다. 성공회와 장로교, 가톨릭교회 등 전체 기독교인은 2000년 600만 명에서 2020년 480만 명으로 줄었다. 반면, 영국의 오순절 교회는 2000년 2,500개에서 2020년 4,200개로 증가했다. 지나 절로 소장은 "1900년에는 고작 1% 수준에 머물러 있던 오순절 교회가 2020년에는 26%로 성장했다"면서 이런 추세라면 "2050년에는 30%에 달할 것"이라고 예측했다.

오순절 교단에서는 도대체 무슨 일이 일어나고 있을까? 그들은 어떻게 전도하기에 양적 성장이 계속되고 있을까? 미국 뉴욕 카니시우스 대학 세계종교연구소 티머시 왓킨스 석좌교수는 오순절 교회의 성장 배경으로 "시대에 따라 소외된 사람들의 마음을 어루만져 주고 정서적 욕구를 채워 주었다"는 점을 꼽았다. 왓킨스 교수는 "근대화가 이루어지고 자본주의 시대로 접어들면서 점점 소외되는 개인이 생겨났는데, 오순절 교회는 개인의 신앙에 초점을 맞추며 성령 충만함으로 인한 감동을 강조했다"면서 "소외감 속에서 더 나은 삶을 갈망하는 사람들의 마음을 채워 준 것이 오순절 교회의 성장 요인이 됐다"고 분석했다.

오순절 교회가 소외된 사람들의 마음을 어루만져 주었다는 구체적 사역은 무엇일까? 오순절 교회는 치유와 구제, 섬김을 강조했다. 정부 차원의 의료나 복지 시스템이 취약한 지역에서는 '믿음의 치유'로 환자들에게 희망을 주었다.[8] 경제적으로 힘든 가정을 실질적으로 도와주는 사역도 실시했다.

브라질과 과테말라에서도 오순절 교회는 가톨릭교회의 손이 미치지 못하는 서민, 빈민층 지역에서 빈곤 가구에 음식을 기부하는 등 필수 사회복지 서비스를 제공하며 영향력을 키웠다. 아이들의 축구 클럽에 재정을 지원하고, 공공 병원이 부족한 지역에서는 의료 선교를 적극 펼쳤다. 그 결과, 코로나19 발발 이후 브라질에서 100만 명이 개신교로 개종했다.[9]

지금도 복음 안에 있는 '은혜'가 생명을 살린다

존 칼빈은 『요한복음 주석』 서문에 이렇게 말했다.

"복음은 그리스도 안에서 계시된 은혜의 엄숙한 선포다."

오순절 교단이 특별한 교리를 가졌거나 이상한 속임수를 쓰기 때문에 전도가 되는 것이 아니다. 그들은 그리스도 안에 있는 은혜를 선포하고, 그 은혜를 따라 행동했다. 사실, 오순절 교단이 한 사역은 낯설지 않다. 과거 한국 교회 세 번의 대부흥기마다 우리 선배들이 했던 '사랑의 수고'

와 '믿음의 역사'의 행동과 같다. 한국 교회는 어느 순간부터 그런 사역을 멈추었고, 오순절 교회는 지금도 멈추지 않고 하고 있을 뿐이다.

필자는 교회의 전도는 "지친 영혼에 소망을 선물하는 일이고, 시대에 맞는 변증이다"라고 정의한다. 필자는 이 일이 계속되는 곳에서는 지금도 계속 새로운 영혼이 주께로 돌아온다고 믿는다. 오순절 교단이 그렇다. 전도는 하나님 사랑, 이웃 사랑의 구체적 행위와 함께 간다. 하나님 사랑의 방법은 변치 않는다. 이웃 사랑의 방법은 시대에 맞춰서 그 대상과 방법이 변할 뿐이다. 한국 교회가 전도가 되지 않는 이유는 '하나님이 역사하지 않으셔서'가 아니다. 우리가 전도를 '하지 않아서'이고, '하더라도 시대에 맞춰서 그 대상과 방법을 바꾸지 않았기' 때문이다.

우리가 복음을 전하기만 하면 지금도 복음 안에 있는 '은혜'가 생명을 살린다. 한국 사회에서 아이들 수가 절대 수는 감소했다. 맞다. 하지만 아직도 전도 대상자 아이들은 교회 밖에 차고 넘친다. 당신이 섬기는 교회의 주일학교 예배 처소를 몇 배 다 채우고도 남을 만큼의 아이들이 교회 밖에 있다. 복음은 결코 멈춰서는 안 된다. 복음은 지친 영혼들에게 계속 전파되어야 하고, 강단을 통해 계속 변증되어야 한다.

한국 사회가 위기다. 전 지구가 위기 상황을 맞고 있다. 경제 위기, 환경 위기, 전쟁의 위기 등 도처에서 난리와 난리의 소문이 나고, 전쟁과 기근으로 수많은 사람이 죽어 간다. 기술 발달이 생활의 편리함을 높여 주지만, 더 치열한 경쟁의 위기, 부의 불균형 분배의 고통, 소외된 인간, 단절된 인간을 늘려 간다. 이런 위기는 교회가 예언자적 목소리, 회복과 구원의 해답을 세상에 외칠 수 있는 절호의 기회다. 교회는 해결책을 제시할 잠재력이 있다. 복음이다! 교회가 교회다워지고 성도가 성도다워지면, 복음 전파를 다시 시작한다면 신앙 공동체가 어떻게 사회 치유와 통합에 기여할 수 있는지 보여 줄 수 있다.

1-2인 가구, 결손 가정이 넘쳐 나는 위기의 시대가 시작되었다. '외로움과 상처'가 가득한 한국 사회가 될 것이다. 하지만 교회가 전하는 복음으로 한국 사회 전체가 한국 교회의 '사랑'을 원하는 시대로 만들 수 있다. 앞으로 경제 대위기가 반복될 것이다. 부의 불평등은 심해질 것이다. '경제적 상실과 고통'이 가득한 흉년의 시간이 길어질 것이다. 한국 교회가 빛과 소금의 능력을 회복하면 한국 사회 전체에게 '치유와 소망'을 선물로 줄 수 있다. 상상을 뛰어넘는 기술 발달이 인간성을 무너뜨리는 미래를 만들 수 있다. 이런 위기는 인류 전체에게 '하나님이 우리를 얼마나 사랑하시는가'를 교회가 알려 주는 기회가 될 수 있다.

두려워하지 말자. 안 된다고 핑계하지 말자. 듣지 않고 모이지 않는다고 스스로 포기하지 말자. 우리 주는 위대하시며, 능력이 많으시며, 지혜가 무궁하시다(시 147:5). 하나님이 원하신다면 구원하지 못하실 영혼이 없다. 구원의 역사가 일어나지 못할 시대가 없다. 그분이 우리에게 "가서 전도하라"고 명령하신다.

하나님의 전략으로 전도한다

누가복음 15장에는 예수님이 전도에 대해서 가르치시는 말씀이 나온다. 예수님은 '전도'를 '잃은 양을 찾는 일'이라고 규정하신다. '잃어버린'의 헬라어 단어 '아폴뤼미'(apollymi)는 '방황하는'(lost), '파괴된'(destroyed), '특별히 영원한 죽음에 빠진'이라는 뜻이 있다. 전도, 잃어버린 양을 찾는 일은 '방황하는 사람', '삶이 파괴된 사람', '특별히 영원한 죽음에 빠져 있는 사람'을 찾는 일이다. 전도는 수고하고 지치고 무거운 짐 진 영혼(마 11:28),

삶이 파괴된 영혼에게 소망을 선물하는 일이다. '하나님이 통치하신다'(이 땅에서 보호와 안식), '하나님이 구원하신다'(죄 용서로 하나님과 화평을 이루었다), '천국이 우리에게 약속되었다'(영원한 안식)는 세 가지의 '하나님이 주시는 기쁜 소식(선물)'을 알려 주는 것이다.

누가복음 15장에서 예수님은 세 번의 각기 다른 비유를 들어 잃은 양(방황하는 양, 삶이 파괴된 양, 영원한 죽음에 빠져 있는 양)을 찾는 것이 하나님께 얼마나 소중한 일인지를 강조하셨다. 예수님도 우리가 잃은 양을 찾기를 간절히 바라신다. 예수님은 잃은 양을 찾는 일, 전도하는 일의 중요성만 강조하신 것이 아니다. 그분이 친히 사용하신 지혜로운 전도 전략도 가르쳐 주셨다. 그리고 "가서 너도 이와 같이 하라"(눅 10:37)고 명령하셨다.

예수님이 가르쳐 주신 지혜로운 전도 전략 첫째는 목자의 심정을 배우고 가르치라는 것이다. 잃어버린 양을 찾는 마음은 목자의 심정을 가져야만 가능하다. 99마리 양보다 잃어버린 한 마리 양에 더 큰 관심을 갖는 것이 하나님의 심정이다. 바리새인과 서기관들은 예수님이 잃은 양인 죄인과 세리를 찾아가시는 것을 이해하지 못했다. 목자의 마음을 가지지 못하면, 우리도 바리새인과 서기관들의 메마르고 강퍅한 마음에서 벗어날 수 없다. 이미 하나님의 백성이 된 이스라엘 민족은 99마리의 양이었다. 하지만 이스라엘 백성에게 버림받은 죄인과 세리는 한 마리 양이었다. 이방인들도 한 마리 양이었다.

교회에서 전도의 부흥이 다시 일어나려면 목자의 심정을 성도에게 가르치는 것이 우선이다. 교회 전체에 목자의 심정이 흐르게 해야 한다. 그렇지 않으면 전도는 피곤한 일이고, 피하고 싶은 일이고, 귀찮은 일이다. 심지어 바리새인과 서기관들처럼 교회 밖의 사람들은 저주받아 마땅한 사람들이라고 생각하는 분위기가 조성된다. 당신이 섬기는 교회에 전도가 죽었는가? 목자의 심정이 흐르지 않기 때문이다. 잃은 양을 찾아 온 산을 뒤지고 다니시는 하나님의 심정을 배우고 가르치자. 하나님의 심정을 마음에 품고, 기쁜 소식을 전할 마음을 품기만 해도 능력이 샘 솟듯 솟아난다. 내 안에 잠재된 능력이 깨어나는 것이 아니다. 복음에 능력이 있기 때문에 전도자에게 하나님의 능력이 덧붙여지는 것이다.

"내가 복음을 부끄러워하지 아니하노니 이 복음은 모든 믿는 자에게 구원을 주시는 **하나님의 능력이 됨이라**"(롬 1:16).

둘째, 전도 대상자 순서를 분명히 하라. 사도행전 1장 8절에도 전도하는 순서, 증인의 일을 하는 대상의 순서가 나온다. 이스라엘, 유대, 사마리아, 땅끝 순서다. 하나님은 구제를 하더라도 형제에게 먼저 하라고 가르치셨다. 가까운 이웃에게 먼저 하라고 가르치셨다.

우리도 순서를 분명히 정해서 전도도 지혜롭게 해야 한다. 가장 먼저 찾아야 할 잃은 양은 '교회 안'에 있다. 그다음으로 찾아야 할 잃은 양은 탕자. '잠시 교회를 떠난 사람들'이다. 잠시 아버지 품을 떠난 사람들이다. 실족하여 신앙생활을 쉬고 있는 사람이나 정착하지 못하고 이리저리 떠돌아다니는 가나안 성도다. 그다음으로 찾아야 할 잃은 양은 하나님이 이미 선택하신 영혼 중에서 아직 무신론자로 머물러 있는 사람이다. 이들은 교회 밖에 있다.

"오직 성령이 너희에게 임하시면 너희가 권능을 받고 예루살렘과 온 유대와 사마리아와 땅끝까지 이르러 내 증인이 되리라"(행 1:8).

"이방인에게는 네가 독촉하려니와 네 형제에게 꾸어 준 것은 네 손에서 면제하라"(신 15:3).

"그러므로 우리는 기회 있는 대로 모든 이에게 착한 일을 하되 더욱 믿음의 가정들에게 할지니라"(갈 6:10).

"너희 중에 어떤 사람이 양 백 마리가 있는데 그중의 하나를 잃으면 아흔아홉 마리를 들에 두고 그 잃은 것을 찾아내기까지 찾아다니지 아니하겠느냐"(눅 15:4).

셋째, 한 사람이라도 포기하지 말라. 예수님은 누가복음 15장의 세 가지 비유에서 잃은 양을 찾을 때까지 즉시, 밤낮을 가리지 않고, 포기하지 않고, 부지런히 찾아야 한다고 가르치셨다. 우리도 포기하지 않고 끝까지 찾아야 한다.

"하나를 잃으면…그 잃은 것을 **찾아내기까지** 찾아다니지 아니하겠느냐"(눅 15:4).

"하나를 잃으면…**찾아내기까지** 부지런히 찾지 아니하겠느냐"(눅 15:8).

넷째, 지혜를 발휘해서 찾으라. 예수님은 한 드라크마를 잃어버린 여자의 비유를 들면서, "등불을 켜고 집을 샅샅이 쓸며 꼼꼼히 찾으라"고 가르치셨다(눅 15:8). 지혜의 등불을 켜고 사용할 수 있는 모든 수단을 다 동원해서 꼼꼼하게 준비해서 전도해야 한다. 성경은 우리가 사역을 할 때 지혜를 발휘해야 할 두 가지 이유를 말해 준다. 하나는 주님 오실 날이 멀지 않았기 때문에 세월을 아껴야 하기 때문이다. 다른 하나는 세상이 악하기 때문에 지혜롭게 사역해야 하는 것이다. 거짓 선지자가 득세하는 시대이기 때문에 순결한 복음을 전해야 한다. 세상이 악해서 하나님 말씀을 듣기 싫어한다. 전도를 방해한다. 그래서 지혜롭게 복음을 전해야 한다.

"그런즉 너희가 어떻게 행할지를 자세히 주의하여 지혜 없는 자같이 하지 말고 오직 지혜 있는 자같이 하여 세월을 아끼라 때가 악하니라"(엡 5:15-16).

다섯째, 전도를 위해서 '교회 밖에서 하나님의 지혜를 가르치는 기회'를 만들라. 솔로몬은 "전도자는 지혜자이어서 여전히 백성에게 지식을 가르쳤고 또 깊이 생각하고 연구하여 잠언을 많이 지었으며"(전 12:9)라고 말했다. 성경에 등장하는 전도자는 세상의 이치와 하나님의 지혜를 담은 책도 쓰고 가르치는 기회를 많이 만들었다.

예수님도 회당에서도 가르치셨지만, 회당 밖 마을에서, 산에서, 들에서도 가르치셨다. 천국에 들어가는 길도 가르치셨지만, 이 땅에서 어떻게 살아야 하는지에 대한 하나님의 지혜도 가르치셨다. 영혼이 구원받는 방법도 가르치셨지만, 돈, 경영, 노동, 정치 등에서 발생하는 문제들을 어떻게 해결해야 하는지에 대한 하나님의 지혜도 가르치셨다. 산상수훈은 천국에 들어가는 복된 소식을 전하지만, 이 땅에서 어떻게 살아야 하는지에 대한 하나님의 지혜도 말한다.

교회 안으로 전도 대상자를 불러서 가르치는 것에 그치지 말라. 적극적으로 교회 밖으로 나가서 전도 대상자에게 하나님의 말씀과 진리, 하나님의 지혜로 이 땅을 살아가는 방법과 교훈을 가르치는 기회를 만들라. 필자는 '미래준비학교', '부의 사명' 등의 프로그램을 만들어서 교회 밖에서 불신자, 가나안 성도, 교회 이탈자 등에게 세상의 이치와 하나님이 주시는 지혜를 가르친다. 필자가 돈과 투자에 대해서 성경이 가르치는 지혜를 가르치면, 불교 신자들도 고개를 끄덕이고 감동하는 일이 벌어진다. 하나님의 지혜와 능력으로 자신 앞에 놓인 100-120세 시대의 새로운 미래를 어떻게 준비하고 개척해 나가야 하는지를 가르친다. 진정한 행복, 진정한 성공은 어떻게 얻을 수 있는지에 대한 하나님의 지혜를 가르친다.

교회 밖에서 세상의 문제를 다루는 가르침의 장을 열라. 교회 밖에서도 이 땅의 문제를 하늘의 방법으로 해결하는 방법을 가르쳐라. 다양한 문제와 고통의 처방으로 예수 그리스도의 진리의 말씀과 능력을 제시하라. 필자는 "전도는 지친 영혼에 소망을 선물하는 일이며 시대에 맞는 변증이다"라고 정의한다. 교회 밖에서도 이 땅의 문제를 하늘의 방법으로 해결하는 법을 가르치는 것을 '변증적 전도'라고 한다.

"예수께서 열두 제자에게 명하기를 마치시고 이에 그들의 여러 동네에서 가르치시며 전도하시려고 거기를 떠나 가시니라"(마 11:1).

"하나님의 지혜에 있어서는 이 세상이 자기 지혜로 하나님을 알지 못하므로 하나님께서 전도의 미련한 것으로 믿는 자들을 구원하시기를 기뻐하셨도다"(고전 1:21).

여섯째, 전도의 열매는 성령의 나타나심과 능력으로 이루어질 것이라고 믿으라. 필자는 이것을 '연합 전략'이라고 부른다. 씨를 뿌리는 것은 우리의 몫이고, 열매를 맺는 것은 하나님의 몫임을 믿는 것은 매우 중요한 전도 전략이다. 전투에서 승리하려면, 각자가 맡은 역할과 임무가 무엇인지를 분명히 알아야 한다. 함께하는 동료의 역할과 임무를 믿어야 한다. 어떤 전투도 혼자 힘으로 승리를 쟁취할 수 없다. 전도는 하나님과 교회의 연합 사역이다.

"내 말과 내 전도함이 설득력 있는 지혜의 말로 하지 아니하고 다만 성령의 나타나심과 능력으로 하여"(고전 2:4).

일곱째, 잃어버린 양을 찾으면, 제일 좋은 것을 가지고 잔치를 베풀라. 온 교회가 즐거워하고 잔치를 베풀어야 한다. 친구와 이웃을 불러 잔치를 베풀어야 한다. 교회가 한 사람을 구원하는 것이 얼마나 기쁜 일인지를 잔치를 베풀어 알려야 한다. 이미 구원받은 성도는 이런 잔치를 시기하지 말아야 한다. 예수님은 이 일이 '마땅히' 해야 할 일이라고 가르치셨다.

"집에 와서 그 **벗과 이웃을 불러 모으고 말하되 나와 함께 즐기자** 나의 잃은 양을 찾아내었노라 하리라"(눅 15:6).

"찾아낸즉 **벗과 이웃을 불러 모으고 말하되 나와 함께 즐기자** 잃은 드라크마를 찾아내었노라 하리라"(눅 15:9).

"아버지는 종들에게 이르되…**살진 송아지를 끌어다가 잡으라 우리가 먹고 즐기자**…그들이 즐거워하더라"(눅 15:22-24).

"그가 노하여 들어가고자 하지 아니하거늘 아버지가 나와서 권한대 아버지께 대답하여 이르되 내가 여러 해 아버지를 섬겨 명을 어김이 없거늘 내게는 염소 새끼라도 주어 나와 내 벗으로 즐기게 하신 일이 없더니 아버지의 살림을 창녀들과 함께 삼켜 버린 이 아들이 돌아오매 이를 위하여 살진 송아지를 잡으셨나이다"(눅 15:28-30).

"이 네 동생은 **죽었다가 살아났으며** 내가 **잃었다가 얻었기로** 우리가 **즐거워하고 기뻐하는 것이 마땅하다**"(눅 15:32).

여덟째, 돌아온 아들에게 교회가 베풀 수 있는 모든 지원과 도움을 아끼지 말라. 온 교회가 돌아온 아들을 끝까지 돕고 세우는 시스템을 가동시켜야 한다. 대부분의 교회가 이 단계는 생각을 하지 못한다. 성경은 한 사람을 '돕는 사역'을 교회 안에 있는 공동체에서부터 시작하라고 가르친다. 전도에 있어서 이 단계가 아주 중요하다. 성경은 이 단계까지 나아가면, 하나님이 '구원받는 자'를 날마다 더하시는 전도의 선순환이 일어나게 해주겠다고 약속하셨다고 말한다.

예수님은 탕자의 비유를 가르치시면서, 아버지가 돌아온 아들에게 신분만 회복시키지 않고 필요한 모든 것을 채워 주었다는 것까지 가르치셨다. 율법에서도, 하나님은 형제가 되면 이자도 면제해 주고 필요한 것을 채워 주어야 한다고 명령하셨다. 초대교회도 공동체 안에서 하나님을 향한 찬송과 기도만 드린 것이 아니었다. 교회 공동체에서 하나님께 돌아온 사람들을 형제자매로 받아들이고, 계급을 타파하고, 필요에 따라 생활을 안정시켜 주고, 물건을 서로 나눠 쓰는 일까지 했다. 교회 공동체에 소속되면 이 땅의 모든 문제가 해결되는 천국을 맛볼 수 있도록 해주었다.

하나님은 이런 공동체의 모습이 소문이 나게 하셨다. 하나님은 예수를 믿지 않는 온 백성이 소문을 듣고 교회 공동체를 칭찬하게 하셨다. 그러자 날마다 구원받는 사람, 이런 천국과 같은 교회 공동체에 들어가고 싶어 하는 사람이 늘어나게 되었다.

"아버지는 종들에게 이르되 **제일 좋은 옷을 내어다가 입히고 손에 가락지를 끼우고 발에 신을 신기라**"(눅 15:22).

"이방인에게는 네가 독촉하려니와 네 형제에게 꾸어 준 것은 네 손에서 면제하라"(신 15:3).

"믿는 사람이 다 함께 있어 **모든 물건을 서로 통용하고 또 재산과 소유를 팔아 각 사람의 필요를 따라 나눠 주며** 날마다 마음을 같이하여 성전에 모이기를 힘쓰고 집에서 떡을 떼며 기쁨과 순전한 마음으로 음식을 먹고 하나님을 찬미하며 또 온 백성에게 칭송을 받으니 주께서 구원받는 사람을 날마다 더하게 하시니라"(행 2:44-47).

아홉째, 전도의 완성은 하나님 말씀으로 양육함이라는 것을 기억하라. 잃어버린 양을 찾으면, 돌아온 아들을 기쁘게 맞아들였으면 하나님의 말씀을 가르쳐 지키게 하는 일로 곧바로 연결시켜야 한다. 하나님의 말씀을 잘 가르쳐서 성령께 온전히 의지하는 사람이 되게 하라. 하나님의 영에 감동된 사람이 되게 하라. 그러면 이들이 다시 전도자가 된다.

마지막으로, 새신자가 새신자를 전도하게 하라. 하나님이 이 땅을 다스리시는 자연의 이치와 섭리가 있다. 과실나무는 젊을수록 많은 열매를 맺는다. 전도도 마찬가지다. 새신자가 새신자를 전도한다. 이것이 하나님의 사역 전략이다.

"내가 너희에게 분부한 모든 것을 **가르쳐 지키게 하라** 볼지어다 내가 세상 끝날까지 너희와 항상 함께 있으리라"(마 28:20).

"오직 성령이 너희에게 임하시면 너희가 권능을 받고 예루살렘과 온 유대와 사마리아와 땅끝까지 이르러 내 증인이 되리라"(행 1:8).

방심하지 말라. 당신이 알고 있는 복음화율은 틀렸다

전도 전략을 세울 때, 주의할 점이 하나 있다. '평균 복음화율'에 속지 말아야 한다. 다음 그림은 2015년 기준 한국의 지역별 복음화율이다.

한국에서 복음화율 1위를 기록한 지자체는 26.94%를 기록한 전라북도다. 2위는 서울특별시로 24.21%를 기록했다. 3위는 23.21%를 기록한 전라남도다. 4위와 5위는 인천광역시(23.08%)와 경기도(23.0%)가 각각 기록했다. 한국 사회에서 기독교 강세 지역은 전라도와 수도권인 셈이다.

한국에서 복음화율이 가장 낮은 곳은 제주도로 10.0%를 기록했다. 그 다음으로 낮은 곳은 경상남도(10.46%)와 울산광역시(10.9%)다. 한국 사회에서 제주도와 경상도 남부 지역(경상남도, 울산, 대구, 부산)이 기독교 약세 지역인 셈이다.

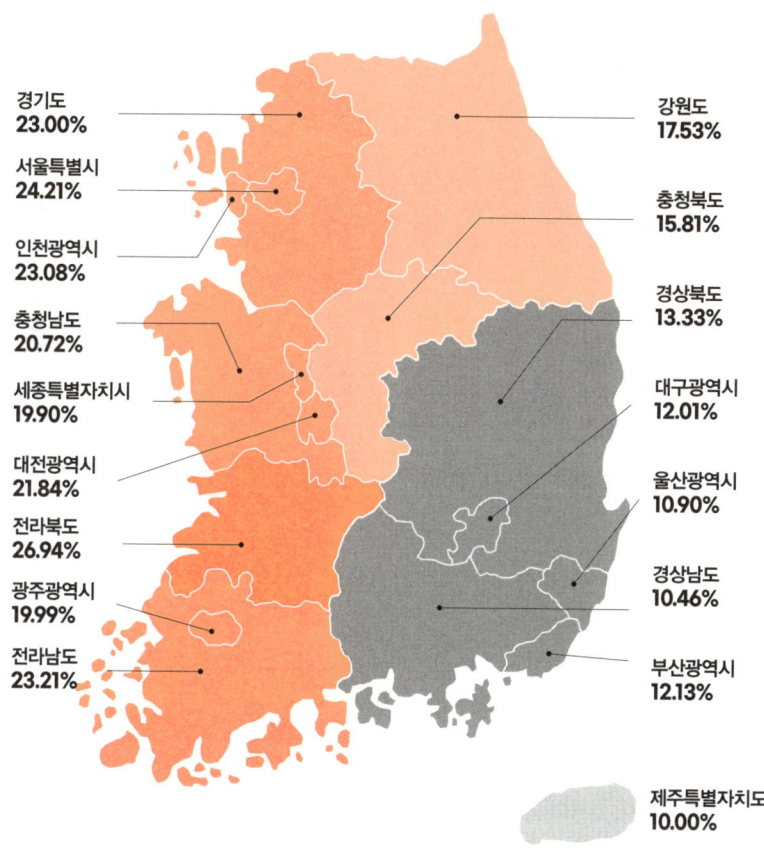

| 2015년 기준, 한국 지역별 복음화 비율 |

경기도 23.00%
서울특별시 24.21%
인천광역시 23.08%
충청남도 20.72%
세종특별자치시 19.90%
대전광역시 21.84%
전라북도 26.94%
광주광역시 19.99%
전라남도 23.21%
강원도 17.53%
충청북도 15.81%
경상북도 13.33%
대구광역시 12.01%
울산광역시 10.90%
경상남도 10.46%
부산광역시 12.13%
제주특별자치도 10.00%

 다음 그래프는 한국의 지역별 복음화율 순서를 막대그래프로 그린 그림이다. 가장 높은 전라북도와 가장 낮은 제주도의 복음화율 차이는 약 2.7배. 상위 그룹과 하위 그룹의 차이도 약 2배. 여기까지는 우리가 아는 상식대로다.

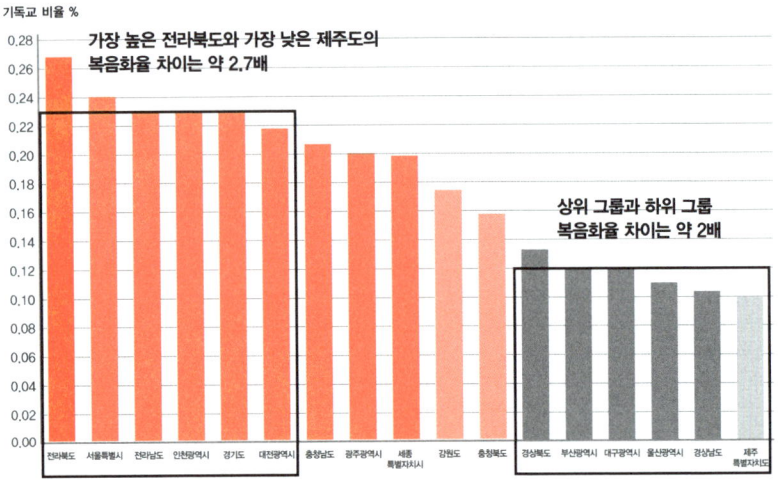

하지만 방심하면 안 된다. 우리가 알고 있는 평균 복음화율에는 다양한 '착시'가 숨겨져 있다. 지혜로운 전도 전략을 세울 때, 우리 교회가 속한 지역의 '실제 복음화율'을 정확하게 아는 것부터 시작해야 한다. 평균 복음화율만 알면 과도한 우월감이나 패배의식에 빠질 수 있다.

예를 들어, 전라북도는 한국에서 평균 복음화율이 가장 높다. 평균 복음화율만 생각할 경우, 전라북도 지역에 있는 교회들은 '우리는 그나마 잘하고 있다'는 자만감에 빠질 수 있다. 자만감은 갱신의 최대 적이다. 변화에 빨리 대응할 필요성을 약화시킨다.

다음 그림과 도표를 보자. 한국에서 평균 복음화율이 가장 높은 전라북도 지역도 하위 지자체로 들어가서 분석해 보면 복음화율에 엄청난 차이가 드러난다.

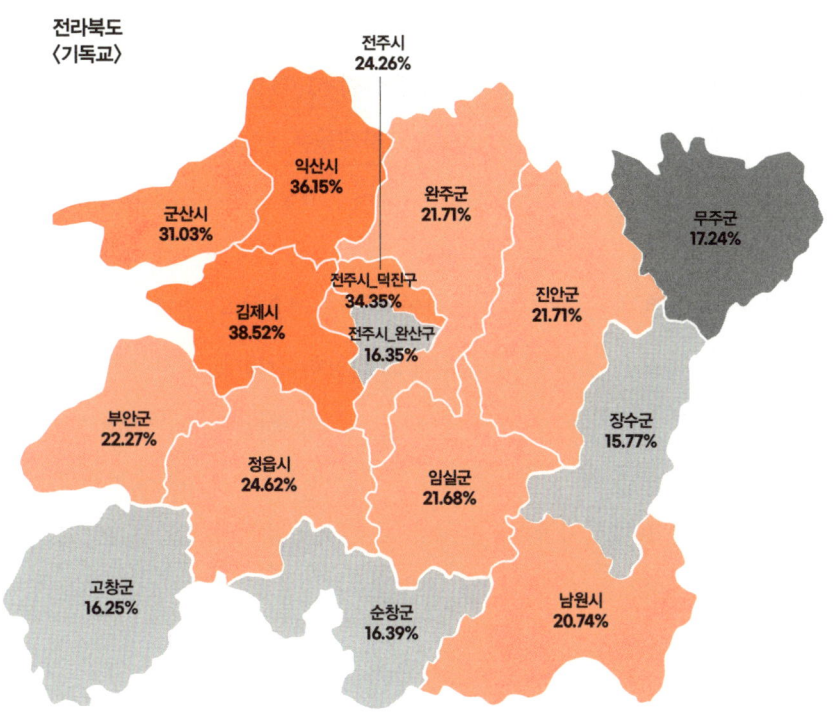

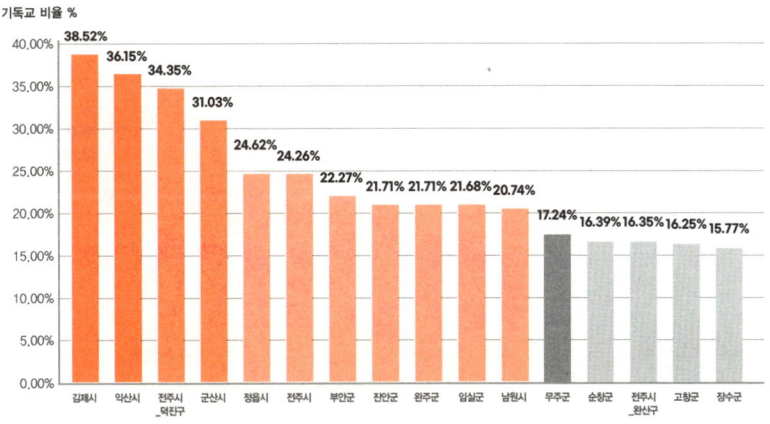

　　2015년 기독교 전국 평균은 19%, 천주교 7.6%, 불교 15%였다. 2015년 기준 전라북도 기독교 평균은 26.94%로 전국 1위가 맞다. 이 도표를 보면 전라북도 중에서도 김제시가 38.52%로 복음화율 전국 1위 지자체다. 그 뒤로 익산이 36.15%, 전주가 34.35%, 군산이 31.03% 순이다. 하지만 이 네 곳을 제외하면, 전라북도의 나머지 지자체들은 전라북도 평균 복음화율 26.94%를 밑돈다. 심지어 무주군, 순창군, 고창군, 장수군은 전국 평균보다 낮다.

다음 그림을 보자. 전라북도의 불교와 천주교 비율이다. 전라북도는 기독교만 비율이 높은 것이 아니다. 불교도 상당히 강세다. 심지어 기독교 약세 지역에서 불교가 불교 전국 평균치(15%)보다 높다. 즉 전라북도에서 기독교 비율이 높은 것은 종교심이 높기 때문이다. 특히 기타 종교의 비율이 서울보다 10배까지 높다. 참고로, 천주교는 평균치에만 수렴하고, 불교 강세 지역에서는 매우 약세를 보인다.

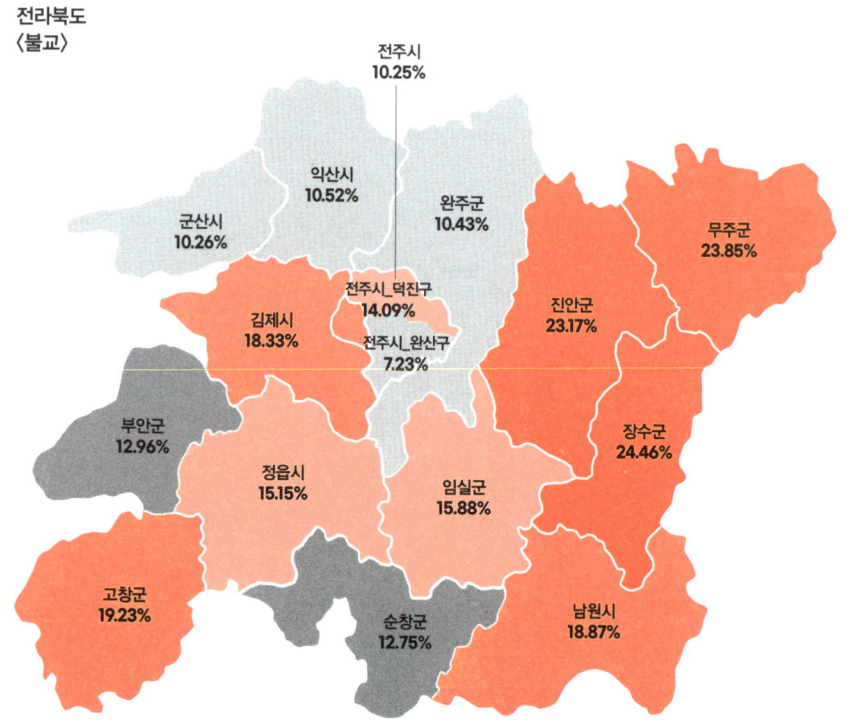

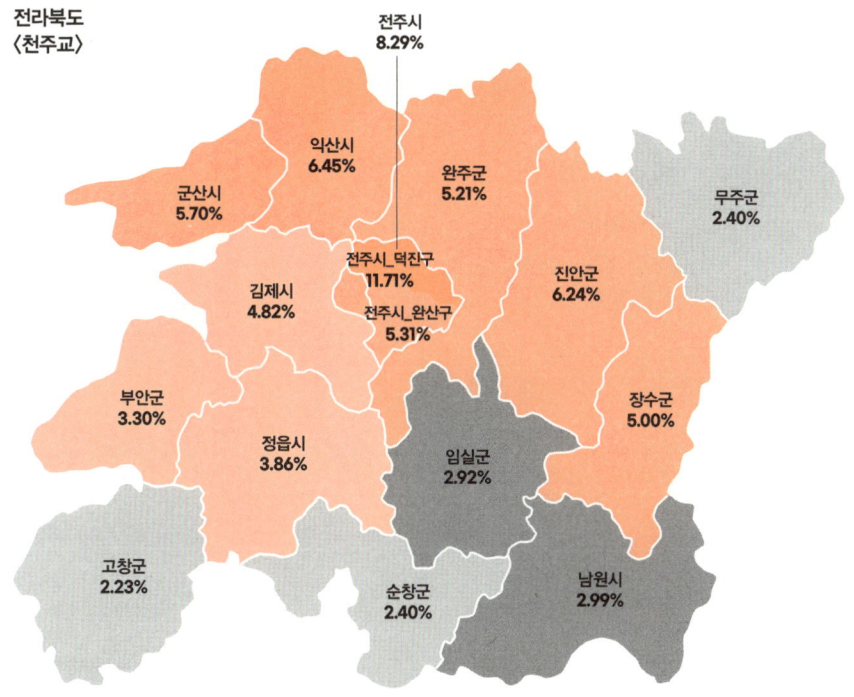

다른 지역도 분석해 보자.

다음 그림과 도표는 대구광역시 내 지자체의 기독교, 불교, 천주교의 비율이다. 대구광역시 전체의 기독교 평균치는 12.01%다. 평균치는 기독교 약세 지역이다. 하지만 대구광역시 내에서 남구, 중구, 서구는 복음화율이 15-18%까지 상승한다.

대구광역시를 불교 강세 지역이라고 하면 오해가 생긴다. 종교심이 높은 지역이라고 해야 한다. 대구광역시의 일부 지역은 종교심이 높아서 기독교도 매우 높고, 천주교도 평균 이상이다.

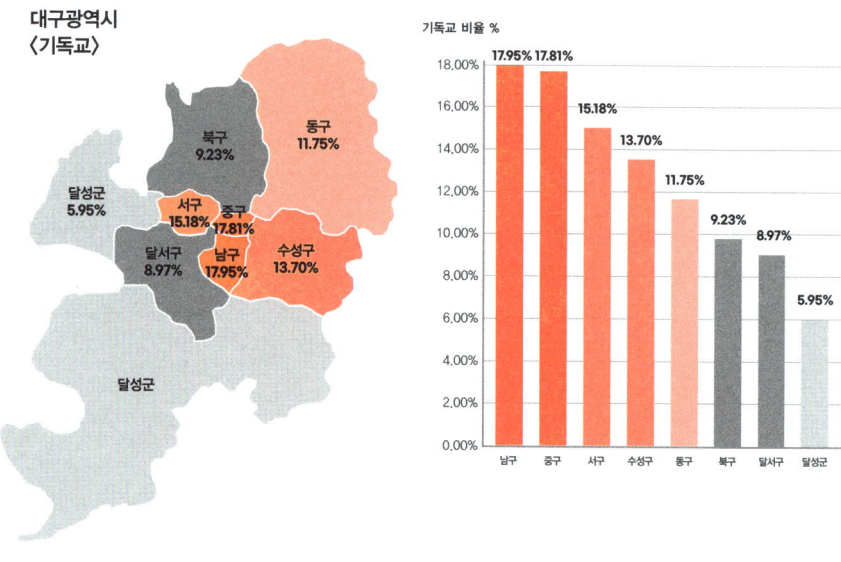

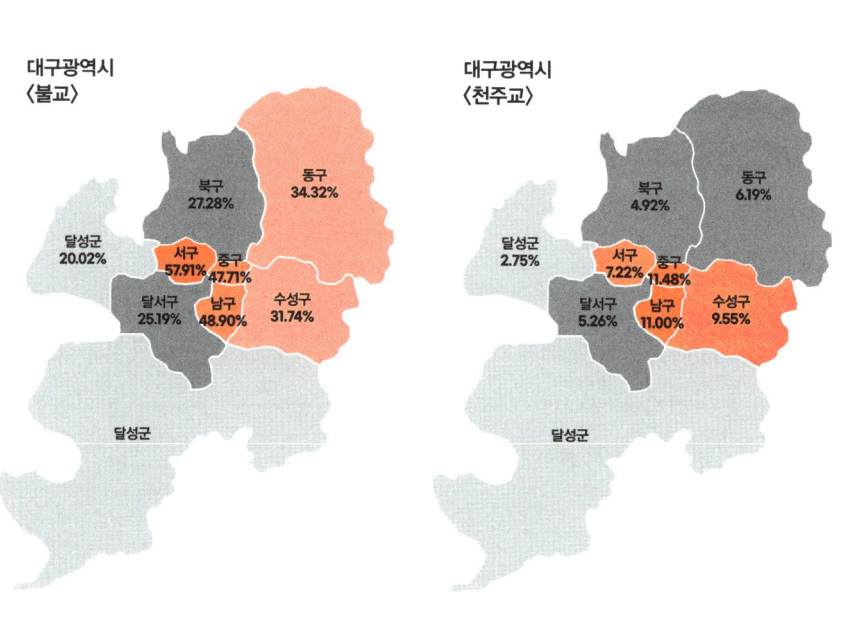

다음은 대구광역시의 주일학교 및 대학청년부(0-29세)의 복음화율이다. 대구광역시의 주일학교(0-19세)는 대구광역시 전체 평균(12.01%)보다 높다. 이런 패턴은 한국 사회 기독교 전체에서 0-19세 연령층에 나타나는, 0-4세는 전체 평균보다 낮고 5-19세는 전체 평균보다 높은 패턴이 그대로 적용된 것이다.

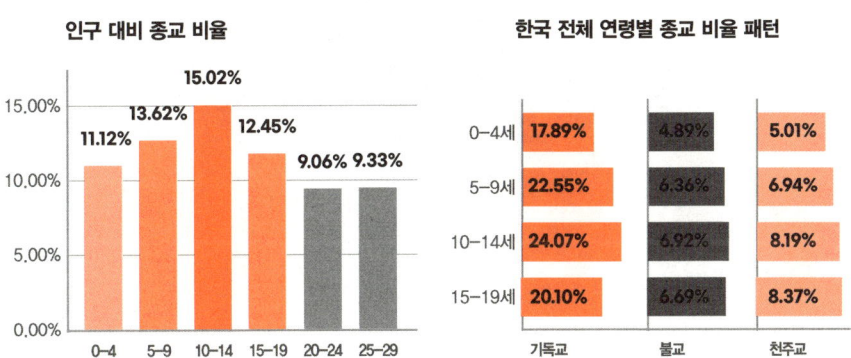

다음 그림과 도표는 부산광역시 내 지자체의 기독교, 불교, 천주교의 비율이다. 부산광역시 전체의 기독교 평균치는 12.13%다. 대구광역시보다 복음화율 평균치가 약간 높다. 부산광역시 내 지자체들은 대부분 평균에 수렴한다. 부산광역시의 불교와 천주교 비율도 보자. 불교는 모든 지자체에서 전국 평균치를 웃돈다.

하지만 부산의 불교 비율은 대구, 울산, 경남, 경북보다 낮다. 천주교도 대부분 전국 평균치(7.6%)보다 낮다. 필자의 분석으로는 부산광역시는 대구광역시와 복음화율 평균치가 비슷하지만, 대구보다 종교심이 훨씬 낮은 지역이다. 사실, 불교 강세 지역보다 종교 약세 지역이 전도가 더 어렵다. 이런 지역에서는 종교심 자체를 끌어올릴 전략이 필요하다.

부산광역시
〈기독교〉

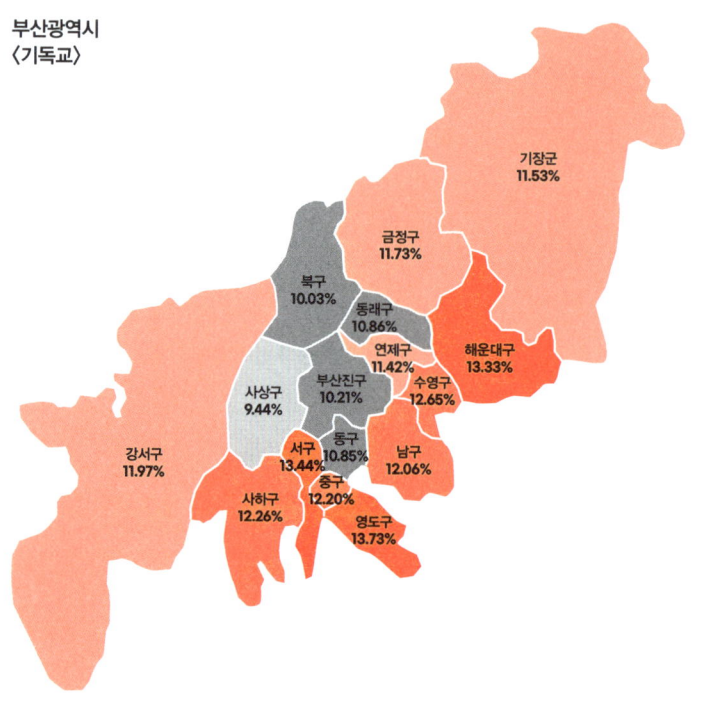

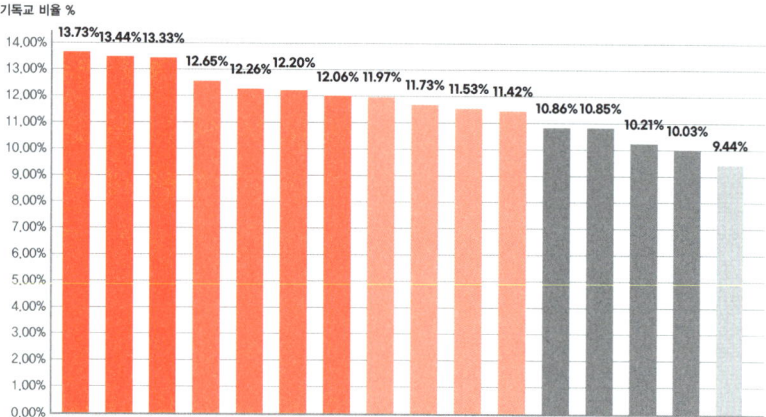

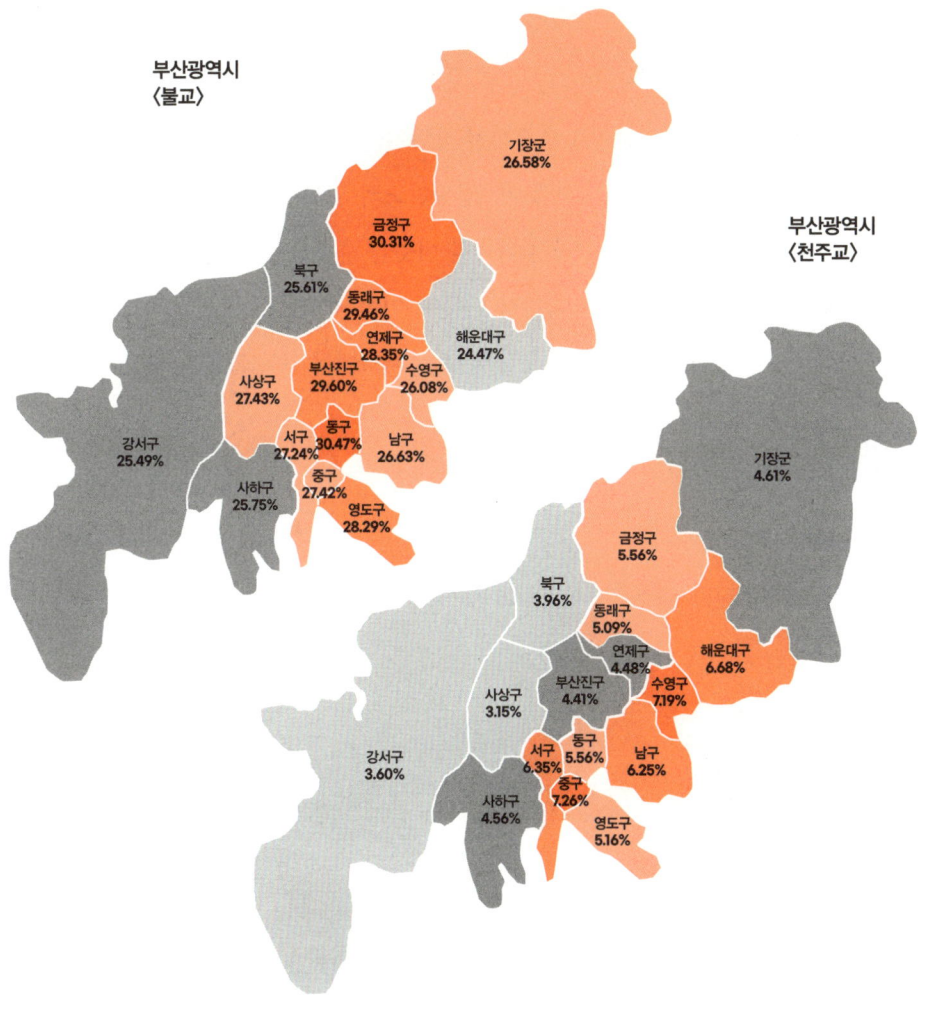

다음 그림과 도표는 경상남도의 기독교, 불교, 천주교 비율이다. 경상남도는 대구광역시와 함께 한국 사회에서 불교 최대 강세 지역이다. 불교는 지자체 대부분이 전국 평균치(15%)의 2배가 넘을 정도로 불교 강세 지역이다. 이렇게 종교 강세 지역이지만, 경상남도의 기독교 평균치는 10.46%다. 제주도(10.0%)를 제외하고 전국에서 가장 낮다. 경상남도는 천주교도 최대 약세 지역이다. 일부 지자체에서는 2%대까지 추락한다. 천주교 전국 평균치 3분의 1 수준까지 하락이다.

다음 그림과 도표에서 보듯이, 경상남도의 일부 지자체에서는 기독교 비율이 천주교의 전국 평균치 비율과 비슷한 수준으로 낮다. 하지만 경상남도는 종교심이 높은 지역이기 때문에 이런 지역에서는 기독교도 추가 성장이 가능하다. 오히려 종교심이 낮은 지역에서 기독교 추가 성장이 더 어렵다.

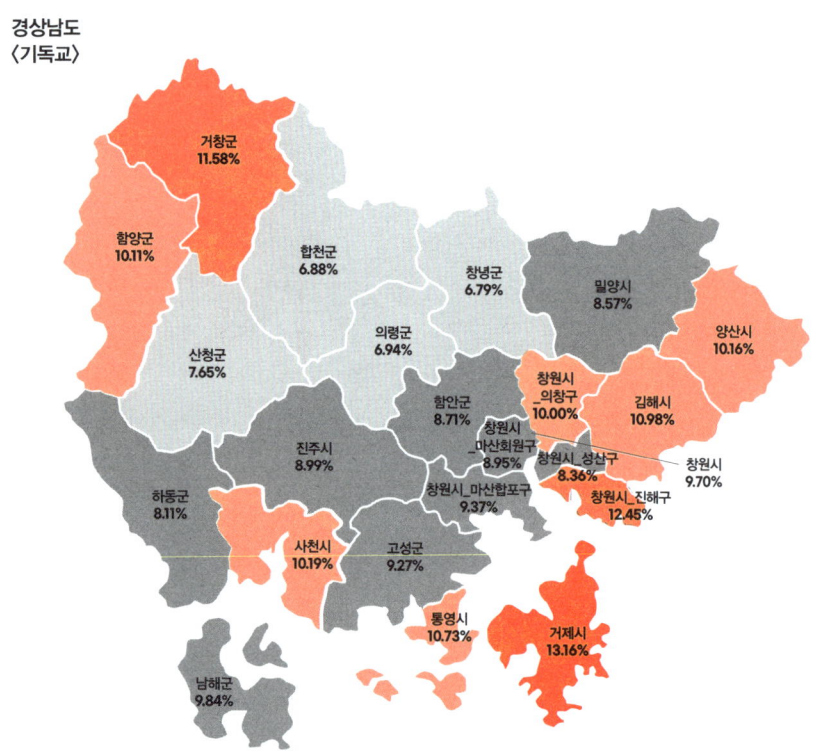

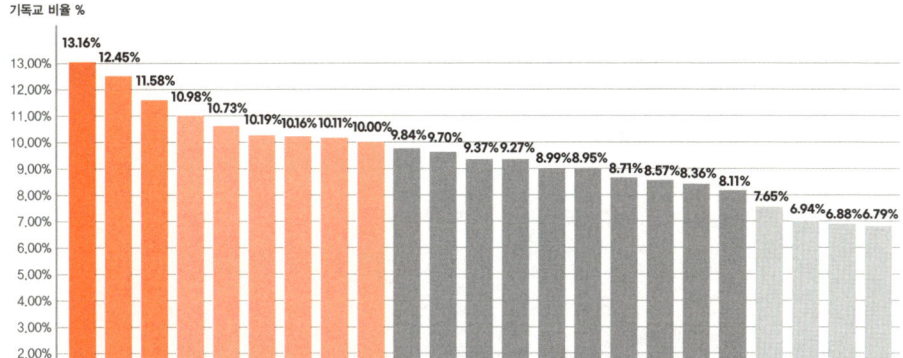

경상남도
〈불교〉

4. 하나님께 칭찬받는 7가지 사역 전략으로 두 번의 대부흥기에 동참하라

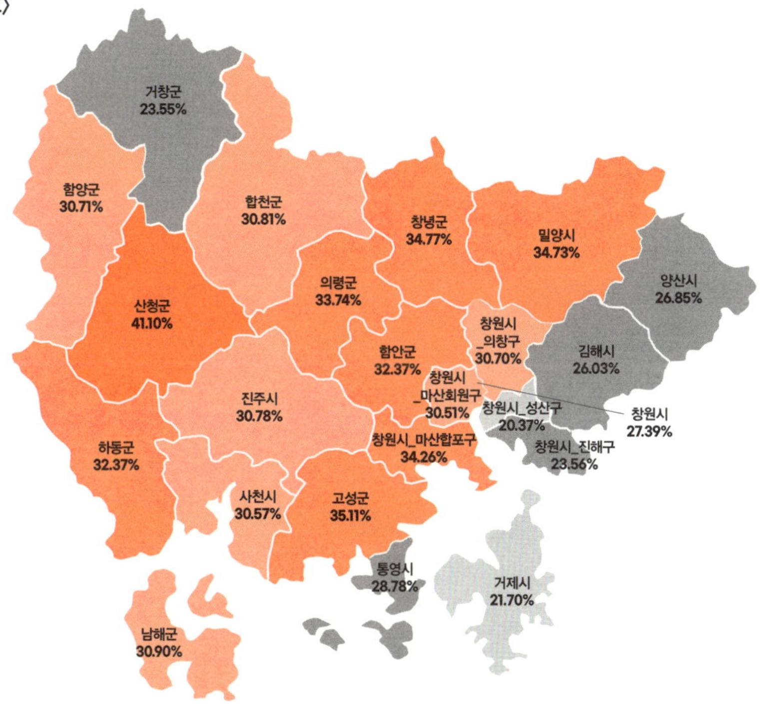

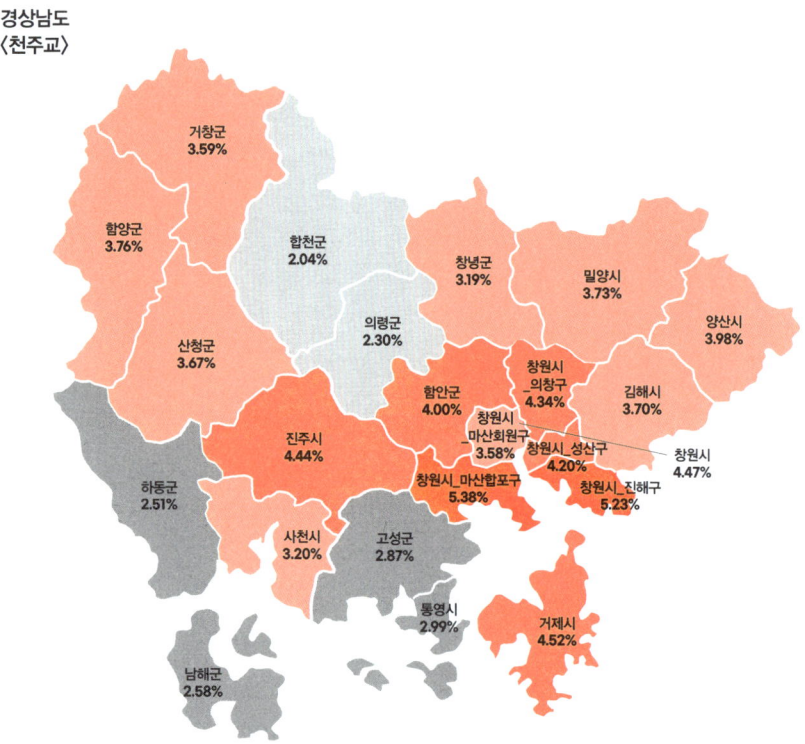

　다음 그림과 도표를 보자. 경상북도의 기독교, 불교, 천주교 비율이다. 경상북도 전체 복음화율은 13.3%로 동남 지역에서 가장 높다. 하지만 필자는 (제주도를 제외하고) 육지에서 종교심이 가장 약한 지역으로 경상북도를 꼽는다. 경상북도에서 포항시, 청송군, 영주시, 봉화군, 김천시, 의성군, 경산시는 기독교 비율이 경북 평균치를 웃돈다. 울릉군은 25.0%를 기록하여 복음화율이 전국 평균치를 훨씬 웃돈다. 하지만 나머지 지역은 평균치를 밑돈다.

　필자가 경상북도를 종교심이 가장 약한 지역으로 분류한 이유는 불교가 동남 지역에서 가장 낮기 때문이다. 천주교도 전국 평균치를 밑도는 지역이 많다. 참고로, 경상북도 지자체 중에서 기독교가 상대적으로 높은 지역은 불교와 천주교 비율도 상대적으로 높다. 즉 종교심이 많은 지역에서는 기독교, 불교, 천주교의 비율이 대부분 함께 높아지고, 종교심이 적은 지역에서는 모든 종교 비율이 함께 낮아진다.

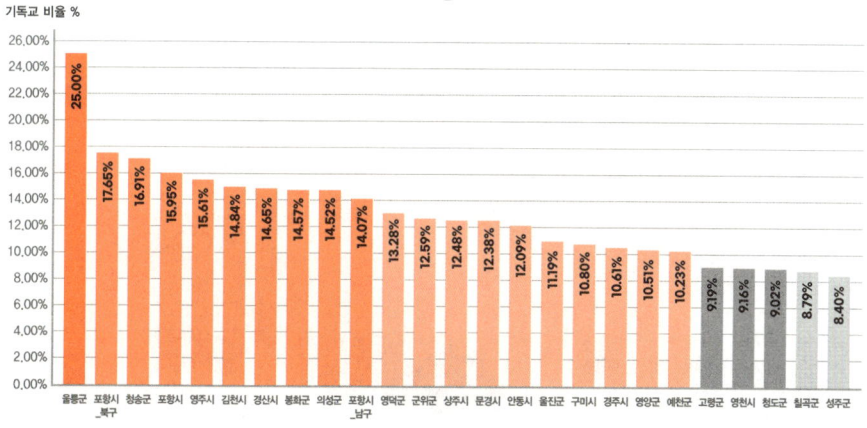

4. 하나님께 칭찬받는 7가지 사역 전략으로 두 번의 대부흥기에 동참하라 | 211

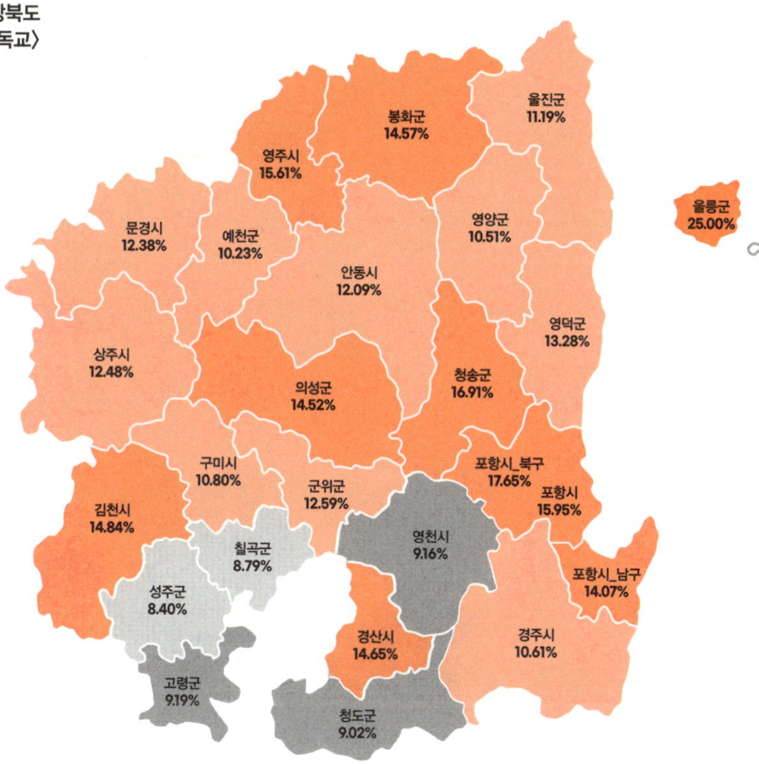

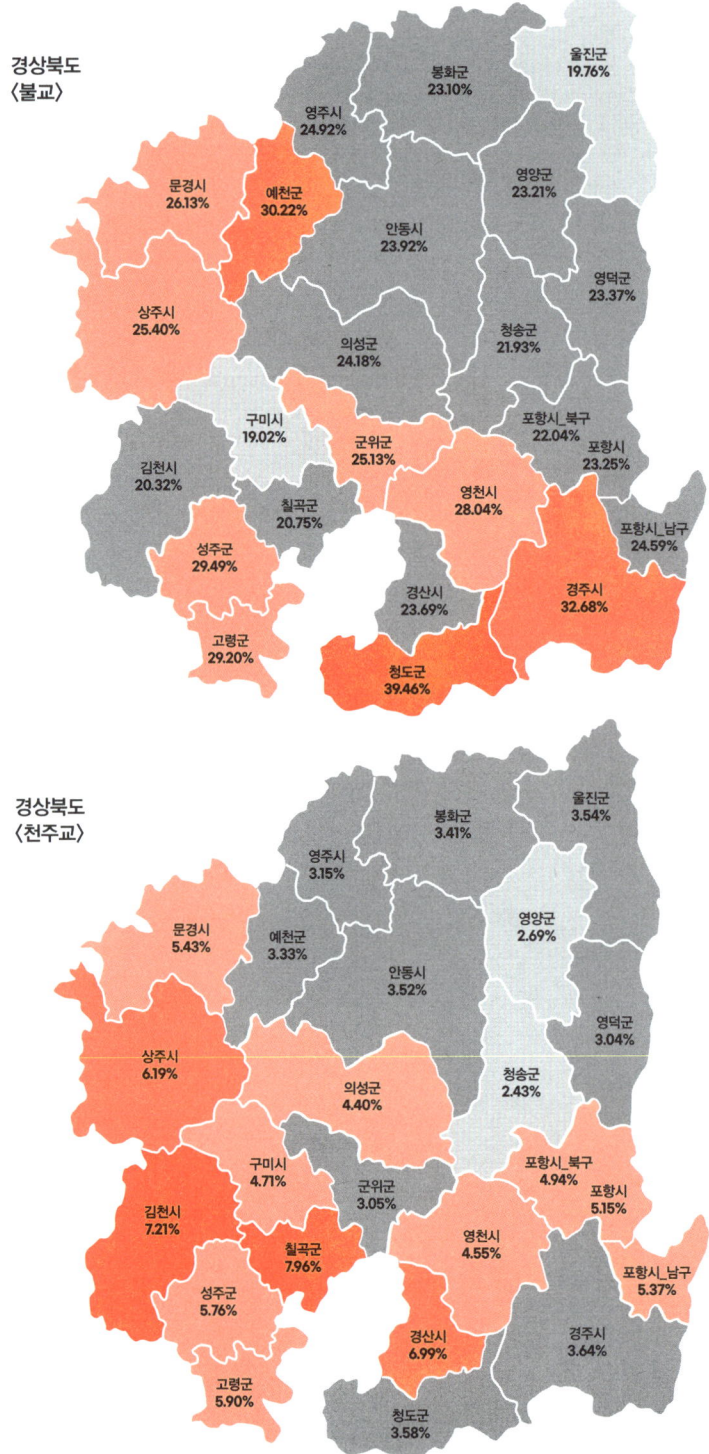

다음은 대전광역시의 기독교, 천주교, 불교 비율이다. 대전광역시의 기독교 평균치는 21.84%다. 전국(19%)보다 높다. 하지만 대전광역시는 종교심이 높은 지역이어서 기독교, 천주교, 불교가 균형을 이룬 지역이라고 해석해야 맞다.

한국 전체를 보면, 기독교가 상대적으로 강세 지역은 서부 벨트다. 서부 벨트에서 불교 강세 지역은 대전과 충북, 충남이다. 필자는 호남 지역은 종교심이 높은 지역에서 기독교가 강세를 이루는 지역이라고 해석하고, 경남 지역은 종교심이 높은 지역에서 불교가 강세를 이루는 지역이라고 해석하고, 경북 지역은 (제주도를 제외하고) 육지에서 종교심이 가장 약한 지역에서 불교가 강세를 이루는 지역이라고 해석한다.

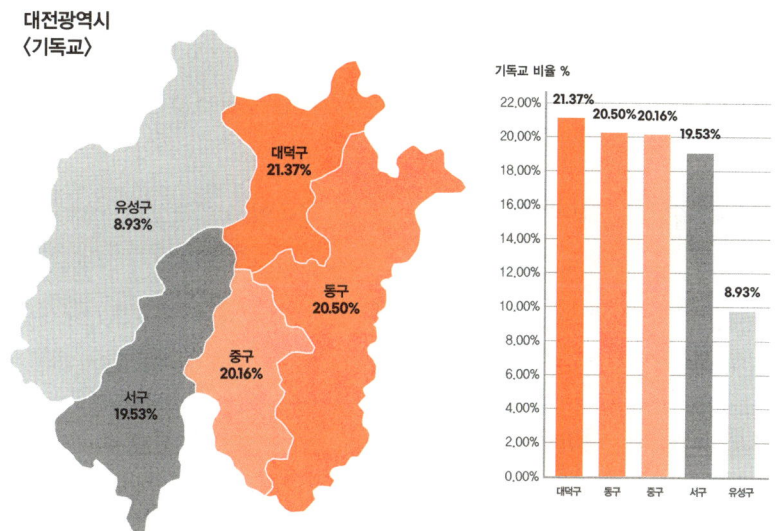

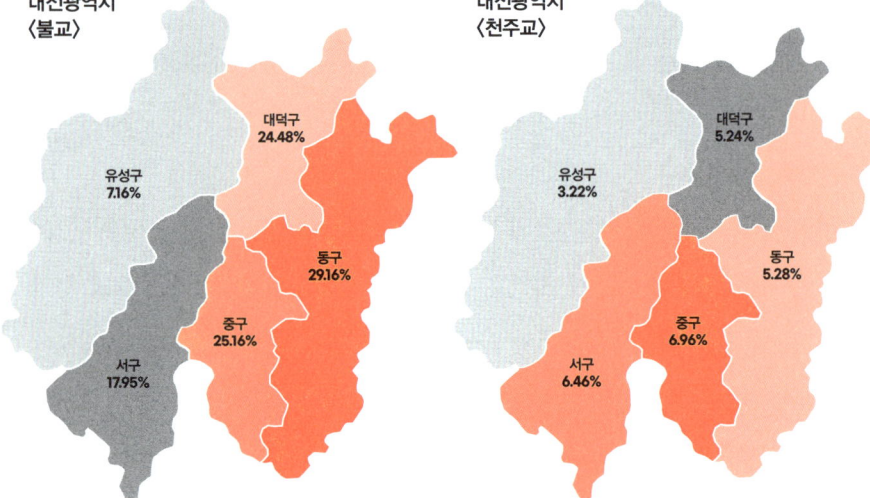

　참고로, 다음은 서울특별시 내 지자체별 기독교, 천주교, 불교의 비율이다. 서울특별시의 기독교 평균치는 24.21%다. 기독교 전국 평균치(19%)보다 훨씬 높다. 서울특별시 내의 지자체 전체에서 기독교 비율이 전국 평균보다 높다. 전라북도가 전국에서 기독교 비율 평균치가 가장 높지만, 지자체 전체에서 복음화율이 골고루 높은 지역은 서울특별시다.

　서울은 강남이 강북보다 기독교와 천주교 비율이 상대적으로 높다. 강북은 기독교가 약한 만큼 불교 비율이 상대적으로 높다. 하지만 서울특별시 전역에서 불교는 전국 평균치보다 낮다. 불교가 가장 높은 지역인 강북구도 전국 평균치(15%)보다 2.5%p 낮다. 하지만 기독교는 물론이고 천주교도 거의 모든 지자체에서 전국 평균(7.6%)보다 높다.

　서울특별시는 범기독교 비율이 전국 최고이며, 모든 지자체에서 균형있게 높다. 서울특별시만 따로 떼어서 본다면, 기독교 국가의 종교 비율 형태다. 참고로, 경기도는 불교가 전국 평균에 근접하고, 서울보다 강세를 보인다.

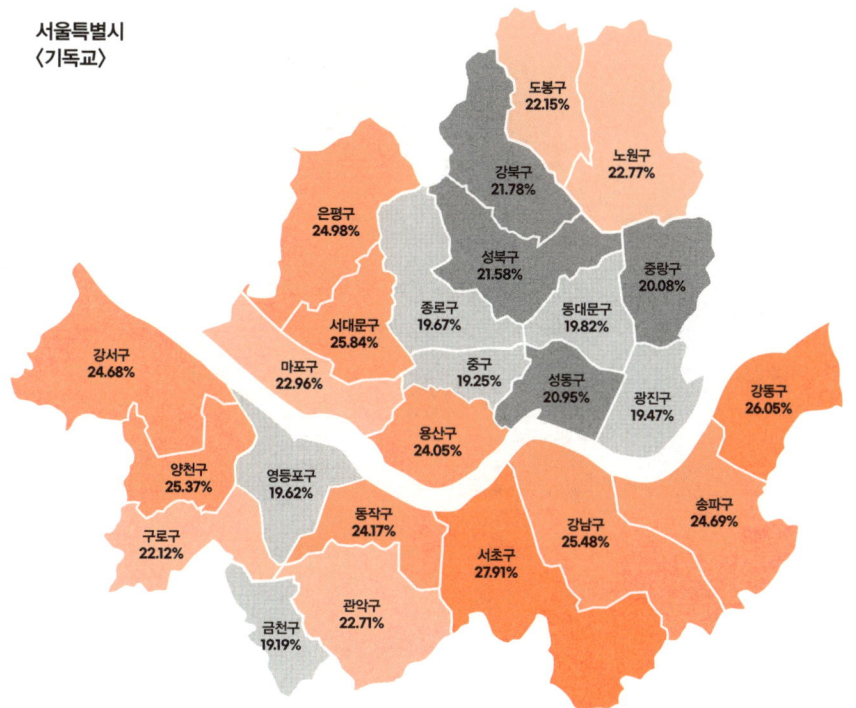

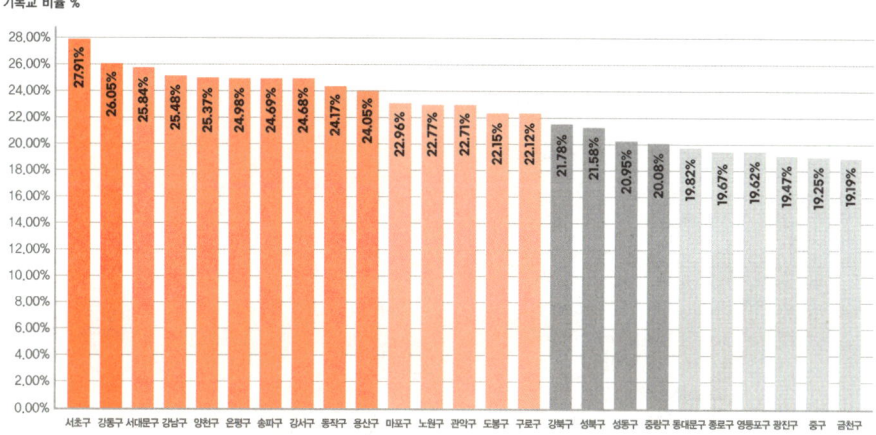

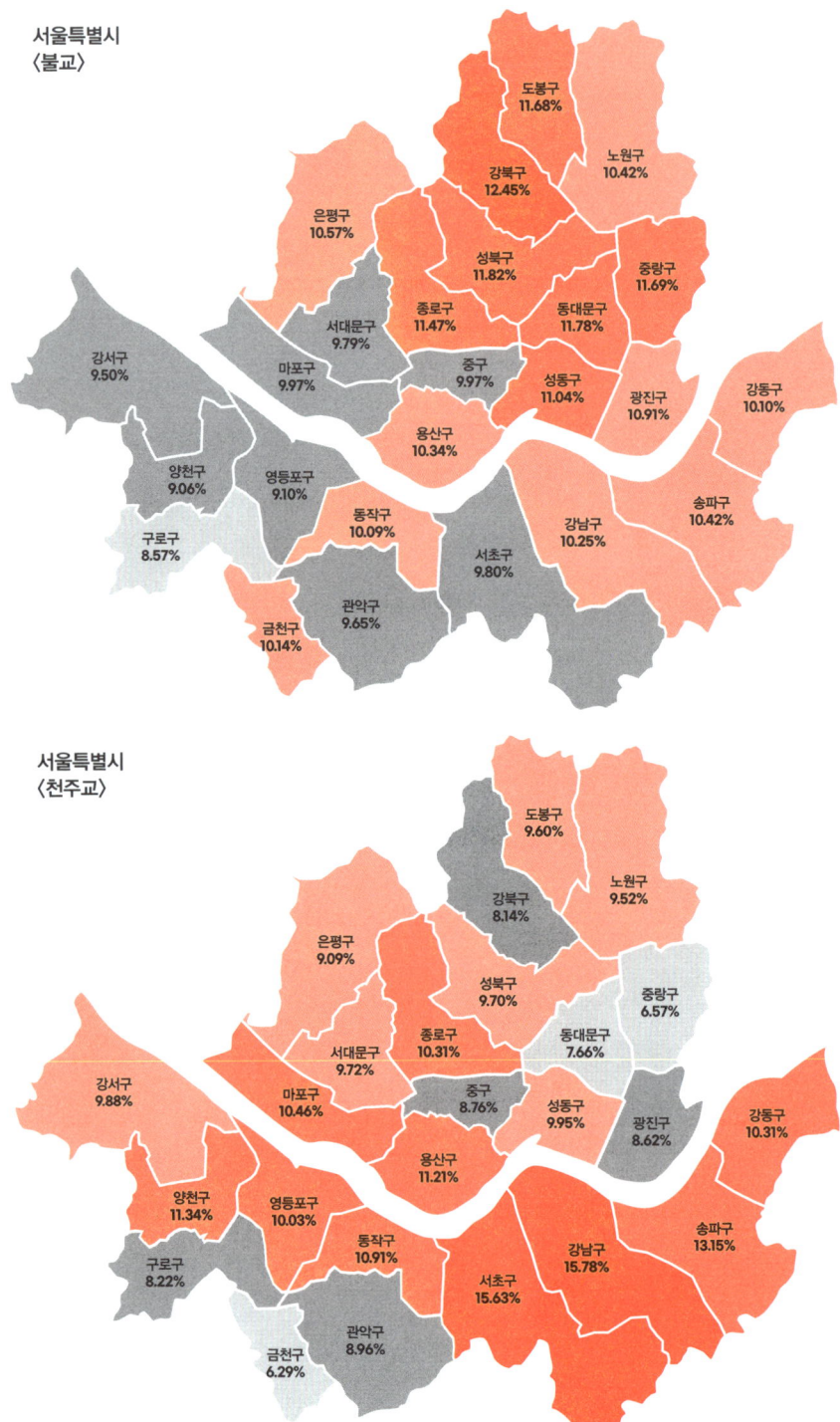

하지만 서울특별시는 지자체별로 인구 구성이 많이 다르다. 그 결과, 특정 인구 연령층에서는 평균 복음화율이나 기독교인 숫자가 상당한 차이를 보이는 특성이 있다. 다음 도표를 보자. 서울특별시 강남구의 복음화율은 25.48%로 서울특별시 내 지자체 중에서도 네 번째로 복음화율이 높다. 하지만 0-9세와 25-39세 층은 기독교인 숫자가 급격히 감소하는 기형적 그래프를 보인다. 필자가 비교해 놓은 강원도 강릉시 강남동의 같은 연령층의 기독교인 숫자보다 현저히 적다.

| 우리가 알고 있는 복음화율에는 '착시'가 숨겨져 있다 |

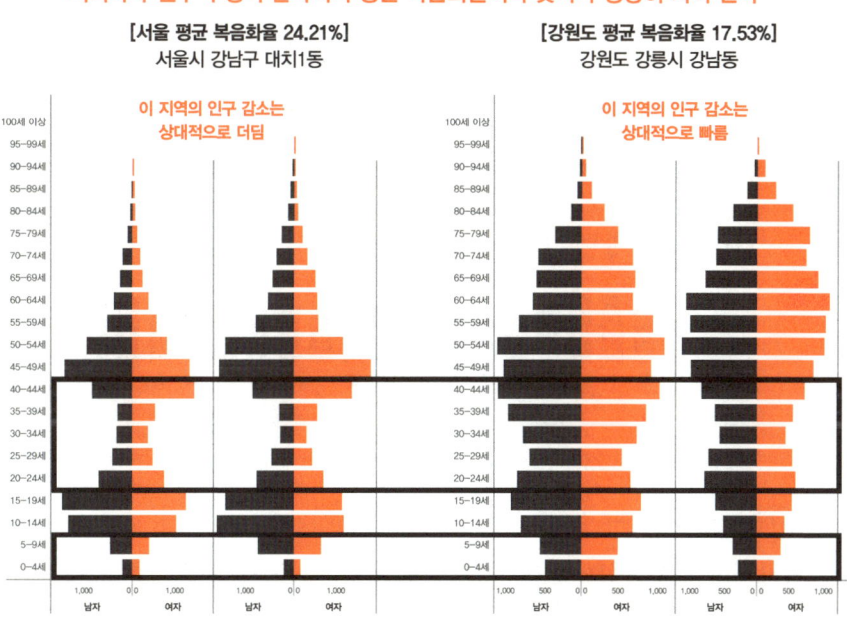

한국 사회에서 기독교의 연령별 복음화율 패턴은 도와 광역시 단위에서는 모든 지자체가 비슷하다. 복음화율이 가장 높은 전라북도나 가장 낮

은 제주도나 총 복음화율은 다르지만, 연령별 패턴은 비슷하다. 기독교가 약세 지역인 동남부에서도 종교심이 높은 대구광역시나, 종교심이 낮은 경상북도나, 대부분의 지자체가 비슷한 복음화율을 보이는 부산광역시나 상관없이 연령별 복음화율 패턴은 전국 패턴과 비슷하다.

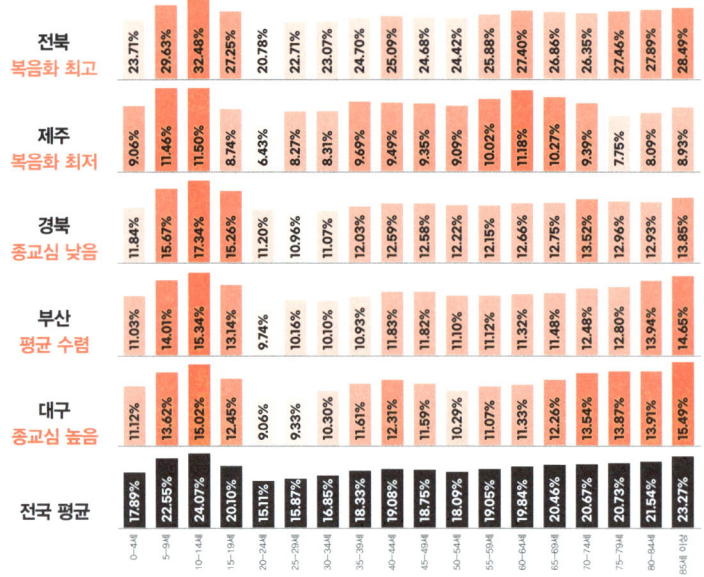

| 기독교의 지역별 연령별 복음화율 |

하지만 각 광역 지자체 내에서 기독교 최하위 지역(시군구)의 연령별 복음화율 분석으로 파고들어 가면, 광역 단위 패턴과 달라진다. 그리고 해당 지역 간의 유사성도 없다. 예를 들면, 한국 복음화율 최고 지역인 전라북도에서 가장 복음화율이 낮은 지역은 장수군이다. 장수군은 기독교는 전북 최하위, 불교는 전북 1위, 천주교는 전북 8위다. 장수군은 기독교가 전북 최하위지만, 주일학교 비율은 매우 강세다. 전북 평균보다 높다. 서울에서 복음화율이 가장 낮은 곳은 금천구다. 이 지역의 기독교 복음화율

은 거의 모든 연령이 서울에서 최하위권이다. 이 지역은 불교가 서울에서 14위이고 천주교는 25위여서 종교심도 매우 낮은 곳이다.

마지막으로 한 가지 덧붙인다면, 2023년 한국의 출산율은 0.78명으로 OECD 국가 최하위다. 주일학교 아이들의 총 숫자가 계속 줄어드는 이유다. 하지만 이 숫자 안에도 '착시'가 있다. 다음 그림을 보자. 2018년 기준으로 한국 지역별 합계 출산율이다. 한국은 모든 지역이 초저출산 지역이 아니다. 한국 인구의 절대 다수가 모여 사는 서울과 경기도 지역에서 출산율이 낮아서 전체 평균을 크게 낮췄다. 특히 한국 인구의 5분의 1이 사는 서울 지역의 출산율은 국내에서도 최하위다. 하지만 다른 지역에서는 여전히 출산율이 최악의 상황은 아니다. 다음 그림을 보면, 합계 출산율이 2.0을 초과하는 지역도 보인다.

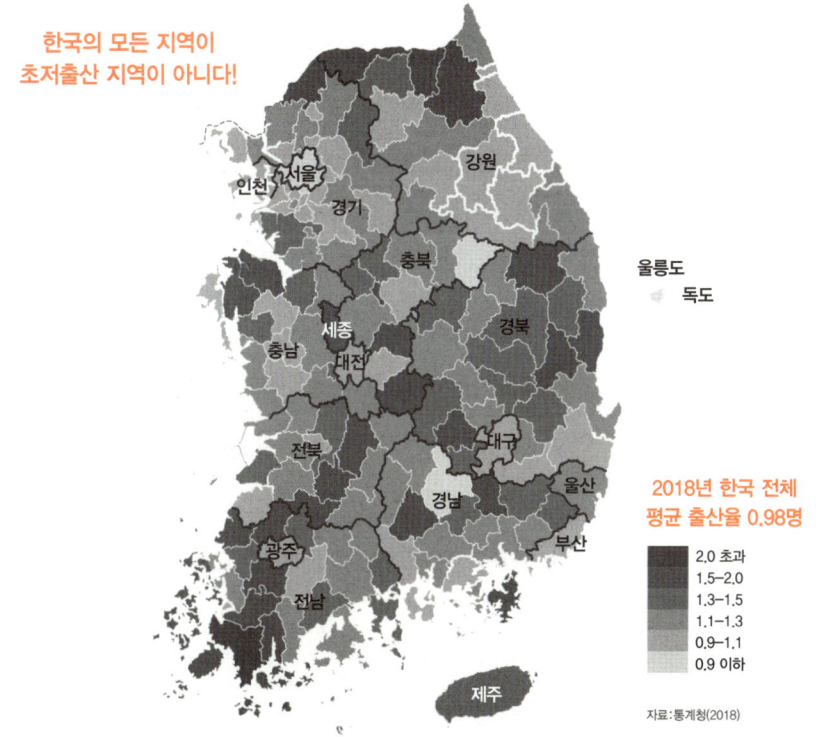

| 한국 지역별 합계 출산율(2018년 기준) |

4. 하나님께 칭찬받는 7가지 사역 전략으로 두 번의 대부흥기에 동참하라

제4의 대부흥기, 시작은 주일학교다

필자는 10년 전 출간한 『2020-2040 한국교회 미래지도』에서 한국 교회 교육부의 미래 위기 시나리오를 이렇게 제시했다.

"앞으로 2020-2030년까지 개별 교회 단위에서 주일학교와 대학청년부가 추가로 사라지는 일이 진행된다. 2035년경부터는 한국 교회교육부 역사상 대규모 감소가 마지막으로 일어나는 단계로 진입한다. 해당 교회에서 주일학교와 대학청년부가 없어지면, 그 학생들은 주일학교와 대학청년부가 운영되는 중대형교회로 흡수된다. 주일학교가 없어지면, 가정 전체가 이동하는 현상도 연쇄적으로 발생하면서 장년층(30-54세)도 줄어든다. 대학청년부가 없어지면, 교회 역동성이 크게 꺾인다. 결국, 교육부가 문 닫은 교회는 초고령화가 더욱 빨라진다.

마지막 대규모 감소 국면이 끝나고 난 2055-2060년의 교육부(1-29세) 전체 숫자는 필자의 기본 시나리오(baseline future)로 190만 정도다. 기본 시나리오는 현재 비율을 그대로 유지하고, 한국 인구 감소율만 적용하고 기독교 이단 및 가나안 성도 가정의 학생도 포함한 수치다. 만약 한국 교회교육부 비율이 매년 1%씩 감소하면 129만까지 감소할 수 있다(이단 및 가나안 성도 가정의 학생 포함). 최악의 시나리오의 경우[교육부 비율이 매년 1%씩 감소, 기독교 이단 및 가나안 성도 가정의 학생 숫자를 빼고, 한국 교회교육부(1-29세) 감소 비율이 한국 전체 1-29세 총인구 감소 비율보다 빠르다는 전제], 실제 교육부 전체 숫자는 70-80만 명까지 감소(어린이부, 중등부, 고등부 숫자는 30-40만 명)할 수 있다."

10년 전 필자의 우려는 현실이 되었다. 앞서 살펴보았던 다음 도표를 다시 보자. 2010-2019년 한국 기독교 대형 교단 중 한 곳인 예장통합의 전체 교인 수 변화다. 전체 교인 수가 10년 동안 10% 넘게 감소했다. 연평균으로 환산하면 1% 정도다. 반면, 해당 교단의 어린이, 청소년부 감소는 심각했다. 10년 동안 7만 3,279명 감소하여 총 38.92% 감소율을 기록했다. 연평균으로 환산하면 3%가 넘었다. 전체 교인 수 감소 추세가 빨라진 때는 2016년부터이지만, 주일학교 청소년부 학생 수의 감소는 그 이전부터 꾸준하게 지속되었다.

2022년 4월 예장통합 서울서북노회가 자체 조사한 자료에 따르면, 노회 소속 교회 215곳 중에서 43%가 교회학교를 운영하지 못했다. 기독교 대한감리회(기감)의 경우, 12세 이하 어린이 숫자가 2012년 26만 977명에서 2022년에는 14만 3,278명까지 감소했다. 10년 만에 45% 감소다.[10] 필자의 분석에 따르면, 다른 교단들도 대동소이하다.

예장통합 전체 교인 수		주일학교 중고등부 학생 수
2010	285만 2,311	
2011	285만 2,125	
2012	281만 531	
2013	280만 8,912	
2014	281만 574	
2015	278만 9,102	
2016	273만 900	
2017	262만 7,696	
2018	255만 4,227	
2019	250만 6,985	

	주일학교 중고등부 학생 수
2010	18만 8,304
2011	18만 308
2012	17만 1,660
2013	15만 7,409
2014	15만 2,327
2015	14만 6,763
2016	13만 4,904
2017	12만 6,235
2018	11만 9,691
2019	11만 5,025

(매년 말일 기준, 단위:명)　　　　　　자료:예장통합 통계위원회

2010년 이전에는 어떠했을까? 다음 첫 번째 도표는 필자가 통계청 자료를 가지고 분석한 내용이다. 1985-2015년 30년 동안 한국 교회 연령별 인구 변화 그래프다. 필자가 상자로 표시한 부분이 0-19세 교육부다. 도표에서 보듯이, 한국 교회 장년은 2010년에서 2015년으로 넘어가는 구간에서 감소 추세가 시작되었다. 반면, 교육부는 1995년 이후부터 뚜렷한 감소 추세를 보인다. 1985년 이전에는 어떠했을까? 그 이전에 해당하는 통계청의 자료는 공개된 데이터가 완전하지 않다. 그래서 1985년 이전은 교단의 발표 자료나 유엔 등 기타 기관이 발표한 자료들을 취합하여 필자가 추정치를 복원해서 사용했다.[11]

두 번째와 세 번째 도표는 한국 사회의 인구 구조 변화 추세를 분석했을 때 한국 교회 주일학교 양적 최정점기는 1970년대, 대학청년부는 1990년대였을 것으로 추정한 그래프다. 1970년대 한국 교회 주일학교 숫자는 2020년보다 3배 정도 많았을 것으로 추정한다. 1990년대 한국 교회 대학청년부 숫자는 2020년보다 3배 정도 많았을 것으로 추정한다.

네 번째 도표는 2020년 한국 사회 전체의 인구 구성 그래프다. 20-29세의 대학청년부의 인구는 1990년 최정점기보다 3분의 1 정도 감소한 상태였다. 0-19세 영유아, 어린이, 청소년 인구도 1990년 대비 절반, 1970년 최정점기 대비 3분의 2 정도 감소한 상태였다. 마지막 그래프는 필자가 통계청의 자료와 교단 발표 자료와 유엔 자료 등을 통합하여 지난 55년간의 변화를 분석하고 이런 추세를 반영하여 2060년까지 한국 교회 주일학교 양적 변화 추세를 예측한 그래프다.

| 1985-2015년(30년), 기독교 연령별 인구 변화 |

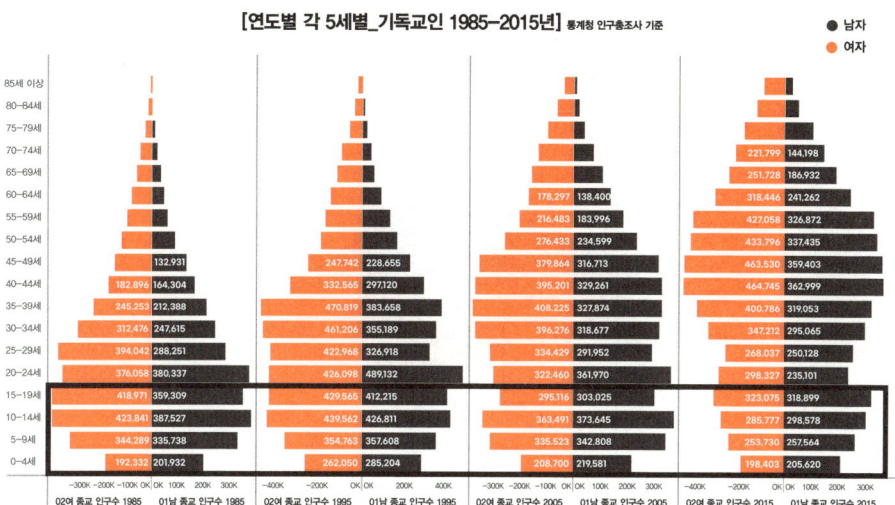

| 한국 사회의 인구 구조 변화 추이 |

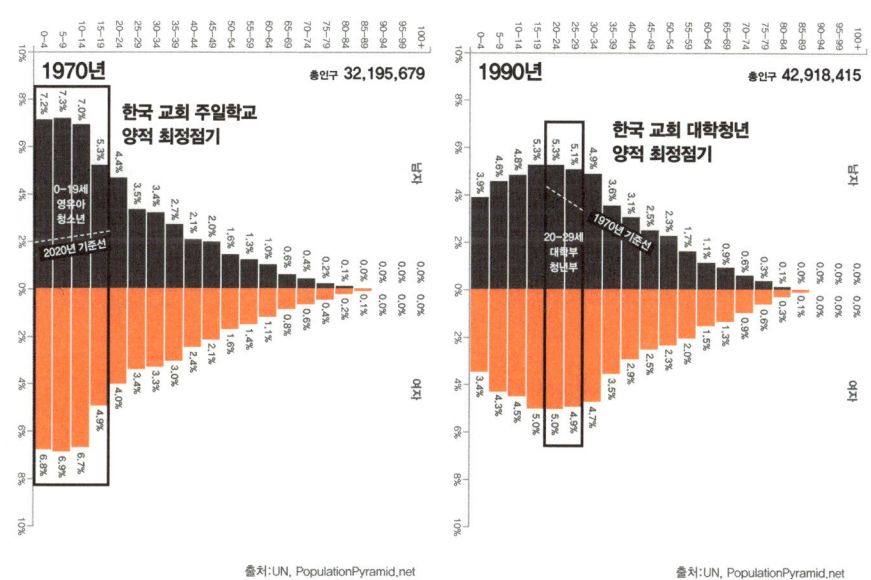

4. 하나님께 칭찬받는 7가지 사역 전략으로 두 번의 대부흥기에 동참하라 | 223

| 2020년, 한국 사회 인구 구성 |

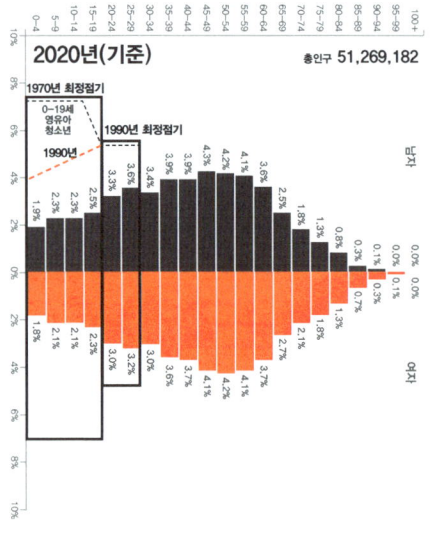

출처: UN, PopulationPyramid.net

1960-2015년(55년) 주일학교 인구 변화를 반영하고
| 2060년까지 주일학교(초등-고등부) 숫자 예측 |

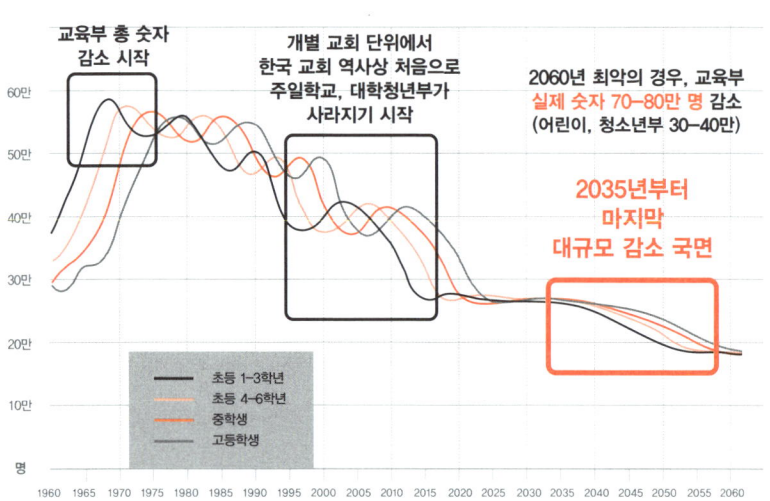

한국 교회 위기를 막고, 새로운 희망의 미래를 만드는 시작은 교육부에 달려 있다. 제4의 대부흥기의 출발점도 교육부가 되어야 한다.

다음 도표를 보자. 필자가 2020년 기준 한국 사회 전체 인구 구조 그래프에 세 그룹의 세대를 표시했다. 20-39세(MZ세대), 0-19세(메타세대), 앞으로 20년 동안 태어날 미래세대(A세대)다.

필자는 이들 3세대가 한국 교회 제4의 부흥기의 기반이 되어야 한다고 믿는다. 20년 후가 되면, 이들 3세대의 총인구는 3천만 명 이상이 된다. 한국 사회 전체 인구의 60%를 차지할 것이다. 이들을 놔두고 제4의 부흥기를 전망하는 것은 어불성설이다. 이들 중에서 메타세대(0-19세)는 현재 교육부다. 앞으로 20년 동안 태어날 미래세대(A세대)는 미래 교육부다. 현재 20-39세(MZ세대)는 앞으로 20년 동안 태어날 미래세대(A세대)의 부모들이며, 동시에 20년 후에는 제4의 부흥기의 교회 중심을 이룰 40-60세가 된다.

필자는 제4의 부흥기에 한국 교회는 세 가지 그룹으로 나뉠 것이라고 예측했다. 소멸하는 교회, 재부흥하는 교회, 새롭게 탄생하는 교회다. 소멸하는 교회의 1순위는 3세대가 무너진 교회가 될 것이다. 반대로, 재부흥하는 교회, 새롭게 탄생하는 교회는 3세대를 다시 일으켜 세우거나, 이들을 중심으로 불꽃처럼 일어나는 교회가 될 것이다.

어떤가? 필자가 "한국 교회 희망의 시작은 교육부, 주일학교에 달려 있다", "한국 교회 위기를 막고 새로운 희망의 미래를 만드는 시작은 교육부에 달려 있다", "제4의 대부흥기의 출발점도 교육부가 되어야 한다"고 한 말은 절대 과장이 아니다. 진짜로 그렇게 될 가능성이 매우 높다.

| 한국 교회 제4의 부흥기의 기반이 될 3세대 |

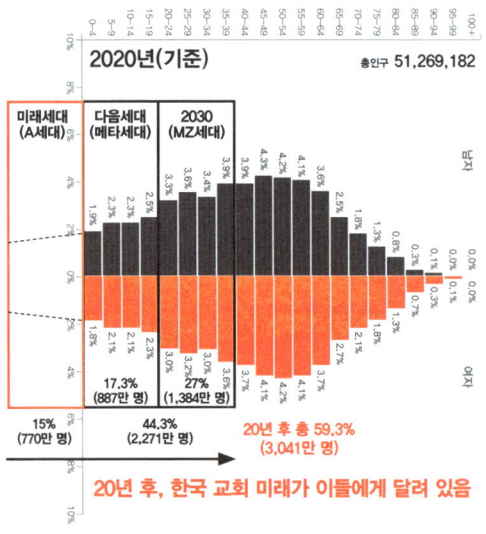

출처: UN, PopulationPyramid.net

다르게 생각하면(Think differently), 전도가 보인다

주일학교 전도와 부흥은 가능하다. 이 책을 읽는 당신이 '다시 시작'(Re-Opening)하면 가능하다. 주일학교 문을 다시 열도록 규모가 큰 교회가 도와야 한다. 시작하지 않으면, 변화는 없다. 다시 시작하면, 변화가 생긴다. "힘들어도 씨를 뿌리면 열매를 맺는다"가 하나님의 통치와 섭리의 중심 이치다. 필자가 한국 교회 빅체인지 10년 전략으로 가장 먼저 말하는 것이 주일학교 전도를 다시 시작함이다.

다시 시작하는 당신을 위해 주일학교 전도와 부흥의 세 가지 포인트를 설명하겠다. 첫 번째 포인트는 '다르게 생각하면, 전도가 보인다'는 것이다. 다음 도표를 보자. 0-19세에서 종교 없음, 무신론 비율이 가장 높다. 60세 이상 비율보다 거의 2배 가까이 높다.

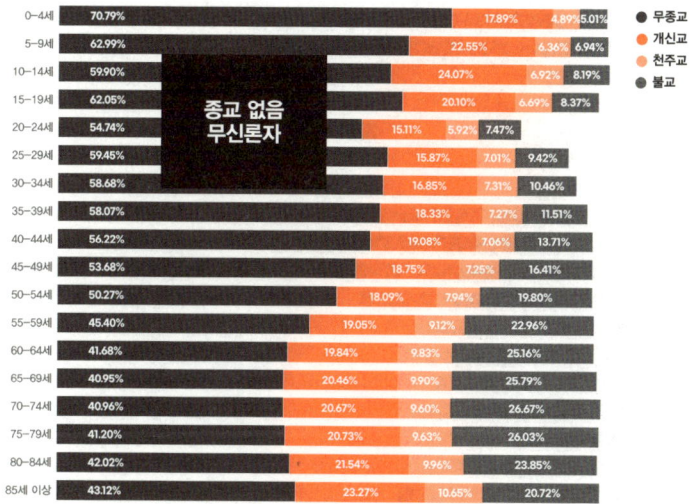

| 2015년 기준, 연령별 각 종교 인구 비율 비교 |

유명한 비유가 있다. 물이 절반 담긴 컵을 보았다. 당신은 어떻게 묘사할 것인가? "컵에 물이 절반이나 있다"라고 할 것인가, 아니면 "컵에 물이 절반밖에 없다"라고 할 것인가? 컵에 물이 절반이나 있다고 생각하면 감사할 수 있다. 그것을 가지고 무언가 새로운 도전을 할 것이다. 하지만 컵에 물이 절반밖에 없다고 생각하면 불평할 것이다. 그것이라도 지키려고 아무것도 안 할 것이다.

다음 도표를 보자. 같은 그림이지만, 필자가 해석을 바꿔 놓았다. 0-19세는 전도 가능 규모가 60세 이상 비율보다 거의 2배 가까이 높다. 황금밭이다.

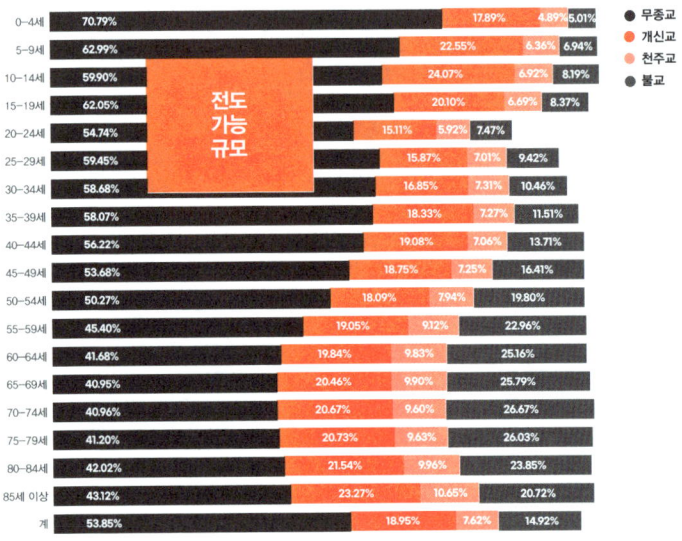

| 2015년 기준, 연령별 각 종교 인구 비율 비교 |

 생각을 바꾸자. 현대인들은 절대자가 필요 없을 정도로 고민이나 고통 없이 잘 살고 있지 않다. 하나님이 필요 없다고 자신 있게 말할 정도로 삶이 평안하지 않다. 아이들과 청소년들이 걱정 없는 평안한 삶을 살고 있다고 생각하지 말라. 한국 사회 전체는 병들었다. 아이들의 환경도 병들었다. 입시 지옥과 치열한 생존 경쟁이 극으로 치닫고 있다. 정상이 아니다. 불행은 가난에서 오지 않는다. 세계에서 가난한 나라에 속한 아이들의 행복 지수는 상위권에 속한다. 불행은 상대적 불평등과 치열한 경쟁이 만든다. 국내총생산(GDP)이 높아질수록, 경쟁이 심해질수록 행복 지수는 하락한다.

 지난 수년간, 한국 청소년 사망 원인 1위가 '극단적 선택에 의한 사망(자살)'이다. 2022년 12월 통계청이 발표한 "아동 청소년 삶의 질 2022" 보고서에 따르면, 국내 0-17세 아동 청소년 자살률이 2021년 기준 10만 명당 2.7명이었다. 2000년대 들어 가장 높은 수치였다. 15-24세 청소년 사망 원인 중 1위도 자살이다. 2021년 1년 동안 극단적인 선택을 생각한 비율(자살 생각 비율)도 12.7%로 2020년 10.9%보다 증가했다.[12] 2020년 통계청 자료에 따르면, 40대 이상의 자살률은 감소했지만, 30대 이하 자살률은 크게 증가했다. 전년 대비 가장 많이 증가한 연령층은 20대(12.8%)이고, 10대는 9.4% 증가했다. 9세 미만에서도 3.7% 증가했다.[13]

국민건강보험공단 자료에 따르면, 만 18세 이하 아동·청소년이 우울증으로 병원 진료를 받은 숫자는 2019년 3만 3,536명에서 2021년 3만 9,870명으로 18.9% 증가했다. 2022년 상반기에는 전년도 전체에 육박하는 3만 399명을 기록할 정도로 급증하고 있다. 불안 장애도 2019년 1만 6,797명에서 2021년 2만 3,593명으로 급증했다. 2022년 교육부 조사에서도 중고생의 28.7%가 "최근 1년간 2주일 내내 일상생활을 중단할 정도로 슬프거나 절망한 일이 있다"고 응답했다.[14] 한국의 어린이, 청소년의 삶의 만족도 점수는 6.6점으로 OECD 전체 꼴찌다. 한국의 아동 빈곤율도 14.5%로 OECD 평균 13.1%에 비해 1.4%p 높다. 청년 빈곤율(18-25세) 11.3%, 성인 빈곤율(26-65세) 12.9%에 비해 높다.[15]

생각을 바꾸자. 한국 사회는 어린이, 청소년부터 노년에 이르기까지 전 세대가 그리스도의 사랑과 위로가 필요하다. 그리고 그런 필요는 해를 거듭해 갈수록 커지고 있다.

우리는 주일학교 사역자와 교사들의 헌신이 예전만 못하다고 생각했다. 전혀 틀린 말은 아니다. 한국 교회 주일학교가 1995년 이후부터 뚜렷한 감소 추세를 보인 것은 사실이다. 하지만 그런 생각은 회복과 재부흥에 전혀 도움이 안 된다. 생각을 바꾸자. 필자는 앞에서 한국 교회의 희망

요소로 포기하지 않고 '남아 있는' 주일학교 사역자와 교사들의 헌신과 희생 덕분에 한국 교회 0-29세의 복음화율이 천주교와 불교보다 최대 3.7배 높게 유지 중이라는 점을 꼽으며 강조했다. 심지어 천주교와 불교를 합친 비율보다 높은 수준을 유지하고 있는 중이다. 특히 기독교의 5-19세(유치-고등부) 비율은 기독교인 전체 평균(19.10%)과 장년 평균보다 높았다. 주일학교의 절대 숫자는 줄었고 한국 사회의 0-19세(유치-고등부) 무종교 비율이 크게 증가했지만, (같은 연령층에서) 기독교는 2005-2015년 사이 복음화율 증가세를 보였다.

절대 숫자가 준 것만 생각하면 패배주의에서 벗어날 수 없다. 하지만 같은 기간에 복음화율이 증가했다는 것을 생각하면 희망이 생기고 용기가 샘솟는다. 생각을 바꾸자. 다르게 생각해야(Think differently) 전도가 보인다.

| 2015년 기준, 연령별 각 종교 인구 비율 비교 |

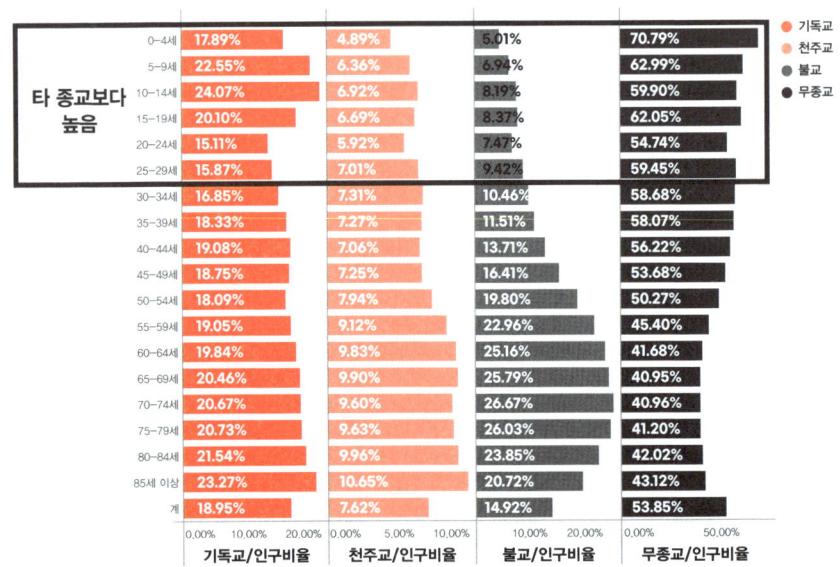

| 2005-2015년, 연령별 기독교 인구 비율 변화 |

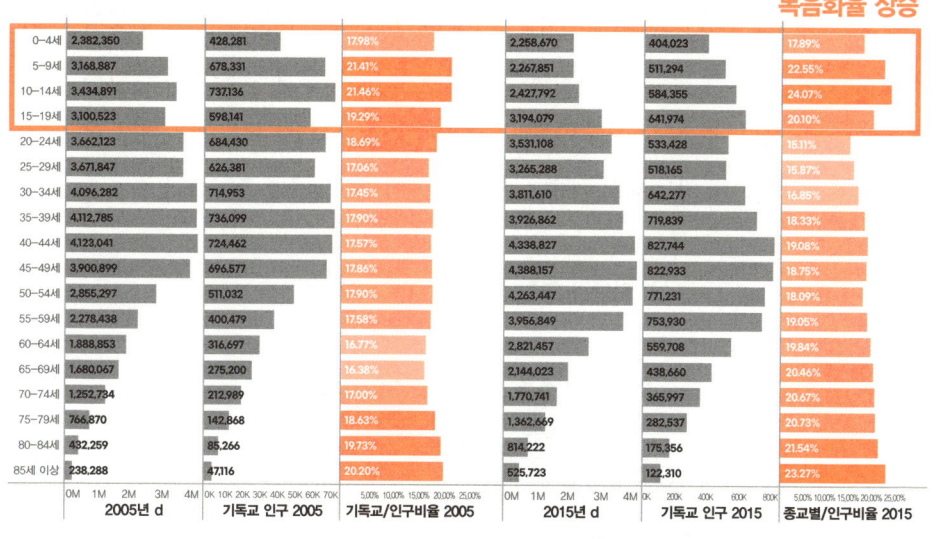

주일학교 전도, 안에서 시작하고 잠재적 이탈자를 줄여라

주일학교 전도와 부흥의 두 번째 포인트는 '안에서 시작하고 잠재적 이탈자를 줄여라'다. 2021년 4월 목회데이터연구소가 조사한 자료에 따르면, 고등학생 이하 자녀를 둔 기독교인 중에서 가족 전체가 교회에 출석하는 비율은 79%를 기록했다. 아버지가 교회 출석 시 가족 전체 출석률은 85%까지 상승한다. 어머니만 교회 출석 시 가족 전체 출석률은 70%로 하락한다.[16] 이런 응답은 두 가지를 시사한다. 첫째, 출석 교인 중에서 아버지가 불신자인 가정은 15%p 정도 된다. 둘째, 기독교인 가정에서 주일학교 자녀가 교회에 출석하지 않고 있는 비율은 최소 15%에서 최대 21% 사이다. 이 조사는 5-19세 자녀를 둔 기독교인을 대상으로 했다.

다른 조사에서는 한국 교회 5060세대를 대상으로 "모든 자녀가 기독교 신앙이 있는가?"라고 질문했고, "그렇다"고 응답한 비율이 59%에 불과했다. "일부만 있다"고 응답한 비율은 24%였다. "모든 자녀가 기독교 신앙이 없다"는 17%에 달했다. 5060세대는 대부분의 자녀가 고등부–대학청년부 연령층이다. 즉 17-29세 자녀를 둔 기독교인 가정으로 좁히면 자녀가 교회에 출석하지 않는 비율이 최소 24%에서 최대 41%까지 증가한다.[17]

| 자녀가 교회에 출석하지 않는 비율 |

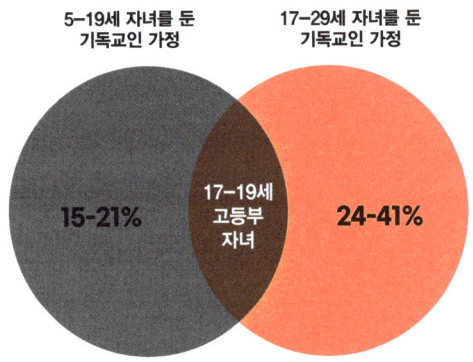

이 수치는 2015년 통계청 인구 조사에서도 확인할 수 있다. 다음 도표를 보자. 왼쪽은 2015년 기준으로 한국 기독교 5세별 인구 구성표다. 오른쪽은 같은 해 한국 사회 전체 5세별 인구 구성표다. 0-19세 한국 교회의 교육부(영아부–고등부)는 한국 사회 전체의 같은 연령대 인구 구성보다 좋다. 반면, 한국 교회의 20-29세 대학청년부의 인구 구성은 한국 사회 전체의 같은 연령대 인구 구성보다 나쁘다. 5-19세 자녀를 둔 기독교인 가정의 15-21%, 17-29세 자녀를 둔 기독교인 가정의 24-41%에서 자녀가 교회에 출석하지 않고 있다는 조사는 충분히 일리가 있다.

| 2015년, 한국 교회 및 한국 사회 인구 구성 |

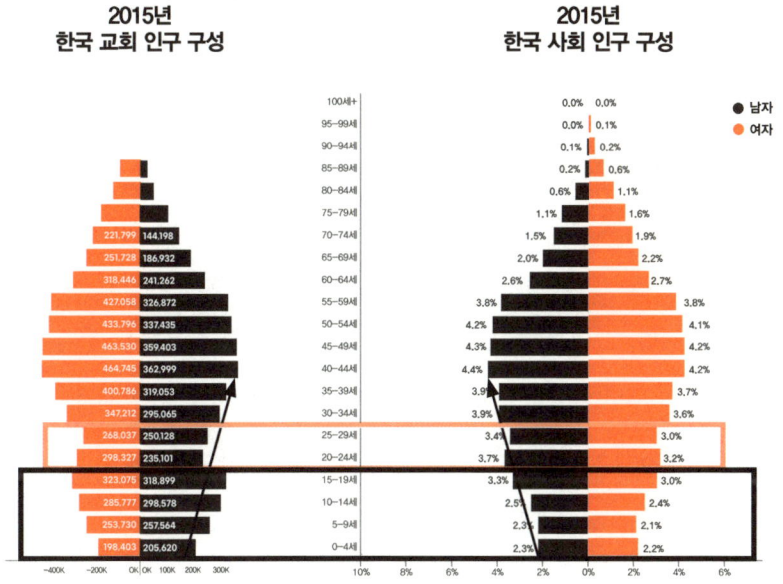

　이 수치는 '현재 교회에 출석하지 않는 아이들'이다. 이들을 먼저 찾아와야 한다. 제4의 대부흥기, 주일학교 전도와 회복은 기독교인 가정에서 교회에 출석하지 않는 '잃은 양'을 찾는 사역부터 시작하라. 그다음으로 '앞으로 교회에 출석하지 않을 아이들'을 막아야 한다. '잠재적 이탈자'를 줄이는 대응이다. 앞으로 '잃어버리게 될 양'의 규모는 얼마나 될까?

　다음 도표를 보자. 0세부터 14세까지 아이들의 복음화율은 계속 증가한다. 중학교 1학년까지는 높은 복음화율을 유지한다는 말이다. 하지만 중학교 2학년부터 대학청년부까지는 20.1%로 복음화율이 하락한다. 2015년 기준, 15-19세 복음화율은 직전 연령층(24.07%)보다 4%p 정도 낮아진다. 하락률로는 16.7% 감소다. 그리고 고등학교를 졸업한 이후는 20-24세에 다시 5%p 추가 하락(15.11%)한다. 직전 연령 대비 24.9% 감소다. 10-14세

복음화율(24.07%)과 비교하면 37.3% 감소다. 한국 교회교육부는 중학교 1학년 이후부터 대학생 시절까지 10명 중 4명이 교회를 이탈하는 셈이다.

참고로, 0-4세는 기독교 전체 평균 복음화율에 수렴한다. 부모가 아이들을 교회에 직접 데려오는 연령층이기 때문이다. 5-14세는 기독교 전체 평균 복음화율을 상회한다. 부모를 따라오는 아이들과 (부모는 교회를 다니지 않아도) 자발적 혹은 친구를 따라 전도되어 교회에 출석하는 아이들이 있기 때문이다. 15-19세에서는 감소가 시작된다. 청소년기부터 탈교회가 시작되는 셈이다. 그리고 20-29세는 기독교 전체 평균 복음화율(19.1%)을 하회한다. 2015년에는 전체 평균보다 4%p까지 낮아졌다. 대학청년부 시절 탈교회 절정에 이르는 셈이고, 그 속도는 가팔라지고 있다.

| 2005-2015년, 연령별 기독교 인구 비율 변화 |

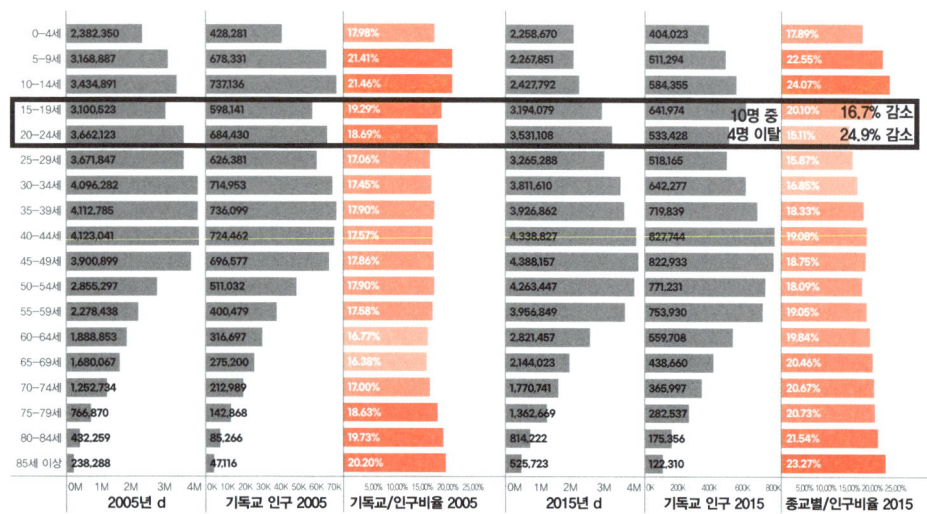

정리해 보자. 이미 교회를 떠난 잃은 양은 5-19세 자녀를 둔 기독교인 가정의 15-21%, 17-29세 자녀를 둔 기독교인 가정의 24-41%다. 현재는 교회에 출석하지만 앞으로 교회를 떠날 잠재적 이탈자는 현재 출석하는 아이들 10명 중 4명이다. 이 두 그룹에 대한 대응이 가장 시급하다. 이 두 그룹만 대응을 잘해도 몇 년 내에 배가 부흥이 가능하다.

필요한 처방을 하면 되돌아온다

주일학교 전도와 부흥의 세 번째 포인트는 '필요한 처방을 하면 되돌아온다'는 것이다. 필자는 교육부 사역을 20년 넘게 했다. 필자의 경험으로 주일학교에서 아이들이 이탈하는 이유는 크게 세 가지다. 첫째, 입시와 내신 성적을 위해 학원에 가야 하기 때문에, 둘째, 출석하는 교회의 주일학교 교육이 매력이 없어서, 마지막으로 변증 실패다.

첫 번째 이유는 깊이 설명하지 않아도 잘 알 것이다. 목회데이터연구소의 조사에 따르면, 한국 교회 성도들 중 자녀가 성장해서도 "부모보다 신앙생활을 못할 것 같거나 하지 않을 것 같다"고 응답한 비율은 34%다. 고등학생 자녀를 둔 부모는 이 비율이 35%로 평균치보다 높고, 유치원생 자녀를 둔 부모는 18%로 낮다.[18] 입시와 내신 성적을 위해 주일에 학원을 보내야 하는 부모들도 '이렇게 해서는 자녀의 신앙이 나보다 못할 수 있지 않을까?' 하는 걱정을 한다. 코로나19 이후에는 자녀의 신앙생활이 더 소홀해졌다고 걱정이 늘었다. 입시와 신앙, 두 마음으로 복잡하다.

두 번째 이유를 설명해 보자. 한국 교회 부모들 대부분이 자녀 신앙 교육의 중요성을 절실히 알고 있다. 자녀 신앙 교육 방법을 배울 필요성을 느끼는 부모가 82%나 된다. 어머니가 아버지보다 필요성을 더 느끼지만,

아버지도 79% 정도 필요성을 느끼는 것으로 조사되었다. 하지만 한국 교회 부모들의 48%는 자녀 신앙 교육에 대한 구체적 방법을 모른다고 응답했다. 자녀 신앙 교육에 대한 훈련을 받은 경험이 있는 부모도 27%뿐이다. 자녀 신앙 교육 훈련을 받은 부모 중에서 실천에 옮기고 있는 비율도 18%에 불과하다. 전체로 환산할 때, 전체 부모의 5%만 자녀 신앙 교육 훈련을 받아 실천하고 있다.

자녀를 신앙으로 양육하는 데 걸림돌로 든 첫 번째 이유는 "부모와 자녀 모두 서로 바빠서 시간이 없다"였다. 그다음으로는 "부모의 얕은 신앙 때문"이었다. 중학생 부모들에서는 "자녀의 게임과 인터넷", 고등학생 부모들에서는 "자녀의 학업과 학원 수업이 우선"과 "자녀가 신앙을 받아들이려고 하지 않아서"가 덧붙여졌다.[19] 부모의 입장을 정리하면 이렇다.

"내 자녀의 신앙 교육은 매우 중요하다. 하지만 현실적으로 나와 아이가 바쁘고 아이를 어떻게 지도해야 할지 몰라서 신앙 교육을 제대로 못하고 있다. 교회에서 이런 문제를 해결해 주었으면 좋겠다."

이런 상황이지만, 한국 교회 전체의 37% 정도만 가족 신앙 활동을 위한 자료와 교육을 정기적으로 제공해 준다. 한국 교회 부모의 기대와 한국 교회 주일학교의 수준과 상황에 큰 격차가 나고 있다. 즉 출석하는 교회의 주일학교 교육이 매력이 없다는 말이다. 한국 교회 부모 대부분은 자신의 가정을 신앙적으로 올바로 세우기 위해 교회로부터 '자녀와의 대화법', '부모 역할 교육', '자녀와 함께하는 신앙 프로그램' 등의 도움을 받기를 간절히 원하고 있다. 이런 요청은 신앙생활을 열심히 하는 부모일수록 크다. 만약 이런 도움을 계속 받지 못하면, 언젠가는 '자녀를 위해' 규모가 큰 교회로 떠날 가능성이 높다.

주일학교에서 아이들이 이탈하는 마지막 이유는 변증 실패다. 한국 교회 담임 목사들이 가장 우선으로 목회 중점을 두는 세대는 3040세대다. 목회데이터연구소의 조사에 따르면, 3040세대의 3명 중 1명은 "하나님을 믿지만, 그리스도는 잘 모르겠다"고 고백했다. 10명 중 4명은 "신앙적 회의를 느끼고 있다"고 응답했고, 신앙생활을 하는 이유로 "구원을 위해"라고 응답한 비율은 28%에 불과했다. 나머지는 "마음의 평안을 얻기 위해", "가족이 다니기 때문에", "습관적으로", "삶의 어려움을 극복하기 위해", "호기심" 등의 이유였다. 이들 중 44%는 "앞으로 10년 이내에 교회를 떠날지도 모르겠다"(기독교 신앙 버리고 교회 이탈 4%+기독교 신앙 유지하면서 교회 이탈 40%)고 응답했다.[20]

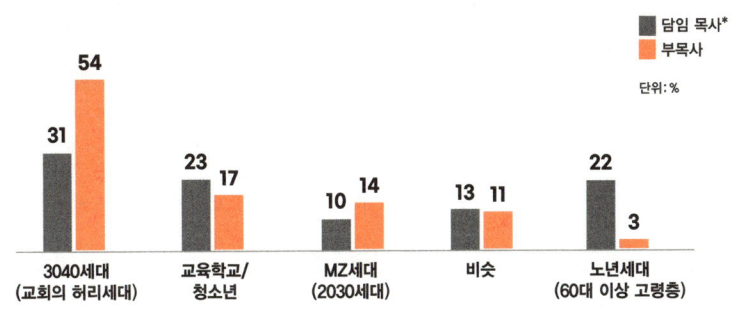

| 향후 목회 중점 세대 |

*자료:대한예수교장로회총회(통합)/목회데이터연구소, "코로나19 이후 한국 교회 변화 추적 조사 결과 보고서(목회자 3차)", 2022.05.25(대한예수교장로회 통합 소속 담임 목사 981명, 모바일 조사, 2022.04.27~04.30)

필자는 앞에서 20-29세 층이 기독교 전체 평균 복음화율(19.1%)보다 4%p 하회한다고 분석했다. 대학청년부 시절 탈교회 절정에 이르는 셈이고, 그 속도는 가팔라지고 있다고 했다. 다음 도표를 보자. 2005년부터 2015년까지 교육부서의 연령별 복음화율 변화다. 눈에 띄는 특징이 하나 나타난다. 20-29세 층의 패턴을 보면 이전 연령층보다 급격하게 탈교회 비율이 높아지는데, 그중에서도 20-24세 남자 감소율만 급격하게 진행되고 있다.

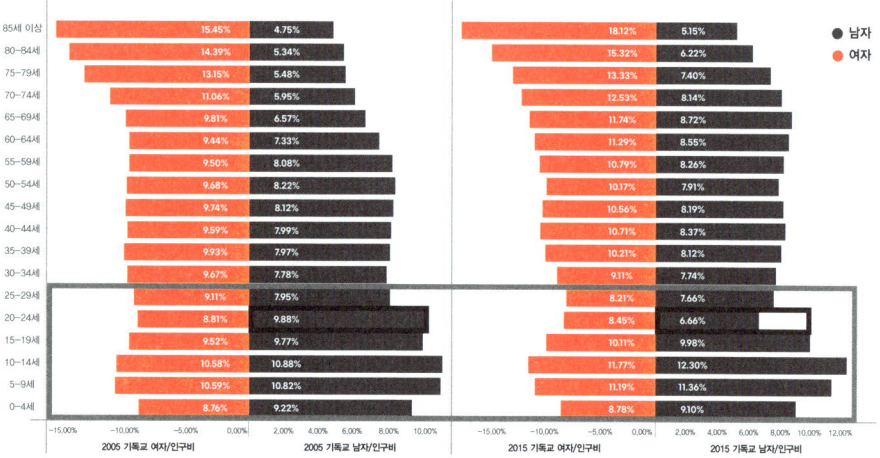

| 2005-2015년, 기독교 인구 비율 변화 – 최근 20-24세 남자 급속 이탈 |

필자가 주일학교에서 아이들이 이탈하는 마지막 이유에 대해 설명하면서, 3040세대에 관해, 20-29세 연령층의 패턴을 이야기하는 이유가 있다. 3040세대의 신앙 수준 약화에는 세속주의나 상대적으로 바쁜 일상 등의 이유도 있지만, 근본적 뿌리가 있다. 청소년 사역의 약화다.

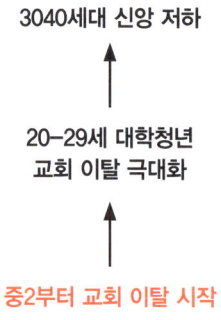

3040세대 신앙 저하는 20대 대학청년부 교회 이탈 극대화에 영향을 받고, 이것은 다시 중학교 2학년 때부터 시작된 교회 이탈에 뿌리를 둔다. 3040세대 신앙 약화와 중학교 2학년의 교회 이탈은 어떻게 연결될까?

21세기 초 신무신론 운동(The new atheist movement)을 이끈 세계적으로 유명한 생물학자가 있다. 리처드 도킨스(Richard Dawkins)다. 옥스퍼드 대학교 뉴칼리지 명예교수이며, 영국의 진화생물학자이며, 『이기적 유전자』라는 베스트셀러의 저자다. 도킨스가 자신의 저서 『신, 만들어진 위험』 서문에서 이런 말을 했다.[21]

"나는 열다섯 살에 마침내 기독교를 떠났다."
"이 세상에 신은 없고 비이성적 믿음만 남았다."

21세기 가장 유명한 무신론자인 도킨스는 본래 기독교인이었다. 그의 고백처럼, 도킨스는 15세에 교회를 떠났다. 중학교 시절이다. 이유도 분명했다. 신이 있다는 지정의적 확신을 찾지 못했고, 교회의 가르침과 믿음의 내용들이 비이성적이라고 여겼기 때문이다. 신앙과 믿음은 이성으로 납득되지 못하는 것이 많다. 도킨스가 말하는 것은 그런 것이 아니다. 그의 눈에 교회는 자신의 교리와 믿는바 진리를 변증하는 데 실패했다는 말이다.

다음은 목회데이터연구소에서 조사한 자료다. 한국 교회에서도 교회를 떠나 가나안 성도가 되는 시점이 청소년기에 시작되고, 고등학생 때 가속화되고, 대학청년 시절에 극에 달한다. 청소년기는 자아가 형성되는 시기다. 뇌 신경계도 신경 회로가 급증하고 가지치기가 활발하게 일어나는 시기다. 감정선만 사춘기로 들어서는 것이 아니라, 뇌 신경계에서도 '제2의

극적인 변화'가 일어난다. 이 과정에서 기존 정보와 지식에 대해서 재검증이 일어나면서 자아를 형성시켜 간다. 이 시기에는 독립성 훈련도 시작된다. 친구들과 함께 어울리면서 사회를 탐색해 가기 시작한다. 당연히 이전에는 겪어 보지 못했던 새로운 질문, 도전, 갈등, 문제 등에 직면한다. 인생의 고민도 깊어지고 다양해진다. 절대 진리라고 믿었던 대상이나 지식에 대해서도 의문이 들기 시작한다.

이렇게 새로운 탐구를 시작하고 속 시원한 답을 원하는 청소년, 청년들에게 적절한 대답(변증)을 해주지 못하면, 그들은 답을 찾아서 다른 곳으로 떠나 버린다. 고민을 해결해 나가는 과정에 교회 내 관계에서는 납득할 만한 해법을 찾지 못하고, 그런 경험이 누적되면서 스스로 '나는 교회 문화에 어울리지 않아'라고 생각하고 떠난다. 초등학생 시절에는 부모나 목회자의 가르침에 대해서 의심 없이 스펀지처럼 받아들인다. 뇌의 작용이 그렇다. 하지만 청소년기에 들어서고 사춘기가 시작되면, 하나님, 구원, 영생에 대한 중요한 주제에 대해서도 이성적이거나 감성적으로 자신이 납득할 수 있을 만큼의 설득, 체험, 감동 등을 원한다. 이런 경험을 중·고등학생 시절에 하지 못하면 "이 세상에 신은 없고 교회 안에는 비이성적 믿음만 남았다!"고 외치면서 떠나 버린다.

청소년기 교회교육의 약화, 변증의 실패는 남아 있는 이들에게도 부정적 영향을 미친다. 신앙의 약화가 해소되지 않으면서, 이들이 청장년이 되는 10-20년 후에 2040세대 전체의 신앙 약화로 이어진다.

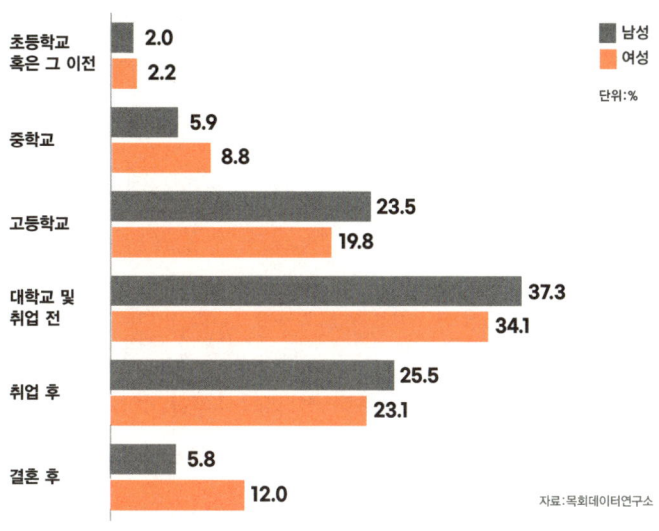

주일학교에서 아이들이 이탈하는 이유를 알면 그에 맞는 적절한 처방, 우리 교회에 맞는 필요한 처방을 내릴 수 있다. 올바른 처방을 시작하면 악순환은 멈추고, 치유와 회복이 되고, 잃은 양이 '되돌아올 수 있는 길'을 만들 수 있다. 잠재적 이탈 가능자도 줄일 수 있다. 필자는 이런 과정 전체를 이해하고, 그에 맞게 지혜롭게 전도 계획을 설계하는 것을 '주일학교 전도 전략'이라고 부른다. 전도는 전략이다. 성경도 청지기는 지혜롭게 사역해야 한다고 말한다.

하나님이 맡겨 주신 사역을 성공적으로 완수했던 하나님의 사람들은 모두 지혜로웠다. 요셉의 지혜는 당대 최고였다. 모세는 성품만 온유한 것이 아니라(민 12:3) 지혜도 뛰어났다(행 7:22). 여호수아는 모세의 안수를 받고 지혜의 영이 충만해졌다(신 34:9). 포로 귀환기 부흥기를 이끈 지도자 중 한 사람인 느헤미야는 성벽 재건의 끊임없는 방해 공작을 빈틈없는 전략과 작전으로 맞서 물리쳤다. 당시 반란의 행동을 의미하는 성벽 재건을 위해 아닥사스다왕의 칙령을 받아 냈고(느 2:3-8), 성벽 건축 공사와 전쟁 무기 준비를 병행했으며(느 4:16-17), 전쟁이 일어날 경우 신속한 군사 집결을 위해 나팔 부는 자를 자기 곁에 늘 세워 두고 잘 때도 옷을 벗지 않고 병기를 손에 잡게 하는 등(느 4:18-23) 다양한 지혜를 발휘해서 임무를 완수했다.

필자가 설명했던 한국 교회 제1대부흥기의 주역이었던 권서인들의 전도 방법을 보자. 권서인들은 전도를 위해 어떻게 하면 사람들에게 효과적으로 접근할 것인가, 무슨 말부터 전도를 시작할 것인가 등에 관한 교육도 받았다. 전도 전략도 구체적이었다. 상류 지식층을 상대하기 위해 『논어』, 『맹자』 등 고전도 배우고, 미신적 사고를 가진 백성들을 깨우치기 위해 과학 지식도 배웠다고 한다. 권서인들이 성경 구절을 암송하는 것은 기본이었다. 윤성근이라는 권서인은 '살아 있는 성구 사전'이라는 별명을 가질 정도였고, 안용환이라는 권서인은 러시아 정교회의 두 젊은이와 진화론에 대해 토론을 해서 복음으로 굴복시켰다고 한다.[22]

매력적인 전도, 매력적인 교육

우리가 지혜를 발휘하면 얼마든지 매력적인 전도, 매력적인 교육 현장을 만들 수 있다. 교회가 만들 수 있는 매력은 세 가지다. 성경이 가르쳐 주는 우리의 매력이다.

"우리가 너희 모두로 말미암아 항상 하나님께 감사하며 기도할 때에
너희를 기억함은 너희의 **믿음의 역사**와 **사랑의 수고**와 우리 주 예수

그리스도에 대한 **소망의 인내**를 우리 하나님 아버지 앞에서 끊임없이 기억함이니"(살전 1:2-3).

사도 바울이 데살로니가 교회에 보낸 편지의 서문이다. 사도 바울은 멀리 떨어져 있어도 데살로니가 성도들에 대해서 감사가 절로 나오고 자꾸 기억나게 하는 매력으로 세 가지를 들었다. '믿음의 역사', '사랑의 수고', '소망의 인내'다. 예수님도 믿음, 소망, 사랑을 강조하셨다. 이 세 가지는 세상 모든 것이 다 없어져도 영원히 항상 있을 것들이다. 그만큼 중요하고 매력적인 것이란 의미다.

"그런즉 믿음, 소망, 사랑, 이 세 가지는 항상 있을 것인데 그중의 제일은 사랑이라 사랑을 추구하며"(고전 13:13-14:1).

매력적인 전도, 매력적인 교육 현장도 이 세 가지로 만든다. 믿음의 역사, 사랑의 수고, 소망의 인내를 경험하게 해주는 전도 프로그램, 교육 프로그램을 만들라.

먼저, 믿음의 역사가 일어나는 시스템을 만들라. 믿음은 그리스도의 말씀을 들음에서 난다. 그리스도의 말씀을 전파하는 것이 전도다. 전도는 세 가지 성격을 가져야 한다. 변증적, 고백적, 교훈적이어야 한다. 삼위일체 참 하나님의 구속 사역을 설득한다는 면에서 변증적이고, 내가 만난 하나님과 성령의 내적 감화를 통해 얻어진 믿음을 바탕으로 증언한다는 면에서 고백적이고, 성경을 가감 없이 전달한다는 면에서 교훈적이어야 한다. 전도로 믿음을 갖게 하고, 변증으로 믿음이 흔들리지 않게 한다.

사도 바울은 교회들에게 예수 그리스도의 진리를 변증하는 편지를 써서 그들로 하여금 믿음이 흔들리지 않게 했다. 그래서 서신서들은 그 자체로 변증적 편지이고 매력적인 지적 행위다. 진리에 대한 지적 깨달음을 주기 때문에 감탄과 감동을 준다. 청소년과 대학청년들을 전도하고 교회 이탈을 막으려면 '변증'이 필수다. 청소년기와 대학청년 시기는 인생에 있어서 지적 호기심과 갈망이 가장 높은 때다. 진리에 대한 탁월한 지적 설명은 그들에게 감동과 감탄을 줄 수 있다. 복음에 대한 진심 어린 굴복을 이끌어 낼 수 있다.

조선 시대 말기, 권서인들이 『논어』, 『맹자』 등 고전과 과학 지식을 배운 것을 기억하라. 권서인들은 상류 지식층과 미신적 사고를 가진 백성들에게 기독교를 변증하고, 토론을 해서 복음에 굴복시키고, 진리를 깨우쳐 주기 위해서 끊임없이 진리를 변론할 공부를 했다.

> "**믿음은 들음에서 나며 들음은 그리스도의 말씀으로** 말미암았느니라 그러나 내가 말하노니 그들이 듣지 아니하였느냐 그렇지 아니하니 그 소리가 온 땅에 퍼졌고 그 말씀이 땅끝까지 이르렀도다 하였느니라"(롬 10:17-18).

> "**모든 지혜를 통찰하며 지식에 통달하며 학문에 익숙하여** 왕궁에 설 만한 소년을 데려오게 하였고"(단 1:4).

> "주는 이제 **내게 지혜와 지식을 주사** 이 백성 앞에서 출입하게 하옵소서 이렇게 많은 주의 백성을 누가 능히 재판하리이까 하니"(대하 1:10).

한국 교회는 변증을 선택 사항으로 취급한다. 아니다. 변증 능력은 필수다. 본질적 사역이다. 특히 교육부 지도자는 변증 능력을 꾸준히 길러야 한다. 변증 능력은 진리를 변론할 정보와 지식을 습득하고, 논리적으로 설명하는 기술을 연습하여 얻어진다. 성경을 잘 아는 것도 기본이다. 복음에 굴복시키는 역사는 성령이 하신다. 인간의 능력으로 불가능하다. 하지만 하나님은 인간 사역자(목회자, 장로, 교사 등)에게 뛰어난 변증 실력을 갈고닦으라고 명령하신다. 복음의 변증은 그 자체로 전도다. 복음의 변증은 그 자체로 성경 교육이다. 복음의 변증은 미혹에 빠지지 않도록 하는 무기다(막 13:5-6). 교회가 복음의 변증을 멈추면, 성도는 미혹에 빠진다. '미혹'(迷惑)의 사전적 의미는 '정신이 헷갈리어 갈팡질팡 헤맴'이다. 영어로는 '헷갈림'을 뜻하는 'confusion'이다. 교회가 복음의 변증을 멈추면 유물주의, 이단, 진화론의 논리적 유혹에 빠져 진리가 헷갈리고 신앙이 갈팡질팡 헤매게 된다.

우리는 초거대 인공지능, 로봇, 자율 주행 자동차, 바이오 및 나노 기술, 양자 컴퓨터, 가상 현실 기술, 블록 체인, 초연결 사회 기술, 우주 탐험 기술 등이 세상을 변화시키는 시대를 살아간다. 앞으로 인간의 언어를 구사하고 지능을 가진 초거대 인공지능이 가상 현실, 혼합 현실, 증강 현실, 메타버스 등에서 돌아가신 부모나 자녀의 3차원 가상 아바타 모습을 하고 나타나는 미래가 펼쳐질 것이다. 3차원 가상 아바타가 실제 인간의 기억을 저장한 '디지털 기억 데이터베이스'와 연결되면 '가상 자아'(cyber ego)를 가진 존재로 발전할 수도 있다. 인간의 유전자를 조작해서 인간의 태생적 능력을 선택하고, 유전자 복제 기술로 인간을 재탄생시키고, 사이보그 기술을 접목해 기계 인간을 만들고, 화성에 식민지를 개척하여 하나님이 주신 지구를 떠나 살 수 있는 시대가 펼쳐질 수도 있다.

이런 미래 가능성들은 인류에게 환상적인 미래를 선물하지만, 민감한

신학 및 도덕 문제도 던질 것이다. 과학 기술의 놀라운 발전을 '또 다른 복음, 가짜 복음'을 만들어 내는 도구로 사용하는 이단도 등장할 수 있다. 과학 기술을 오남용하여 또 다른 신, 또 다른 메시아, 또 다른 영생의 길, 또 다른 인간 정의, 또 다른 세계관 등을 만들어 낼 수 있다. 이외에도 가상 세계에서 일어나는 새로운 범죄 형태, 동성애, 마약 등의 문제들도 아이들을 위협하고 목회적 문제로 부상하기 시작했다.

앞으로 교회는 전도 현장과 교회 안에서 청소년과 젊은이들에게 이런 환경 변화 속에서 진짜 복음, 참 신이신 하나님, 유일한 구원자 예수 그리스도, 내 안에 거주하시는 성령 하나님, 하나님의 성품과 능력과 역사하심에 대한 진실, 생명의 기원, 인간과 자연과 세상에 대한 진실, 죄 용서와 구원받음과 영생과 천국, 하나님과 우리가 교제하는 올바른 방법에 대해서, 또한 성도의 자유와 능력이 어디서 나오는지, 행복과 즐거움의 근원이 무엇인지, 인생의 목적이 어디에 있는지 등에 대해 변증해야 한다.

교회가 이런 도전에 맞서 복음의 변증을 멈추면, 우리 아이들은 진정한 진리가 무엇인지 헷갈리고 참 신앙이 무엇인지 몰라 갈팡질팡 헤매게 된다. 변증을 준비하고 대비하지 않으면 인공지능의 설득 능력을 이단이 사용하는 무서운 미래가 온다. 교회가 말씀을 깊이 가르치지 않고 변증을 포기하니, 이단에게 달려가 성경을 배운다. 교회가 사랑을 잃으니, 이단이 흉내 내는 거짓 사랑에 빠진다. JMS, 이재록, 신천지 등이 문화를 가지고 청년들을 휩쓸어 가고 있다. 미래의 문제를 외면하면 더 많은 청소년과 젊은이를 빼앗기게 될 것이다.

전도와 변증으로 흔들리지 않는 믿음이 생기면, 믿음으로 기도하여 '역사'를 체험할 수 있는 시스템을 만들라. 온전히 하나님의 말씀(성품과 기준)을 의지하여 믿음으로 깊은 곳에 그물 던져 주의 말씀(성품과 기준)이 이 땅에서도 온전히 역사하게 하는 것, 내 생활과 직장과 가정 영역에서도 완전한 기준이 되게 하는 것, 그래서 내 삶에서 놀라운 일이 일어나는 것을 경험(훈련)하는 시스템을 만들라. 시스템을 만드는 방법은 다음과 같다. 첫째, 자신의 문제를 하나님께 내놓게 하라. 둘째, 문제 해결에 도움이 되는 하나님의 약속(성경 구절)을 외우게 하라. 셋째, 문제 해결을 위한 기도 모임을 갖게 하라.

믿음의 기도로 일어나는 역사는 무한하다. 히브리서 11장은 믿음으로 일어난 역사의 실례를 다양하게 든다. 창조론이 믿어지게 한다. 의로운 자라고 칭함 받는다. 죽음을 이긴다. 하나님을 기쁘시게 한다. 이 땅과 저 하늘에서 동시에 구원을 받는다. 기업을 유업으로 얻는다. 약속에 대한 응답을 받는다. 자녀를 낳는 축복을 받는다. 홍해를 육지처럼 건넌다. 여리고성을 무너뜨린다. 멸망 가운데서 생명을 건진다. 나라를 이긴다. 사자들의 입을 막는다. 전쟁에서 이긴다. 박해를 이긴다. 세상이 감당할 수 없는 사람이 된다. 온전함을 이룬다. 병든 자를 일으킨다. 이외에도 성경이 증거하는 믿음의 역사는 셀 수 없이 많다. 이런 기적을 체험하는 것은 교회만이 줄 수 있는 매력적인 사역이다.

"믿음의 기도는 병든 자를 구원하리니 주께서 그를 일으키시리라 혹시 죄를 범하였을지라도 사하심을 받으리라"(약 5:15).

"믿음은 바라는 것들의 실상이요 보이지 않는 것들의 증거니"(히 11:1).

"두세 사람이 내 이름으로 모인 곳에는 나도 그들 중에 있느니라"(마 18:20).

"너희가 악한 자라도 좋은 것으로 자식에게 줄 줄 알거든 하물며 하늘에 계신 너희 아버지께서 구하는 자에게 좋은 것으로 주시지 않겠느냐"(마 7:11).

"하나님께서 그 밤낮 부르짖는 택하신 자들의 원한을 풀어 주지 아니하시겠느냐 그들에게 오래 참으시겠느냐"(눅 18:7).

"너희가 악할지라도 좋은 것을 자식에게 줄 줄 알거든 하물며 너희 하늘 아버지께서 구하는 자에게 성령을 주시지 않겠느냐"(눅 11:13).

"**마음의 경영은 사람에게 있어도 말의 응답은 여호와께로부터 나오느니라** 사람의 행위가 자기 보기에는 모두 깨끗하여도 **여호와는 심령을 감찰하시느니라** 너의 행사를 여호와께 맡기라 그리하면 네가 경영하는 것이 이루어지리라"(잠 16:1-3).

믿음의 역사는 하나님이 이루시지만, 믿음의 역사를 앞당기는 동력이 하나 더 있다. 함께 기도하는 성도의 '사랑의 수고'다. 믿음은 사랑의 수고의 역사로 일어난다.

"그리스도 예수 안에서는 할례나 무할례나 효력이 없으되 **사랑으로써 역사하는 믿음뿐이니라**"(갈 5:6).

'사랑장'으로 유명한 고린도전서 13장을 보자. 사랑은 오래 참고, 온유하고, 시기하지 않고, 자랑하지 않고, 교만하지 않고, 무례히 행하지 않고, 자기의 유익을 구하지 않고, 성내지 않고, 악한 것을 생각하지 않고, 불의를 기뻐하지 않고, 진리와 함께 기뻐하고, 모든 것을 참으며, 모든 것을 믿으며, 모든 것을 바라며, 모든 것을 견디는 것이다(고전 13:1-7). 필자는 이것을 '사랑의 수고를 하는 사람의 태도'라고 부른다.

사랑의 수고란 무엇일까? 사랑의 수고는 내가 편한 것을 주는 것이 아니다. 상대가 원하는 것을 주는 것이다. 내 것을 함께 사용하게 하고, 내 것의 일부를 나누어 형제의 문제를 해결해 주는 것이다. 내가 가진 것을 내 것으로 생각하지 않고, 전도와 양육을 위해 사용하는 것이다. 초대교회가 그랬다(행 2:44-45, 4:32).

하나님도 당신에게 가장 좋은 것을 주신다. 우리의 사랑의 수고도 마찬가지여야 한다. 잃어버린 양, 교회를 떠나려고 하는 아이들, 교회 밖에 있는 수고하고 무거운 짐 진 전도 대상자들에게 가장 좋은 것을 주는 수고를 해야 한다. 하나님도 친히 우리 곁에 가까이 오셨다. 우리의 상처를 치료하시고, 수고를 덜어 주시고, 무거운 짐을 해결해 주셨다. 죄 용서에 대한 값을 기꺼이 감당하셨다. 그리고 이 땅에 사는 동안 필요한 모든 것을 친히 해결해 주신다. 우리도 그렇게 해야 한다.

티머시 왓킨스 석좌교수가 오순절 교회의 성장 이유로 "시대에 따라 소외된 사람들의 마음을 어루만져 주고 그들의 정서적 욕구를 채워 주었다"는 점을 꼽은 것을 간과하지 말라. 강도 만난 사람에게 사마리아인은 가까이 가서 기름과 포도주를 그 상처에 붓고 싸매고 자기 짐승에 태워 주막으로 데리고 가서 돌보아 주고, 주막 주인에게 데나리온 둘을 내어 주며 돌보는 비용도 지불했다(눅 10:34-35). 앞서도 언급했지만, 지금 오순절교회는 정부 차원의 의료나 복지 시스템이 취약한 지역에서는 '믿음의 치유'로 환자들에게 희망을 주고, 서민·빈민층 지역에서는 빈곤 가구에 음식을 기부하는 등 경제적으로 힘든 가정을 실질적으로 도와주고, 아이들의 축구 클럽에 재정을 지원하고, 공공 병원이 부족한 지역에서는 의료 선교를 적극 펼치고 있다. 오순절 교회는 복음 전파와 함께 현대인의 문제와 고통의 치유에 맞는 사랑의 수고 사역을 펼쳤고, 하나님은 그들의 사랑의 수고 위에 기적을 베푸셔서 '날마다 믿는 사람을 더하시는' 역사를 계속하고 계신다.

사랑의 수고는 불신자를 전도하는 데도 필요하고, 성도를 양육하고 교육하는 데도 필요하다. 어른에게도 필요하고, 아이들에게도 필요하다. 과거에도 필요했고, 지금도 필요하고, 미래에도 필요할 것이다. 성도의 사랑의 수고는 나라가 가난해도 필요하고, 부요해도 필요하다. 교회 안팎의 아이들에게 가까이 가고, 그들을 위해 함께 기도하고, 그들의 상처를 치료하고 돌보아 주라(고민과 문제를 해결하게 도우라). 비용이 들더라도 기꺼이 감당하는 사랑의 수고를 힘쓰라. 그러면 매력적인 전도, 매력적인 교육 현장이 될 것이다.

부모 교육 기관과 미래 인재 양성 기관으로 변하라

매력적인 전도, 매력적인 교육 현장을 만드는 또 다른 지혜(사랑의 수고) 두 가지를 추천한다. 예수님은 우리의 무거운 짐을 해결해 주신다. 우리도 아이들의 무거운 짐을 해결해 주는 사랑의 수고를 해야 한다. 아이들과 학부모의 마음을 어루만져 주고 그들의 정서적인 욕구를 채워 주어야 한다.

"무엇이든지 남에게 대접을 받고자 하는 대로 너희도 남을 대접하라 이것이 율법이요 선지자니라"(마 7:12).

　매력적인 전도, 매력적인 교육 현장을 만들려면 대접받고 싶은 그대로 아이들을 대접해야 한다. 대접받고자 하는 대로 아이들을 대접하는 것은 물질적인 것으로 국한되지 않는다. 정서적이고 인격적인 면에서도 적용된다. 풀러청소년연구소의 카라 포웰(Kara E. Powell)은 4년간 미국 363개 교회와 공동체를 대상으로 "교회에 남아 있는 아이들은 왜 남아 있을까?"라는 주제에 대한 연구를 실시했다. 그리고 아이들이 교회에 남아 있는 이유, 아이들이 교회에 매력을 느끼는 이유를 찾아냈다. 다음은 포웰이 찾아낸 6가지 매력 요소다.

1) 권위를 집중시키기보다, (권위를) 골고루 청소년과 청년에게 나눈다.
2) 판단하거나 비판하기보다, 다음 세대 관점에서 이해하고 생각한다.
3) 형식적인 복음을 외치기보다, 예수님 중심의 메시지로 초대한다.
4) 세련된 예배나 프로그램보다, 서로 따뜻한 우정을 가꾼다.
5) 청소년과 그들의 가정을 우선 순위로 두고 선택과 결정을 내린다.
6) 다음 세대가 지역적, 세계적으로 좋은 이웃이 되게 한다.

　사랑의 수고는 물질적인 것, 정서적인 것, 인격적인 것, 정의로운 것을 모두 포함한다. 교회마다 대상마다 지역과 국가마다 시대마다 그 비율이 조금씩 다를 뿐이다. 매력적인 전도, 매력적인 교육 현장 만들기는 한국 교회 학부모들의 마음을 어루만져 주는 것으로도 이룰 수 있다. 필자는 한국 교회 학부모들이 마음속으로 간절히 원하는 것이 무엇인지 앞서 설명했다.

"내 자녀의 신앙 교육은 매우 중요하다. 하지만 현실적으로 나와 아이가 바쁘고 아이를 어떻게 지도해야 할지 몰라서 신앙 교육을 제대로 못하고 있다. 교회에서 이런 문제를 해결해 주었으면 좋겠다."

이런 상황이지만, 한국 교회 전체의 37% 정도만 가족 신앙 활동과 자녀의 미래 준비를 위한 자료와 교육을 정기적으로 제공해 준다. 한국 교회 학부모들이 원하는 것은 거창하지 않다. 자신의 가정을 신앙적으로 올바로 세우기 위해 교회로부터 '자녀와의 대화법', '부모 역할 교육', '자녀와 함께하는 신앙 프로그램', '자녀의 미래와 진로를 어떻게 지도해야 하는지' 등에 도움을 받기 원한다. 지금부터 이런 교육 프로그램을 만들자. 교사 교육만 정기적으로 하는 것이 아니라 학부모 교육도 정기적으로 하고, 교육에 출석하지 못한 학부모에게는 자료집이나 유튜브 영상을 만들어 지속적으로 제공하자. 매력적인 전도, 매력적인 교회, 매력적인 교육 현장이 되는 것은 어렵지 않다. 진심과 열정, 그리고 작은 사랑의 수고만으로 가능하다.

청소년기에 가장 큰 갈등의 대상은 부모와 자녀 관계다. 경제가 발전하면, 절대적 가난 문제는 적어진다. 대신, 갈등은 증가한다. 한국 교회의 지난 부흥기들은 '절대적 가난'이 전도와 양육의 중요한 가교(架橋, 다리를 놓는 일)였다. 지금은 '갈등 해소'가 가교다. 갈등을 해결해 주는 것은 매력적인 전도, 매력적인 교육 환경을 만드는 방법 중 하나다. '갈등'은 '개인이나 집단에서 일이나 사정 등이 복잡하게 뒤얽혀 화합하지 못하는 모양'을 이른다. 서로 상치되는 견해, 이해 차이로 인해 생기는 충돌, 정신적인 세계 내부에서 각기 다른 방향을 지닌 힘들이 충돌하는 상태다.[23] 청소년기 부모들과 아이들이 간절히 해결하기 원하는 갈등의 주제는 분명하다. 진로다. 미래 직업이다. 교회교육 현장에서 이 질문에 대한 대답을 가르쳐 주는 프로그램을 운영하면 매력적인 전도, 매력적인 교육 현장을 만들 수 있다.

'갈등'(葛藤)은 한자로 '칡 갈'(葛)과 '등나무 등'(藤)을 쓴다. 칡은 나무의 입장에서 왼쪽으로 감고 올라가는 성질이 있다. 등나무는 반대로 감고 올라간다. 좌갈우등(左葛右藤)이다. 둘 다 덩굴 식물이고 인간에게 유익한 특성을 가지고 있다. 칡덩굴은 흙을 고정시켜 침식을 막아 주고, 뿌리는 녹말을 함유해서 식용으로 좋고, 줄기로는 섬유를 만들 수도 있다. 칡은 산속에 살고, 한 계절에 길이가 18m까지 자란다. 등나무는 꽃이 크고 화려하고, 넉넉한 그늘을 만들어 주고, 은은한 향기도 내뿜는다. 등나무는 인간 주변에 내려와 산다. 그래서 둘이 서로 만날 일은 많지 않다. 하지만 어쩌다 소나무 아래서 만나면 문제가 심각해진다. 칡덩굴은 소나무를 왼쪽으로 감고 올라가고, 등나무는 반대로 감고 올라간다. 서로 얽히고설켜도 고집을 버리지 않고 끝까지 소나무 전체를 타고 올라가 소나무가 죽을 때까지 서로 있는 힘껏 옥죄며 대립한다. 그래서 갈등을 풀지 않으면 칡과 등, 소나무 모두 공멸한다. 칡과 등은 서로의 줄기를 최악으로 꼬고 조여 죽이고, 소나무는 수분 공급이 끊기며 말라 죽는다. 갈등의 뿌리가 깊을수록 서로 물러서지도 않고 치열하게 전투한다.

갈등은 힘의 차이가 현격하게 날 때 나타나지 않는다.[24] 비슷하고 경쟁적일 때 생겨난다. 서로의 이익이 첨예하게 다를 때 생겨난다. 진로, 직업은 부모와 자녀 사이에 첨예한 이익 갈등이 발생하는 이슈다. 서로 자신이 원하는 이익이 다르다. 진로에 대한 갈등은 어린아이 시절에 일어나지 않는다. 부모의 힘이 현격하게 세기 때문이다. 갈등은 청소년기에 시작된다. 이때부터 부모와 자녀의 힘이 비슷하고 경쟁적이기 때문이다. 청년이 되면 부모가 진다. 자녀의 힘이 현격하게 세지기 때문이다. 이때가 되면,

부모와 자녀의 갈등은 상대를 힘으로 제압하는 식으로 해소된다. 하지만 힘으로 갈등을 해소하면 한쪽이 죽는 듯한 아픔을 겪게 된다. 갈등은 해소되어도, 서로 앙숙이 된다. 심하면 복수를 해야 할 원수가 될 수 있다.

하나님은 두 나무를 앙숙으로 만들지 않으셨다. 등나무는 난온대 지역에서 자라게 만드셔서 추위를 견디지 못한다. 칡은 반대로 냉온대 지역에서 자라게 만드셨다. 하지만 냉온대와 난온대가 겹치는 사계절이 있는 지역(한국 남부, 일본 혼슈 이남, 중국 동남부 등)에서는 두 종이 함께 동거한다. 앙숙이 되지 않고 갈등을 원만하게 푸는 방법은 서로 같은 방향으로 감으면 된다.

중국에는 네 종류의 등나무가 있다. 그중에서 보라색 꽃을 피우는 자등(紫藤)나무는 칡과 같은 방향인 왼쪽으로 감는다. 칡과 자등나무는 서로 갈등을 일으키지 않는다. 한 방향으로 같이 감아 돈다는 것은 둘이 함께 한 목적을 가지고 자란다는 말이다. 이것이 어떻게 가능할까? 인간의 능력과 마음으로는 되지 않는다. 인간의 노력으로 할 수 있는 최선은 한쪽이 '포기'하는 것뿐이다. 한쪽이 지는 것뿐이다. 다른 방법은 없을까? 있다. 하나님의 편에서 생각하면 된다.

아브라함은 조카 롯과의 목초지 갈등을 '하나님을 바라봄'으로 해결했다. 롯이 좌우 중 어느 쪽의 땅을 차지하든 상관없이 하나님이 자기를 가장 좋은 초장으로 인도하실 것이라는 믿음, 하나님이 사막이 변해 초원이 되게 하실 것이라는 믿음, 하나님이 자신을 위해 세우신 계획(비전)과 약속이 있음을 그는 알고 있었다.

"아브람이 롯에게 이르되 우리는 한 친족이라 나나 너나 내 목자나 네 목자나 서로 다투게 하지 말자 네 앞에 온 땅이 있지 아니하냐 나를 떠나가라 네가 좌하면 나는 우하고 네가 우하면 나는 좌하리라"(창 13:8-9).

'미래준비학교'에서는 부모와 아이가 함께 미래를 생각하고 하나님이 주신 계획(비전)을 함께 찾아가면서 진로를 두고 벌어지는 갈등을 푼다. 아이들이 공부하지 않는 가장 큰 원인은 "왜 공부해야 하는가?"에 대한 동기 부여 부족이다. 나의 달려갈 길을 찾으면, 비전을 찾으면 필요한 공부를 스스로 하게 된다.

"기독교인으로서 미래와 진로를 어떻게 준비해야 하는가?", "나를 향한 하나님의 뜻이 무엇인가?", "하나님은 내가 어떤 사람으로 살기를 원하시는가?", "내가 하나님을 위해 해야 할 일은 무엇인가?" 이 질문들에 대답하는 것은 '한 사람을 온전히 세우는 것'과도 연결된다. 예수님은 "하늘에 계신 너희 아버지의 온전하심과 같이 너희도 온전하라"(마 5:48)라고 명령하셨다. 성도의 온전함은 두 가지 면이 있다. 하나는 '존재론적 온전함'이다. 이것은 예수 그리스도의 의의 전가로 획득된다. 다른 하나는 '역할론적 온전함'이다. 사도 바울이 "내가 달려갈 길과 주 예수께 받은 사명 곧 하나님의 은혜의 복음을 증언하는 일을 마치려 함에는"(행 20:24)이라고 고백한 것이 역할론적 온전함이다. 역할론적 온전함을 이루려면 이 땅에서 내 역할이 무엇인지 알아야 한다. 이 땅에서 내 역할을 '비전'이라고 부른다. 역할론적 온전함은 구원받은 이후에 성령의 도우심으로 이루어 간다.

"곧 창세전에 그리스도 안에서 우리를 택하사 우리로 사랑 안에서 그 앞에 거룩하고 흠이 없게 하시려고 **그 기쁘신 뜻대로 우리를 예정하사** 예수 그리스도로 말미암아 자기의 아들들이 되게 하셨으니…**그의 기**

뻐하심을 따라 그리스도 안에서 때가 찬 경륜을 위하여 예정하신 것이니…모든 일을 그의 뜻의 결정대로 일하시는 **이의 계획을 따라 우리가 예정을 입어** 그 안에서 기업이 되었으니 이는 우리가 그리스도 안에서 **전부터 바라던 그의 영광의 찬송이 되게 하려** 하심이라"(엡 1:4-12).

"그러므로 너희가 그리스도와 함께 다시 살리심을 받았으면 위의 것을 찾으라…위의 것을 생각하고 땅의 것을 생각하지 말라"(골 3:1-2).

하나님은 이 책을 읽는 한 사람, 한 사람을 구별하여 예정하시고 구원하셨고, 한 사람, 한 사람을 구별하여 예외 없이 개별적이고 특별한 계획을 가지고 계신다. 하나님은 나를 향한 계획으로 스스로 기뻐하신다. 우리도 하나님이 세우신 계획 안에서 기쁨을 누리기 원하신다. 나를 향한 구원이 은혜이듯, 나를 향한 계획(비전, 사명)도 은혜다. 마지막 때에 우리의 인생은 학위, 연봉, 장수, 명예, 권력, 재물의 규모 등으로 평가받지 않는다. 하나님이 세우신 특별한 계획을 찾고 그 길을 달려갔느냐로 평가받는다. 아무나 하나님의 영광의 찬송이 되지 못한다. 예수 그리스도로 구속받은 자가 하나님의 계획을 따라 살 때만이 영광의 찬송이 된다. 비전대로 사는 것, 그 자체가 하나님의 영광의 찬송이다.

필자는 15년 넘게 '미래준비학교'라는 프로그램을 만들어서 "어떻게 살아야 하는가?", "미래와 진로를 어떻게 정하고 준비해야 하는가?"에 대한 성경적 해답을 찾도록 돕는 사역을 하고 있다. 우리 자녀들이 미래와 진로를 준비하는 첫 출발점이 '비전'이다. 하나님은 우리를 이 땅에 보내실 때 하나님이 기뻐하시는 계획을 세워서 보내셨다. 하나님 편에서 나를 향한 계획을 우리 편에서는 '비전'이라고 부른다. 그래서 전공, 진로, 직업을 선택하는 것도 비전에 맞춰야 하나님이 기뻐하신다. 필자는 비전대로 사는 것에 진로, 직업 선택, 돈을 벌고 쓰는 것, 은퇴 이후의 생활 등 모든 것이 다 들어 있다고 믿는다. 하나님과 동행도 그 안에 있다. 하나님과 동행한다는 것은 하나님의 계획을 따라 산다는 것이다. 그래서 비전(내 사명, 내가 달려갈 길)에 들어서야 비로소 하나님과 동행한다. 하나님 체험도 그 안에 있다. 기도 응답도 그 안에 있다. 다음은 필자가 '미래준비학교'에서 가르치는 비전을 찾는 프로세스다.

| '미래준비학교' 비전을 찾는 프로세스 |

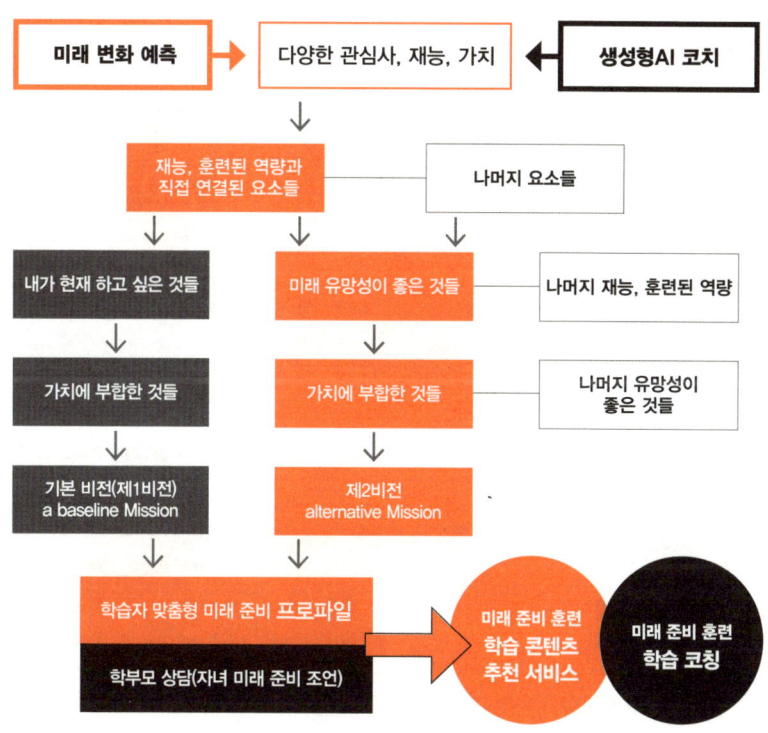

필자는 비전(사명)의 성경적 정의부터 가르친다. 성경은 '비전'(사명)을 '하나님이 가치 있게 여기시는 시대적 소명'이라고 가르친다. 하나님이 주신 비전을 찾으려면 하나님 나라 속에서 나의 위치를 찾아야 한다. 사회 속에 나를 찾아야 한다. 우리가 살아갈 미래 속에서 나를 찾아야 한다. 그리고 하나님이 내게 주신 계획을 성취할 수 있도록 주신 나의 본모습을 찾아야 한다. 필자는 '미래준비학교'를 통해 이를 찾을 수 있도록 돕는다. 다음은 필자가 하나님이 내게 주신 계획을 성취할 수 있도록 주신 나의 본모습을 찾을 때 사용하는 검사 프로파일 중 일부다.

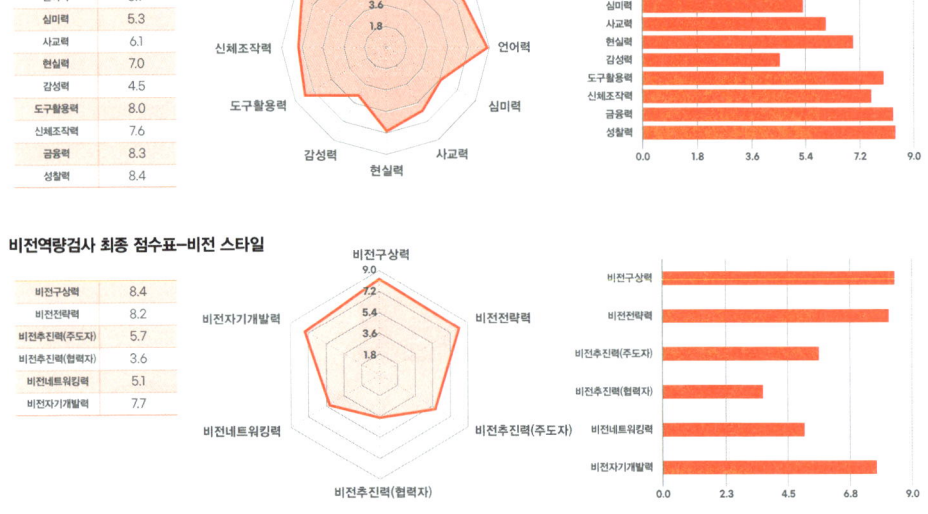

| '미래준비학교' 검사 프로파일 |

'미래준비학교'에서는 내 마음의 중심에 하나님의 기준을 심는 훈련도 한다. 하나님의 사람으로서 세상을 다스리는 책임감을 훈련시킨다. 하나님은 당신에게 "이 땅을 다스리라"라는 창조 대명령(문화 대명령, 창 1:28)과 "모든 민족을 제자로 삼아 세례를 주고 하나님 말씀을 지키게 하라"라는 지상 대명령(마 28:18-20)을 주셨다. '미래준비학교'에서는 두 가지 명령을 어떻게 완수할 수 있을지를 가르친다. 필자는 '다스림'이 무엇인지 성경적 정의부터 다시 가르친다. 성경적 다스림은 지배, 남용, 낭비가 아니다. 다스림은 '경계하고(watch, guard), 대비(대응, 치유)하고(prepare, respond, heal), 이끄는 것(lead)'이다. 이것은 청지기적 경영의 정수와 연결된다.

필자는 '미래준비학교'를 통해 두 가지를 경계하도록 가르친다. 시대마다 나타나는 새로운 바벨탑(창 10-11장)을 경계해야 한다. 바벨탑은 하나님이 주시는 지혜의 남용과 오용의 상징이다. 또한 시대마다 만들어지는 새로운 약자, 이웃이 겪을 시대적 고통도 경계해야 한다. 전자는 죄의 관영함을 막기 위함이고, 후자는 이들이 복음 전파의 대상이며 구원받고 보호받아야 마땅한 존귀한 하나님의 창조물이기 때문이다. 필자는 하나님의 사람이 대비하고 대응(치유)해야 할 것이 무엇인지도 가르친다. 우리 앞에 이미 들이닥친 위기에 대응해야 한다. 그리고 앞으로 나타날 시대적 위기를 대비(준비)해야 한다. 필자는 하나님의 사람으로서 세상을 어떻게 이끌어야 할지도 가르친다. 모세와 여호수아는 이스라엘을 '약속의 땅'으로 인도했다. 기독교인들은 세상으로 나가서 세상을 하나님이 기뻐하시는 더 나은 미래로 이끌어야 한다. 궁극적으로, 하나님 나라로 이끌어야 한다.

"네가 자기의 일에 능숙한 사람을 보았느냐 이러한 사람은 왕 앞에 설 것이요 천한 자 앞에 서지 아니하리라"(잠 22:29).

'미래준비학교'에서는 하나님이 내게 주신 것을 '능숙하게 완성시키는 방법'도 가르치고 훈련한다. 비전 성취에 필요한 '역량'에 대한 맞춤형 훈련이다. 하나님이 우리 각자에게 맡기신 것을 '지혜롭게, 진실하게 관리'하는 훈련도 시킨다. 부모와 아이들의 반응은 매우 뜨겁다. 필자는 매 기수 30명씩 선착순으로 신청을 받는데, 지금까지 진행하는 전 기수가 조기 마감되고 있다. 필자가 진행하는 '미래준비학교'에서 자신의 미래를 준비하고 성경적인 진로를 탐색하기 위해 전국에서 모여들었다. 필자의 경험으로, '미래준비학교'는 진로를 고민하는 사람에게는 인재 양성과 전도의 접촉점이 된다. 미래를 고민하는 사람에게는 양육의 출발점이 된다. 은퇴 이후를 고민하는 사람에게는 새로운 출발의 계기가 된다. 남은 인생, 하나님을 기쁘시게 하는 삶을 어떻게 살아야 하는지에 대한 해답을 찾는 장소가 된다. 다음은 최근 '미래준비학교'에 참여했던 이들의 고백이다.

"설교자로서 늘 씨름하는 고민이 어떻게 하면 신앙과 삶이 이원화되지 않고 성도들이 구체적인 삶의 현장에서 하나님 나라의 실재를 경험하도록 할 것인가 하는 것이다. '미래준비학교'는 '하나님이 가치 있게 여기시는 시대적 소명'으로서의 비전을 각자의 삶에서 구체화할 수 있는 효과적인 방법을 제시함으로써 이 고민을 해소하는 유용한 도구가 될 수 있겠다는 확신이 들었다." - ㅇㅇ교회 담임 목사

"비전이 무엇인지 명쾌한 정의를 얻게 되어 좋았고, 특히 자녀들에게 소명에 따른 비전을 어떻게 찾아갈 수 있는지 구체적인 방법(비전 코칭)을 제시해 주어 좋았다." - ㅇㅇ교회 성도

"개교회에서 '미래준비학교'를 한다는 것 자체가 굉장히 큰 축복이다. 왜냐하면 다양한 세대들이 다음 세대를 위해서 함께 미래를 준비한다는 것 자체가 미래가 있기 때문이다. 불확실한 시대에 추상적인 준비가 아니라, 실제적인 준비를 위해 반드시 들어야만 하는 '미래준비학교'를 적극 추천한다." - ○○교회 담임 목사

"'미래준비학교'는 미래에 더 나은 삶을 살기 위해 그리스도인으로서 급변화하고 급성장하는 시대를 어떻게 이해하고 준비해야 하는지 실제적인 방향을 잘 제시해 주는 것 같다. 그동안 교회에서 배웠던 비전과는 사뭇 다른, 추상적 개념에서 실제적 개념으로 접근해 주었다."
- ○○교회 성도

"12시간이 마치 나에게 주신 선물과 같은 시간이었다. 비전은 구하기도 하지만 찾는 것이라는 내용이 마음에 와닿았다. 비전을 너무 넋 놓고 기다리는 것으로만 생각했던 나 자신을 돌아보게 되었다."
- ○○교회 성도

"나는 미래에 대한 고민이 많고 성장에 대한 갈망이 항상 있는 사람이었다. '비전이란 하나님이 가치 있게 여기시는 시대적 소명이며, 24시간 모든 시간을 주님의 영역 안에서 사용해야 한다. 비전이란 하나만 있는 것이 아니다. 다양한 시나리오 안에서, 다양한 역할 속에서 그 역할에 맞는 비전을 찾아 나가야 한다'는 말이 가슴 깊이 와닿았고, 부에 대한 가치관도 재정립할 수 있어서 뜻깊은 시간이었다."
- ○○교회 대학생

| CYS미래준비학교 워크숍 단계 |

워크숍 1단계	주제	세부 내용	비고	시간(총8H)
비전 스케치 워크숍 (비전 터다지기)	CYS미래준비학교 개요	개요 및 효과	강의	0.5h
	CYS미래준비학교 철학	성경적 철학	강의	0.5h
	워크숍 Session 1	비전 가치 탐구	강의, 워크숍	1.5h
	워크숍 Session 2	미래 시나리오 탐구	강의, 워크숍	2.5h
	워크숍 Session 3	비전 성취 도구	CYS비전역량검사 및 해석	1h
	워크숍 Session 4	비전 재정 준비	강의	2h
	다음 단계 안내	Extended Class	강의, Extended Class(심화교실) 신청	
	참고도서	개인 과제	한국 위대한 반격의 시간, 부의 사명, S&P500 은퇴 준비	

심화 교실	주제	세부 내용	비고	시간(총40H)
가치 심층 탐구 미래 심층 탐구 자기 심층 탐구	신적 가치	성경공부, 기독교 세계관 공부	교역자 인도	9h
	미래 탐구	STEEPs 미래 시나리오 공부	한국 위대한 반격의 시간	20h
	심리 검사	에니어그램, MBTI, 다중지능	전문 강사 인도	9h
	자기 발견	자존감 점검, 기타 자원 확인	교역자 인도 및 1:1 코칭	2h

워크숍 2단계	주제	세부 내용	비고	시간(총14H)
비전 디자인 워크숍	CYS비전디자인 소개	개요, 프로세스	강의	0.5h
	워크숍 Session 1	제1비전 확정	강의, 워크숍(비전선언서 등 작성)	0.5h
	워크숍 Session 2	나의 미래지도 구성	강의, 워크숍	1.5h
	워크숍 Session 3	또 다른 비전들 확정	강의, 워크숍	2.5h
	워크숍 Session 4	비전 재정 심화 학습	강의, 워크숍(금융투자 시뮬레이션 완성)	1h
	워크숍 Session 5	비전 훈련	강의, 워크숍(학습지도 코칭 포함)	2h
	워크숍 Session 6	비전 계획 및 전략	강의, 워크숍(진로, 직업지도 코칭 포함)	6h
	참고도서	개인 과제	한국 위대한 반격의 시간, 부의 사명, S&P500 은퇴 준비	

　필자는 20-29세 층이 기독교 전체 평균 복음화율(19.1%)보다 4%p 하회한다고 분석했다. 대학청년부 시절 탈교회 절정에 이르기 때문이다. 그 속도도 가팔라지고 있다. 그중에서도 20-24세 남자 감소율만 급격하게 진행되고 있다. 필자는 이 문제도 해결할 단초가 있다고 생각한다.

　2023년 7월 육군 제50사단에서 감리교군선교회가 주관하고 목원대학교회와 논산제일교회가 후원한 신병 세례식이 있었다. 참석 인원 350여

명 중 122명이 기독교인으로 거듭났다. 약 35%의 전도율이다.[25] 필자도 군종병 출신이다. 필자의 경험으로도 군 선교는 가장 효과적이고 필요한 사역이다. 20-24세 남자 감소율이 급격하게 진행되는 문제를 해결할 가장 확실한 사역 전략이다.

필자는 군 선교를 하는 분을 만날 때마다 그분들에게 '미래준비학교'를 추천한다. 군대는 국방의 의무를 다하는 시기이지만, 동시에 미래에 대한 준비를 할 좋은 시기다. 미래에 대한 고민이 많고 성장에 대한 갈망이 큰 나이인 그들에게 '비전은 하나님이 가치 있게 여기시는 시대적 소명이며, 24시간 모든 시간을 주님의 영역 안에서 사용해야 한다'는 것을 가르치는 것은 뜻깊은 시간이 될 수 있다. 군 제대 후에 교회로 다시 돌아갈 수 있는 다리를 마련하는 사역이다.

사역 전략 3.
작은 것에 충성한다

"주인이 이르되 잘하였다 착한 종이여 네가 지극히 작은 것에 충성하였으니 열 고을 권세를 차지하라 하고"(눅 19:17).

"지극히 작은 것에 충성된 자는 큰 것에도 충성되고 지극히 작은 것에 불의한 자는 큰 것에도 불의하니라"(눅 16:10).

하나님께 칭찬받는 사역 전략 세 번째는 '작은 것에 충성한다'이다. 작은 것에 충성하는 것은 두 가지 의미다.

첫째, 말 그대로 '한 사람을 중요하게 여기자. 한 사람부터 시작하자'는 것이다. '문을 닫은 주일학교를 다시 열고, 포기했던 전도를 다시 시작해도 한 명으로 무엇을 할 수 있을까? 큰 변화가 일어날까?', '작은 사랑의 수고가 무슨 의미가 있을까?' 하는 의구심이 들 수 있다. 그것은 하나님의 통치 방법을 알지 못해서 하는 말이다. 세상에도 "티끌 모아 태산"이라는 속담이 있다. 기적은 작은 것에서 시작된다. 645년, 당 태종 이세민은 고구려 안시성을 정복하기 위해 이도종에게 성의 동남쪽 귀퉁이에 토산을 쌓으라고 명령했다. 당나라 장군 이도종은 2개월에 걸쳐서 연인원 50만 명을 동원해서 안시성 높이의 토산을 쌓는 데 성공했다. 인간도 흙을 모아 태산을 쌓아 올릴 수 있다.

한국 교회가 5만 교회, 6만 교회라고 말한다. 필자는 한국 교회의 실제 숫자는 5만 교회 내외라고 추정한다. 앞으로 10년 동안 5만 교회가 매년 한 명씩만 주일학교 아이들을 전도하자. 영유아부부터 고등부까지 통틀어서 1년에 한 명이다. 매년 5만 명씩, 10년이면 50만 명의 새로운 기독교인이 증가한다. 50만 명은 매우 큰 숫자다. 필자는 2060년이면 최악의 경우 한국 교회 어린이부, 중등부, 고등부를 합한 숫자가 30-40만 명까지 감소할 수 있다고 전망했다. 50만 명은 이런 미래가 오지 않게 할 수 있는 숫자다.

만약 앞으로 10년 동안 한국 교회가 영유아부, 유치부, 유년부, 소년부, 중등부, 고등부까지 6개 부서에서 각각 1년에 한 명씩만 전도하면, 파괴력은 더 커진다. 10년이면 300만 명의 새로운 기독교인이 증가한다. 필자는 2060-2070년에 최악의 경우, 한국 교회 실제 출석 교인 인구가 300만 명 미만으로 추락할 수 있다고 예측했다. 주일학교 6개 부서에서 각각 매년 한 명씩 10년간 전도해서 만든 300만 명은 이런 미래가 오지 않게 하는 숫자다. 10년 후가 되면, 주일학교만 튼튼해지는 것이 아니다. 주일학교에 10년을 집중하면, 10년 후에는 청년과 장년으로 이어지는 다리도 완성된다. 하나님의 통치 방법 중 하나는 기하급수적 성장이다. 주일학교가 전도를 다시 시작하면, 하나님이 새로운 300만 용사에 축복하셔서 한국 교회 전체가 양적 재부흥을 이루는 역사로 바꿔 놓으실 것이라고 믿는다. 필자는 10년이면 놀라운 부흥을 눈으로 확인할 수 있는 '임계점'에 도달할 수 있는 충분한 시간이라고 믿는다. 임계점은 기하급수적 성장이 가시적으로 나타나기 시작하는 터닝 포인트다.

| 한국 교회 빅체인지 10년 전략 - 하나님의 통치 법칙 |

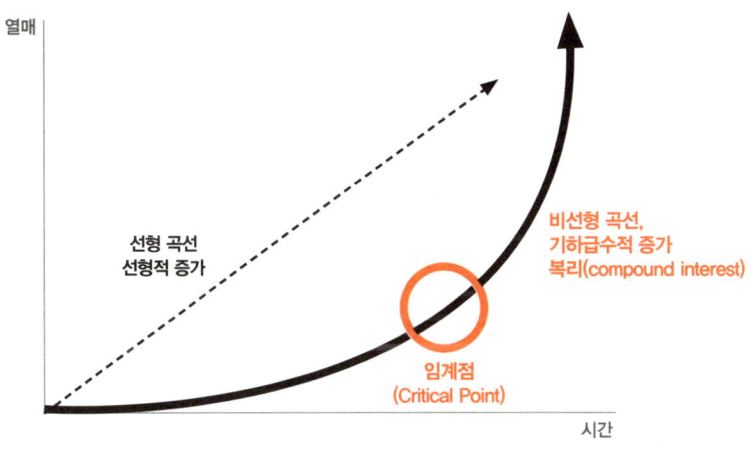

충성해야 할 작은 것은 생각보다 많다. 먼저, 자기 몸 관리도 작지만 중요하다. 내 몸도 관리하지 못해서 하나님의 일이 방해받거나 멈춰서는 안 되기 때문이다. 시간 관리도 작지만 중요하다. 마음 관리도 충성해야 할 작은 일이다. 돈만 없는 것이지, 관리해야 할 작은 것은 많다. 이렇게 이

미 주신 작은 것에서 시작하는 것이 충성이다. 세상에서도 작은 행동이 큰 변화를 일으키는 일은 많다. 일명 '나비 효과', 기하급수적 변화다. '뻔한 건강 습관 8가지'를 모두 지키면 수명이 최대 24년 길어진다는 연구 결과가 있다. 일리노이대 의대 연구팀이 미국 퇴역 군인 약 70만 명을 조사한 결과다. 8가지 건강한 생활 습관은 신체적으로 활동적인 생활, 마약 중독 없는 생활, 금연, 스트레스 관리, 좋은 식단, 정기적인 과음 삼가, 수면 환경의 깨끗한 위생 상태, 긍정적인 사회 관계다.[26]

성공이나 거대한 일을 성취하는 것도 같은 원리다. 세계적인 팝아트 선구자인 미국의 앤디 워홀(Andy Warhol)은 대학을 졸업하고 취업 준비를 하던 시절에 어느 날 밤 우연히 그린 스케치 하나로 삽화가로 데뷔하여 팝아트의 길을 걷기 시작했다. 국내 최고의 광고인으로 알려진 박웅현 씨도 술값을 벌어 볼 요량으로 광고 공모전에 지원하면서 적성을 발견했다고 고백했다. 재일 교포이자 세계 최고의 기업가이며 투자자인 손정의 씨는 무명 시절에 발명 아이디어를 하나씩 적으면서 사업가를 꿈꿨다. 가수 신승훈 씨도 "집사부일체" 프로그램에 출현해서 자신의 성공 비결은 악상이 떠오르면 곧바로 녹음해 두는 작은 행동이라고 했다. '고작 한 번 해본 일', '별것 아닌 것처럼 보이는 작은 일'이 계기가 되어서 성공의 길이 시작되었다.[27]

『나는 고작 한 번 해봤을 뿐이다』라는 책을 쓴 EBS 김민태 피디는 성공한 사람들의 시작점에는 그리 대수롭지 않은 '작은 행동'이 있었다고 분석했다. 본인도 출근길에 고작 15분 더 걷는 작은 일로 어깨 결림이 사라지고, 독서량이 급증했고, 인간관계와 업무에도 긍정적 변화가 일어나는 것을 경험했다고 고백했다.[28]

재정을 꼼꼼하게 운영하는 것부터 충성하라

작은 것에 충성하는 것의 두 번째 의미는 '세밀함'이다. '청지기가 충성을 다한다'는 것은 여러 가지 모양을 가진다. 주인을 절대적으로 믿는 것도 충성이다. 주인이 명령하는 대로 하는 것도 충성이다. 주인에게 더 나은 도움이 되기 위해 창조적으로 일을 하는 것도 충성이다. 필자는 청지기 덕목에 하나를 더한다. 세밀함이다. 충성된 종은 주인의 것을 단돈 1원이라도 허투루 사용하지 않는다.

필자는 매년 그해 재정 계획서와 앞으로 10년간의 재정 계획서를 세밀하게 작성하고, 그것을 하나님 앞에 놓고 기도한다. 히스기야가 산헤립의 편지를 펼쳐 놓고 기도했듯이 말이다(왕하 19:14). 기도하면서 꼼꼼하게 점검하고, 모자란 재정을 하나님 앞에 간구한다. 매년 연말에 결산을 하면, 필자가 연초에 꼼꼼하고 세밀하게 짠 재정 계획서대로 맞지 않는다. 하나님이 그것보다 더 주시기 때문이다. 매년 맞지 않아도, 필자는 지금도 계속하고 있다. 그것이 충성이라 믿기 때문이다. 곳간을 채우는 일은 주인이신 하나님이 하신다. 곳간 열쇠를 주인으로부터 맡은 종은 매일 재고 정리를 꼼꼼하게, 세밀하게 하는 것이 책무다.

한국 교회의 80%가 성도 수 200명 미만이다. 이런 교회는 교회 재정이 넉넉하지 않다. 이런 교회일수록 재정 관리를 더욱 세밀하게 해야 한다. 세상은 아이러니하다. 돈이 차고 넘치는 사람은 돈 관리를 꼼꼼하게 할 필요가 없다. 하지만 세상에서는 이런 사람들이 10원 한 장도 꼼꼼하게 사용한다. 반대로 돈이 부족한 사람일수록 돈 관리를 허투루 한다. 큰 부자는 하나님이 특별한 사람에게만 허락하신다. 하지만 하나님은 누구나 성실하게 노력하고 관리하는 지혜를 발휘하면 작은 부자는 될 수 있게 하신다. 작은 교회일수록 재정이 넉넉하지 않기 때문에 효율성을 높이는 지혜를 발휘해야 한다. 재정을 꼼꼼하고 세밀하게 운영해야 한다. 하나님은 작은 것에 충성하는 자에게만 큰 것을 맡기신다. 작은 사역에 충성하면, 하나님은 큰 사역을 맡기신다. 재정도 마찬가지다. 돈이 없어서 사역을 할 수 없다고 말하기 전에, 우리 교회가 재정을 세밀하고 지혜롭게 사용하고 있는지부터 점검해 보자.

다르게 생각하면(Think differently), 할 일이 보인다

필자가 많이 듣는 푸념이 있다. "우리 교회는 작아서, 나는 약해서, 은퇴하니 힘이 없어서 할 수 있는 일이 없습니다." "내 주위에는 아무도 움직이지 않아서 할 일이 없고, 그래서 일을 못합니다." 정말 그렇게 생각하는가? 작거나 약해서 할 수 있는 일이 없는 것이 아니다. 나 혼자밖에 없어서 일을 못하는 것이 아니다. 생각이 위축되어서 할 일이 보이지 않는 것이다. "하늘이 무너져도 솟아날 구멍이 있다"는 속담이 있다. '다르게 생각하면'(Think differently), 할 일이 보인다. 다르게 생각하면, 부흥의 작은 불씨를 발견할 수 있다. 다르게 생각하는 것은 역발상을 해보는 것이다. 이전과 다르게 생각해 보는 것이다. 생각은 하나님이 인간에게 주신 최고의 선물이자 능력이다. 언젠가 한 기독교 신문에 실린 설교 한 편을 읽은 적이 있다. 그 설교에 이런 예화가 실려 있었다.[29]

"누가 봐도 부자인 유대인 한 사람이 한 은행에 돈을 빌리기 위해 들어갔다. 그는 은행 직원에게 '돈을 빌리고 싶습니다'라고 말을 했다. 그러자 은행원은 '얼마나 빌리고 싶으십니까?'라고 물었다. 은행 직원은 이 부자 유대인이 최소한 10만 달러 이상은 빌리려고 할 것이라고

어림짐작을 했다. 하지만 의외의 대답이 돌아왔다. '1달러를 빌리고 싶습니다.'

자신의 귀를 의심한 은행 직원은 '예? 지금 1달러라고 말씀하신 것 맞습니까?'라고 되물었다. '예, 맞습니다.' 유대인이 말했다. 은행원은 어이가 없었지만, 이렇게 응대했다. '예, 1달러를 빌려 드리겠습니다. 하지만 담보가 있어야 합니다. 저희 은행의 원칙입니다. 담보로 무엇을 맡기실 예정입니까?' 그러자 기다렸다는 듯, 부자 유대인은 가방 하나를 은행원에게 건넸다. 그 가방에는 50만 달러 가치의 주식과 채권이 들어 있었다. '이것도 담보가 될까요?' 유대인이 물었다. 은행 직원은 '예'라고 대답했지만, 속으로 또 한 번 놀랐다. '1달러를 빌리는 사람이 50만 달러짜리 주식과 채권을 담보로 맡긴다고?' 은행원은 이해가 되지 않았다. 하지만 행정상 문제가 없어서 그 담보를 잡고 부자 유대인에게 1달러를 빌려주었다."

이 이야기를 읽고 무슨 생각이 드는가? 은행원처럼 고개가 갸우뚱한가? 필자는 이 이야기를 듣고 감탄을 했다. 미국은 은행에 돈을 맡기면 예금자가 보관료를 내야 한다. 비싸거나 중요한 물건을 은행 대여 금고에 보관하면 수백에서 수천 달러의 임대료를 내야 한다. 부자 유대인은 단 1달러로 50만 달러 상당의 주식과 채권을 가장 싸고 안전하게 보관한 영리한 사람이다. 부자 유대인은 1달러에 대한 이자만 내면 되기 때문이다. 부자 유대인은 남들이 하지 못한 생각을 했다. 창의적 생각은 별것이 아니다. 남들과 다르게 생각하는 것이다. 그러면 할 일이 보인다. 기회가 보인다. 솟아날 구멍이 생긴다.

21세기 최고의 혁신가이자 위대한 비즈니스맨인 스티브 잡스(Steve Jobs)

는 애플의 이미지를 'Think Differently'(다르게 생각한다)로 각인시켰다. 애플의 최고 능력은 최고 기술이 아니다. '생각'이다. 테슬라의 CEO 일론 머스크(Elon Musk)의 진짜 역량도 '생각'이다. 마이크로소프트 설립자 빌 게이츠(Bill Gates)도 '생각'을 가장 중요하게 여긴다. 빌 게이츠는 외부 세계와 차단된 외딴곳에서 생각만 하는 기간인 '생각 주간'을 일 년에 두 번씩 가지는 것으로 유명하다. 혁신가나 위대한 경영인은 생각을 중요하게 여긴다. 그들은 기회를 잡는 것도, 위기를 극복하는 것도 '생각의 힘'으로 한다. 돈의 힘은 그냥 거들 뿐이다.

하나님의 사역도 마찬가지다. 생각은 하나님이 인간에게 주신 최고의 무기다. "다르게 생각하면, 회복과 부흥이 보인다"는 말은 거짓이 아니다. "다르게 생각하면, 부흥의 작은 불씨를 발견할 수 있다"는 말은 틀린 말이 아니다. 부족한 재정은 생각의 힘으로 얼마든지 메울 수 있다. 부족한 사람도 생각의 힘으로 메울 수 있다. 세계 최고의 부자인 워런 버핏(Warren Buffett)도 돈이 한 푼도 없던 때가 있었다. 스티브 잡스, 일론 머스크, 빌 게이츠도 창고에서 시작했다. 그들을 일으켜 세운 것은 돈이 아니다. 생각과 비전이다. 열정이다.

예수를 믿지 않는 사람도 다르게 생각하여 시대를 바꾸는 혁신가로 우뚝 선다. 남들이 다 포기할 때, 남들이 길이 없다고 말할 때 대중의 생각과 다르게 생각해 보자. 세상은 다르게 생각하기를 즐겨하는 이들을 통해 발전했다. 목회와 사역, 전도도 마찬가지다. 주일학교 회복과 부흥도 마찬가지다. 하나님은 다르게 생각하는 목사, 다르게 생각하는 장로와 권사, 다르게 생각하는 교사, 다르게 생각하는 직분자, 다르게 생각하는 순장이나 구역장을 통해 회복과 부흥을 이끄신다. 10명의 정탐꾼과 '전혀 다르게 생각했던', 그리고 '하나님이 일하시는 방법'을 기억하고 있었던 여호수아와 갈렙을 통해 하나님은 거대한 가나안 거주 세력을 무찌르고 약속의 땅에 들어가는 기적을 이루셨다.

80대 이상을 전도하여 마을을 완전 복음화하라

필자가 한 가지 예를 들겠다. 한국 교회의 초고령화 속도가 빠르다. 다음 그림을 보자. 2015년 통계청의 자료를 따라 고령 인구 비율을 지역별로 표시한 그림이다. 고령 인구가 30%를 초과한 지역이 많이 보인다. 65세 이상 인구가 20%를 넘으면 초고령사회라고 부른다. 지자체 단위에서 고령 인구 비율이 20%를 넘은 지역도 전 국토의 절반에 달한다.

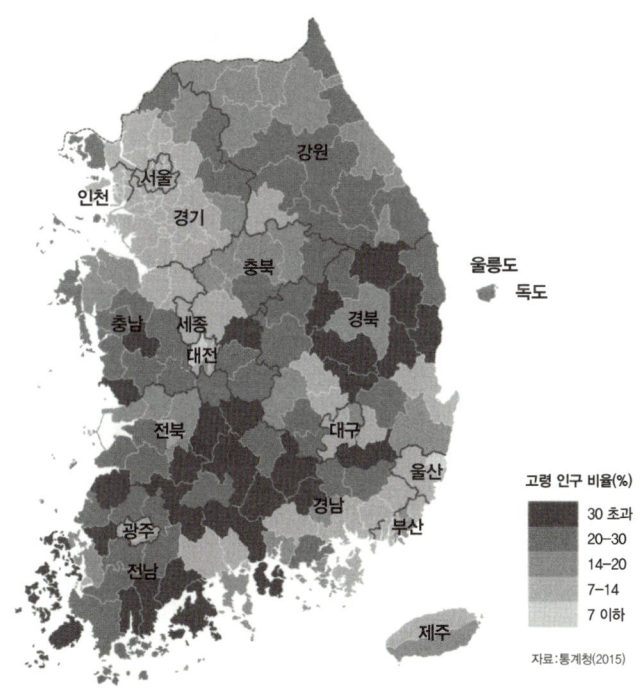

| 고령 인구 비율(2015년 기준) |

저출산과 함께 고령화 역시 국가도 막기 힘든 거대한 쓰나미다. 2017년에 대한예수교장로회 합동교단의 자체 분석한 자료에 따르면, 2037년경에 대다수 교회들이 완전 고령화에 빠질 것으로 예상되는 지역은 제주, 충북, 울산, 강원, 충남, 대전, 경남이다.

2037년경 합동교단에서 완전 고령화될 교회 비율은 전체 교회의 82.9%에 달한다. 200명 이하 교회 대부분이 완전 고령화된다는 예측이다.[30] 2037년까지는 앞으로 얼마 남지 않았다. 이 정도 시간으로는 고령화 추세를 돌이키는 것은 불가능한 일이다.

불가능하다는 것을 모두 알기 때문에, 이런 지역에 있는 교회와 목회자는 절망한다. "할 수 있는 일이 없다"고 말한다. 2023년 기독교대한감리교에서 조사한 바에 따르면, 농어촌 목회자 절반이 교회의 미래를 비관하고 있다. 이유는 고령화, 교인 감소, 열악한 재정 등이다.[31]

그렇다. 고령화는 막을 수 없다. 농어촌 교회의 재정은 열악하다. 하지만 생각을 바꾸면 대응할 길을 발견할 수 있다. 새로운 사역의 기회를 발견할 수 있다. 완전 고령화되는 것과 사역을 할 수 없는 것은 다른 문제다. 다음 도표를 보자. 2023년과 2037년 한국의 5세별 연령층의 변화를 그린 도표다.

필자는 앞에서 50세 이상의 특성에 대해서 분석했다. 정리하면, 50세 이상 연령층은 상대적으로 종교심이 높다. 기독교 비율도 높다. 6·25전쟁 이후 한국 교회 제3의 부흥기의 열매가 유지되고 있고, 인간 자체가 50대를 넘어가면서 종교심이 커지기 때문이다. 이 나이를 넘어서면 인생에 대한 깨달음이 깊어진다.

| 2023년, 2037년 한국의 5세별 연령층의 변화 |

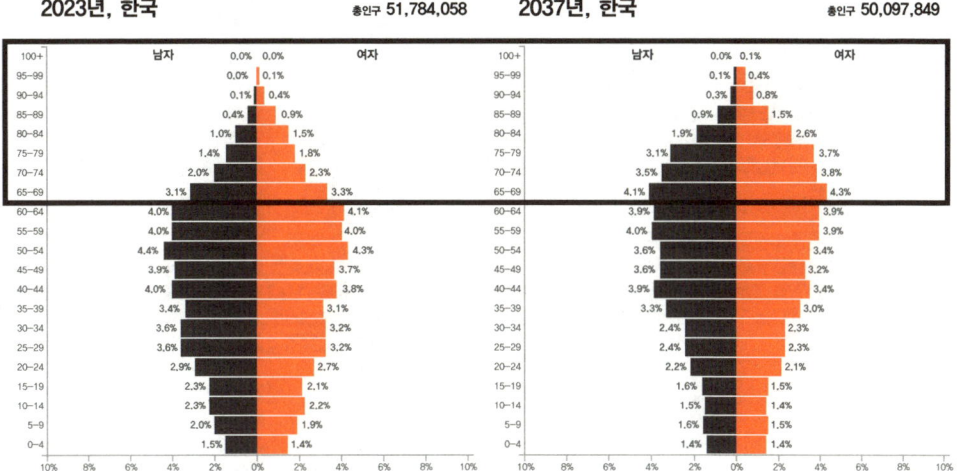

　5060세대는 인생의 최고 역경을 지나서 나름 "세상의 것은 허무하다"는 결론을 내리기 시작한다. 반평생을 배우고 경험했지만 진리의 지식에 이르지 못했다는 자괴감도 들기 시작한다. 특히 평생 불신자로 살았어도 참된 진리에 대한 욕구와 죽음에 대한 두려움이 커지면서 구원과 영생에 대한 호기심이 늘어난다고 분석했다. 실제로 60대부터는 나이가 들수록 기독교 비율도 점점 높아진다.

　이 세대는 앞으로 교회 이탈률이 미미하고 전도 가능성은 높아지는 그룹이라고 분석했다. 다음 도표에 나타나듯, 60세 이상에서는 총인구도 늘어나고 복음화율도 상승했다.

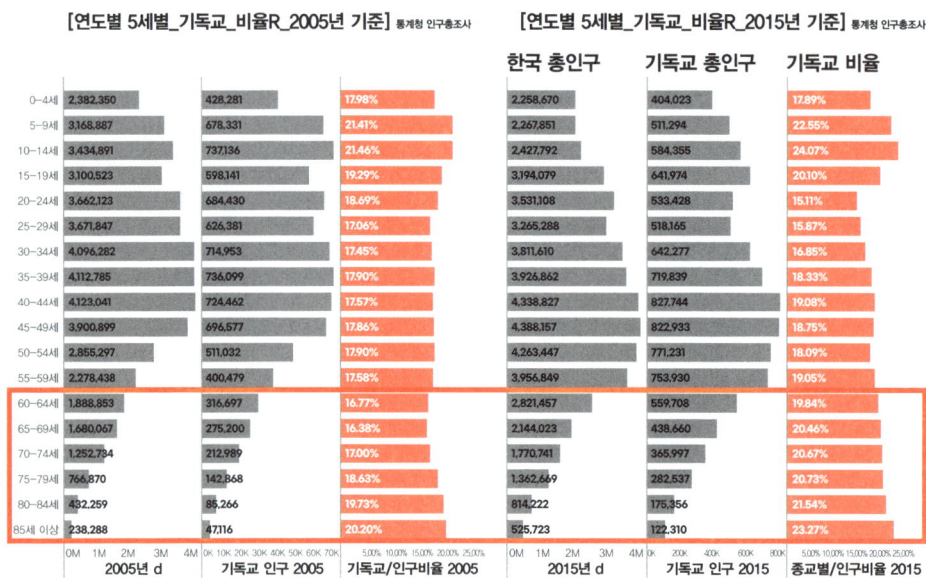

| 2005-2015년, 연령별 기독교 인구 비율 변화 |

총인구도 증가하고, 복음화율도 상승

    이런 내용으로 우리는 두 가지 통찰력을 얻을 수 있다. 하나는 "65세 이상은 전도의 황금 밭이다"라는 통찰력이다. 2037년경에는 65세 이상에서는 연령층별로 적게는 30%, 많게는 2배 이상 증가한다. 생각을 바꾸자. 2037년에는 이 연령층에서 30-100% 양적 성장이 가능하다. 다른 하나는 "80세 이상 연령대로 구성된 마을은 전체를 복음화할 수 있는 기회가 있다"는 통찰력이다. 한국의 농어촌은 소멸을 기다리는 지역이다. 패배와 절망이 가득한 지역이다. 하지만 우리는 이런 지역을 영적인 눈으로 다르게 보아야 한다. 영적인 눈을 열어, 하나님이 주시는 또 다른 미래와 희망을 주는 지역이라는 것을 발견해야 한다.

작지만 아름답게 퇴장한다

다음은 한국의 소멸 가능 지역들이다. 2023년 현재, 대부분 연령층이 65세 이상 노인으로 구성된 지역들이다. 이 지역들이 소멸하면, 이 지역에 있는 교회들도 소멸한다. 필자는 한국 교회 총인구 감소와 관련해서 가장 우려하는 위기로 '지방 교회 소멸 대재앙'을 꼽았다. 2035년 이후부터 한국 교회 총인구 감소가 시작되면, 지방 교회 소멸은 가속화된다.

| 전국 시군구별 소멸 위험 지역 |

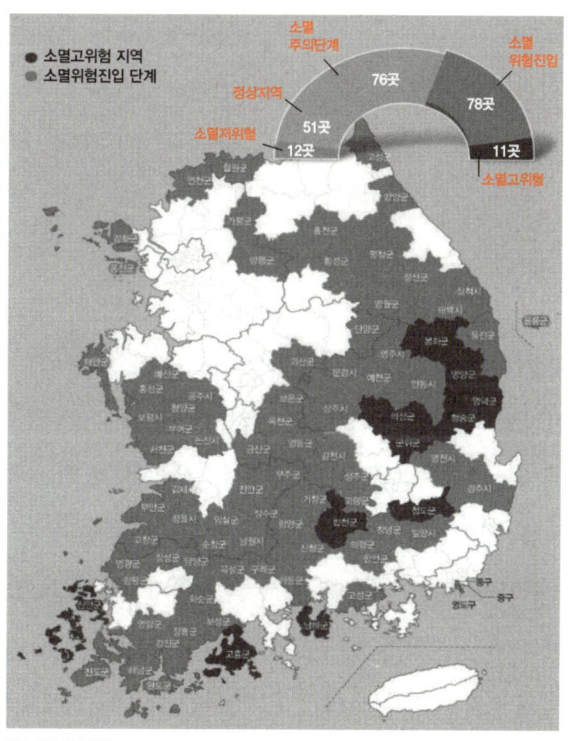

자료: 한국고용정보원 2018.08.13 뉴시스 그래픽: 전진우 기자

한국 전국 시군구에 있는 지방 교회 60-70%가량은 이미 '데드 크로스 현상'에 직면했다. '데드 크로스'(Dead Cross)는 사망자 수가 출생자 수보다 많아서 인구가 자연 감소하는 현상이다. 2060년, 현재 데드 크로스에 빠진 교회 중 상당이 성도가 한 명도 없게 되면서 문을 닫게 될 수 있다.

필자가 몸담고 있는 예장합동 교단은 2017년 기준으로 전체 교인 수가 100명 이하인 교회가 68.8%, 100-199명이 14.1%다. 82.9%가 200명 미만인 셈이다. 현재 진행되고 있는 초고령화 속도라면, 2040년경이면 200명 미만 교회는 대부분 전체 교인의 50% 이상이 65세 이상이 될 가능성이 높다. 2060년이 되면, 이들 교회(현재 200명 미만)의 절반은 데드 크로스 현상으로 교회 문을 닫게 될 것이다. 2017년 교회 숫자를 기준으로 하면 절반 정도가 사라지는 셈이다. 각 교단마다 수천 개 교회가 사라진다. '이렇게 소멸이 확실해지는 지역에서 목회를 어떻게 해야 할까?' 고민이 많다. 소멸을 막기 위해 노력해도 대부분의 지역은 소멸을 막을 수 없다. 필자의 제안은 이렇다.

"소멸을 막기 위해 노력하기보다, 마을 전체를 복음화하고, 작지만 아름답게 퇴장하자."

일본은 한국보다 '지방 소멸 위기'에 먼저 직면한 나라다. 지난 4년 동안 일본에서 없어진 마을 수는 164개다.[32] 지방 소멸 위기에 처한 일본의 지자체는 한 명의 인구라도 더 유치하기 위해 다양한 아이디어를 짜낸다. 재정을 쥐어짜더라도 마을을 유지하는 데 사활을 걸고 있다. 그런데 발상의 전환을 한 지자체가 있다. '나카츠에'라는 마을이다. 이 마을은 소멸을 막는 몸부림을 버렸다. 소멸을 막기 위한 몸부림은 재정만 낭비해서 상황을 악화시킬 뿐이라고 판단했다. 1935년 나카츠에 인구는 7,528명이었다. 1972년 이 지역을 떠받치던 금광 산업이 문을 닫으면서 인구는 10

분의 1로 줄어서 681명(2022년 기준)에 불과하다. 65세 이상 고령자 비율은 52%다. 초등학생은 6%, 중학생 비율은 4%에 불과하다. 슈퍼마켓도 한 개만 있다. 식당은 하나도 없다. 소멸은 '이미 정해진 미래'다.

나카츠에 주민들은 인구 쟁탈전 같은 재정 소모전을 하지 않고, '마을을 품위 있게 사라지게 하자'는 '무라지마이'(村終い, 마을이 끝나는 것)를 선택했다. 주민들이 살아 있는 동안에는 모든 재정과 관심을 안심하고 편안하게 살 수 있는 환경 만들기에 집중하고, 품위 있는 퇴장을 준비하는 발상이다. (인구를 늘리기보다) 마을이 끝날 때까지 모든 주민이 좀 더 즐겁고 행복하게 잘 살 수 있도록 하는 데 집중하는 발상이다.[33]

앞서도 살펴보았지만, 2022년 영국 성공회는 2032년까지 5조 7천억 원을 쏟아부어 청년, 빈곤층 등 사회적 약자 지원과 시골 교회와 목회자 등을 지원하겠다고 발표했다. 영국 성공회는 교구와 교회의 3분의 2가 농촌 지역에 있다. 교인 수가 급감하고 고령화되면서 교단 전체가 소멸 위기에 놓여 있다. 영국 성공회는 이 계획을 통해 2030년까지 어린이와 젊은 층 신자를 2배 더 늘리고 농촌 교회를 살리겠다는 의지다.[34] 한국 교회도 지방 교회의 소멸을 막기 위해 다양한 노력을 해야 한다. 하지만 현실은 막대한 재정 필요라는 장벽이 높다.

경남 의령군은 첫째 아이 출산 장려금 400만 원(둘째 600만 원, 셋째 이상 1,300만 원), 월 30만 원으로 2배 늘린 양육 수당 등 파격적인 출산 지원 혜택, 어린이집 입학 준비금, 산후 조리비 100만 원, 신혼부부 주거 자금 대출 이자 지원, 청년 반값 임대 주택 사업, 청년 귀농인 창업 지원, 청년 동아리 활동 지원, '작은 학교 살리기 사업' 등을 하여 10년 만에 인구가 증가로 전환되었다. 하지만 재정 출혈도 컸다. 작은 학교 살리기 사업을 위해 초등학생 자녀가 있는 가구의 이주와 안정적인 정착에만 70억 원의 예산이 든다. 폐교 위기의 초등학교에 20여 명의 학생이 입학했고 가족들도 함께 전입하는 효과를 냈지만, 이들이 평생 이 지역에 뿌리를 내릴지는 장담할 수 없다. 초등학교를 졸업하고 중고등학교 교육으로 이주할 가능성이 높다. 물론, 또 다른 초등학생이 전입해 올 수 있다. 하지만 그 규모는 수십 명에 불과할 것이다.

한국 사회가 모든 곳에서 지방 소멸 현상을 막을 수는 없다. 상당수 지역은 소멸이 불가피하다. 한국 교회도 마찬가지다. 불가피하다면 생각을 바꿀 필요가 있다. 소멸을 막기 위해 노력하기보다 마을 전체를 복음화하고, 작지만 아름답게 퇴장하자.

이를 위해 또 다른 새로운 생각을 해볼 수 있다. 필자는 은퇴 목회자들은 한국 교회의 숨겨진 보고라고 생각한다. 목회자도 은퇴 이후 30년 이상을 살아야 한다. 필자는 은퇴 목회자들이 한국 교회 농어촌, 사회적 약자가 많거나 세속화가 강한 지역, 65세 이상으로 대부분 구성된 지역 등 전도의 사각지대로 들어가는 사역을 조심스럽게 추천한다. 특히 농어촌 교회들은 은퇴 목회자들이 사역하기에 최고의 장소 중 하나다.

대부분 65세 이상으로 구성된 농어촌 지역은 30-40대 젊은 목회자들이 사역하기 힘들다. 다른 이유가 아니다. 세대 차이 때문이다. 어린이는 어린이가 전도하고, 노인은 노인이 전도하는 것이 가장 좋은 전략이듯, 노인 목회는 은퇴 목회자가 가장 잘할 수 있는 영역이다. 물론, 그들을 전도의 사각지대로 파송하려면 각 교단에서 총회법 개정이 필요하다. 은퇴 목회자들이 새로 교회를 개척하거나 사역을 재개하는 것은 자칫 '젊은 사역자들의 사역지를 빼앗는다'는 불필요한 오해를 만들 수 있기 때문이다.

그래서 필자가 제안하는 아이디어는 '전체 성도의 90%가 70세 이상인 교회의 경우 은퇴자들의 새로운 담임 목회 길을 열어 주면 어떨까?'다. 필자의 예측으로는 앞으로 이런 교회들이 쏟아져 나올 것이기 때문이다. 도시, 농촌 가릴 것 없이 전국 도처에서 쏟아져 나올 것이다. 현재의 총회법이나 교단 분위기로는 이런 교회를 그 누구도 담임 목사로 섬길 수 없는 미래가 만들어진다. 젊은 목회자는 가지 않을 것이고, 갈 수 있는 은퇴 목회자는 총회법에 걸려 섬길 수 없다. 총회에서 기존 법 조항을 고칠 필요가 없다. 새로운 예외 조항을 신설하면 된다. 법 조항은 간단하다. 현재 담임하는 교회는 기존 총회법에 따라 정년에 은퇴해야 한다. 은퇴 이후에는 전체 성도의 90%가 70세 이상인 교회에서만 담임 목회가 가능하다. 참고로 현장에서 목회자들은 대부분 공감한다. 총회의 법과 은퇴 연장 반대 분위기 때문에 말하지 못하고 있을 뿐이다. 필자의 제안은 '은퇴 연장'이 아니다. 목회자가 가기를 꺼리거나 목회자를 구하기 힘든 지역에 '이미 은퇴한 목회자'를 보내서 그곳의 교회를 살리자는 의도다.

정년 연장이라는 이슈로 시간을 소모하지 말고, 새로운 미래에 어울리는 새로운 대안을 논의하는 것이 낫다. 젊은 교회는 젊은 목회자가, 노인 교회는 은퇴 목회자가 사역하면 된다. 고령화 대응, 생각을 바꾸면 얼마든지 하나님이 기뻐하시는 해법을 찾을 수 있다.

사역 전략 4.
할 수 있는 것을 한다

필자는 자녀가 4명이다. 그것도 아들만 넷이다. 첫째, 둘째는 아들을 낳고, 막내는 딸을 낳기 원했는데 아들 쌍둥이가 태어나는 바람에 아들만 넷이 되었다. 필자가 쌍둥이를 키우면서 매번 느끼는 것이 있다. 일란성

쌍둥이라도 그렇게 다를 수가 없다. 한 명은 왼발잡이고, 다른 한 명은 오른발잡이다. 똑같은 환경에서, 똑같은 관심과 사랑을 베풀었는데도 둘이 성격과 좋아하는 것이 다르다. 그 외에도 다른 것이 너무 많다. 하나님이 이처럼 인간을 각기 다르게 만드신 이유가 있다. 각기 다르게 쓰시기 위함이다. 각기 다른 계획이 있으시기 때문이다. 그래서 각기 다른 재능을 주셨다. 필자의 자녀만 봐도 안다. 아들 4명이 잘하는 것이 전부 다르다. 쌍둥이도 다르다. 할 수 있는 것이 서로 다르다.

꿩 잡는 것이 매라고, 여기저기서 잘된다고 하는 것, 성공했다고 소문난 것을 쫓아가면 목회가 어려워진다. 하나님은 당신이 할 수 있는 것을 먼저 하기를 원하신다. 당신에게 맞는 것을 먼저 하기를 원하신다. 내가 할 수 있는 것을 감당하는 것. 그것이 하나님께 칭찬받는 길이다.

칭찬받는 사역의 시작은 중요한 것부터, 작은 것부터, 그리고 할 수 있는 것부터다. 필자는 비전을 '하나님이 기뻐하시는 시대적 소명'이라고 정의한다. 이때 '소명'은 영어로 'calling'을 쓴다. 한자로는 '부를 소'(召), '목숨 명'(命)을 쓴다. '목숨을 부르다'라는 뜻을 가진 이 단어는 임금이 신하를 부를 때 목숨을 바칠 충성을 기대하고 부르는 모습을 떠올리게 한다. 그래서 소명을 영어 단어집에서는 '왕의 부름', '왕의 소환'을 뜻하는 'a royal summons'로 번역하기도 한다.

로마서 1장 1절에서 바울은 자신은 사도로 부르심을 받았고 복음을 위하여 택정함을 입었다고 고백했다. 이때 '부르심'이라고 번역된 헬라어 단어 '클레토스'(kletos)는 '소환된'이라는 의미를 갖고 있다. '택정함'이라고 번역된 헬라어 단어 '아포리조'(aphorizo)는 '할당받다'라는 뜻을 가진다. 하나님은 사도 바울을 그분의 계획대로 소환하셔서 그 계획에 맞는 일을 할당해 주셨다. 우리도 마찬가지다.

에베소서 4장 7절에서 바울은 하나님이 우리 각자를 부르심과 할당된 임무에 맞게 각기 다른 은사, 달란트, 은혜를 주신다고 말했다. 로마서 12장 3절에서는 하나님이 믿음도 각기 다른 분량대로 주신다고 했다. '분량대로'라고 번역된 헬라어 단어 '메트론'(metron)의 뜻은 '측량', '헤아림', '저울질'이다. 할 수 있는 일을 한다는 것, 하나님이 나를 부르셨다는 것은 '왕이 나를 소환하여 저울로 측량하시고, 왕의 마음에 딱 맞는 역할(임무)을 할당하시고, 내게 그 분량에 맞는 역량을 부여하셨다'는 의미다. 하나님은 그 일에 충성할 것을 기대하고 우리 각자를 다르게 부르셨다. 하나님은 내게 주신 분량 이상의 욕심을 품지 말라고 명령하신다(롬 12:3). 그리고 왕이 이것을 기뻐하신다. 목회자나 성도 모두 이렇게 일해야 칭찬받는다. 할 수 있는 것을 하는 것이 충성이고 칭찬받는 사역이다.

2023년 7월 목회데이터연구소가 발표한 자료에 따르면, 교회 봉사를 하지 않는 성도 10명 가운데 6명이 봉사를 원하는 것으로 나타났다고 했다. 이들은 '기회가 되면' 언제나 봉사를 할 것이라고 응답했다. 한국 교회 내에는 봉사하고 싶어 하는 성도가 아직도 많다. 그들과 함께 할 수 있는 것을 먼저 하라. 지금까지 봉사를 하지 못한 이유가 무엇이냐는 질문에 "할 수 있는 게 없다거나, 어떻게 하는지 몰라서, 봉사 권유를 받지 못해서"라는 응답이 가장 많았다.[35] 그들과 함께 '지금 당장 할 수 있는 사역부터' 시작하라.

사역 전략 5.
시대 변화를 통찰하며 사역을 한다

하나님께 칭찬받는 사역 전략 다섯 번째는 '시대 변화를 통찰하며 사역을 한다'는 것이다. 시대를 통찰하는 방법은 여러 가지가 있다. 예를 들면, 신문이나 뉴스를 정기적으로 보고, 시대를 분석하고 예측하는 책을 읽고, 직접 여행을 하여 현장을 보고, 심층 인터뷰 등을 하는 것이다. 시대를 통찰하는 기술을 배우는 것도 필요하다.

하지만 필자가 이 책을 통해 사역자들에게 가장 먼저 추천하는 방법은 '객관적인 데이터를 읽는 것'이다. 가장 객관적인 데이터는 국가 통계청 자료다. 통계청에서 운영하는 홈페이지(https://kosis.kr)에 들어가면 인구, 가족, 건강, 교육, 소득과 소비, 고용과 노동, 주거와 교통, 문화와 여가 등 사역 현장을 이해하고 예측하는 데 도움이 되는 기본 자료가 시군구 단위까지 있다. 그리고 이런 자료들은 인쇄하거나 엑셀 파일로 다운로드할 수 있다. 다운로드한 자료를 챗GPT4 등 생성형 인공지능을 가지고 처리하면 사역과 목회에 필요한 다양한 통찰력을 얻을 수 있다.

챗GPT4에는 '코드 인터프리터'라는 기능이 있다. 이 기능을 사용하면 누구라도 각종 통계 자료나 목회 데이터를 빅데이터 분석 전문가처럼 다룰 수 있다. 사용하는 방법도 간단하다. 챗GPT4에 엑셀 자료를 올리고, 한글로 알고 싶은 통계적 인사이트를 찾아내라고 명령을 내리면 끝난다. 다음은 실례다. 필자가 한글로 명령을 내리면 챗GPT4가 스스로 '파이썬'이라는 프로그램 코드를 짜서 데이터를 처리하고 해결한다. 누구라도 쉽게 할 수 있다.

| 챗GPT(http://openai.com) 코드 인터프리터 사용 |

윤식: 한국의 2070년까지 매년 인구 증감률 데이터다. 기억하고 있으라.

네, 이해했습니다. 2070년까지의 한국 인구 증감률 데이터를 기억하고 있겠습니다. 추후에 이 데이터에 대한 분석이나 처리가 필요하시면 언제든지 말씀해 주세요!

윤식: 일단, 매년 인구 증감률을 그래프로 그려 보라.

물론입니다! 업로드해 주신 파일에서 매년 인구 증감률 데이터를 불러와 그래프로 그려 보겠습니다.

Finished working Hide work ∧

```python
# 업로드된 파일을 불러오기
file_path_uploaded = "/mnt/data/korea_population_growth_rate.xlsx"
korea_growth_rate_data_uploaded = pd.read_excel(file_path_uploaded)

# 분류별로 데이터를 분리
total_growth_rate = korea_growth_rate_data_uploaded[korea_growth_rate_data_u
male_growth_rate = korea_growth_rate_data_uploaded[korea_growth_rate_data_up
```

물론입니다! 그래프의 범례를 영어로 변경하여 다시 그려 보겠습니다. (통계청 실제 자료를 사용하여 처리)

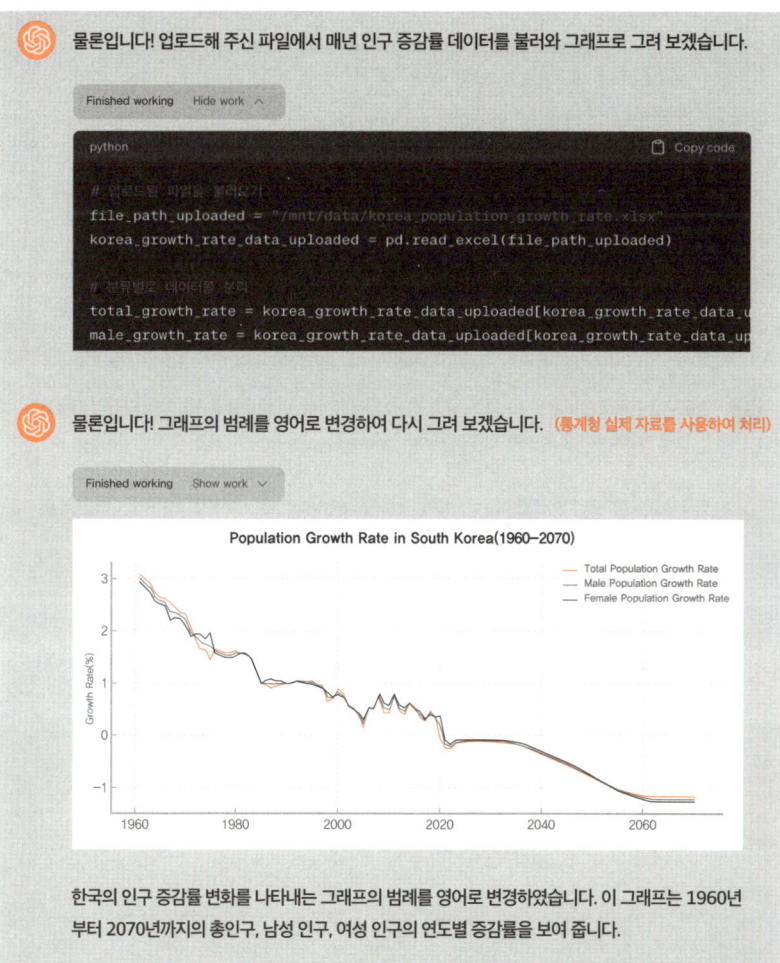

한국의 인구 증감률 변화를 나타내는 그래프의 범례를 영어로 변경하였습니다. 이 그래프는 1960년부터 2070년까지의 총인구, 남성 인구, 여성 인구의 연도별 증감률을 보여 줍니다.

윤식: 부산 영도구, 금정구의 인구 변화를 2070년까지 알고 싶다. 위에서 한국 사회 연간 인구 증감률 자료를 사용하여 2023년부터 2070년까지 인구 변화를 계산하라. 그리고 2018년부터 2070년까지 부산 영도구, 금정구의 인구 그래프를 그려라.

부산 영도구와 금정구의 2023년부터 2070년까지의 인구 변화를 계산하고 그래프로 표시하겠습니다. 위에서 사용한 한국 사회의 연간 인구 증감률을 이 두 지역에도 적용하겠습니다.

부산 영도구와 금정구의 인구 변화 데이터가 2070년까지 성공적으로 확장되었습니다. 이제 2018년부터 2070년까지 부산 영도구와 금정구의 인구 그래프를 그려 보겠습니다.

[Population Change in Busan Youngdo-gu and Geumjeong-gu(2018-2070) 그래프]

윤식: 영도구의 기독교인 비율은 15.21%, 금정구는 11.91%이다. 이 비율을 적용하여 각 구들의 기독교인 인구 변화도 추가로 넣어라. 범례는 영어로 변경하라.

영도구와 금정구의 기독교인 비율을 적용하여 각 구의 기독교인 인구 변화를 계산하고 그래프에 추가하겠습니다.

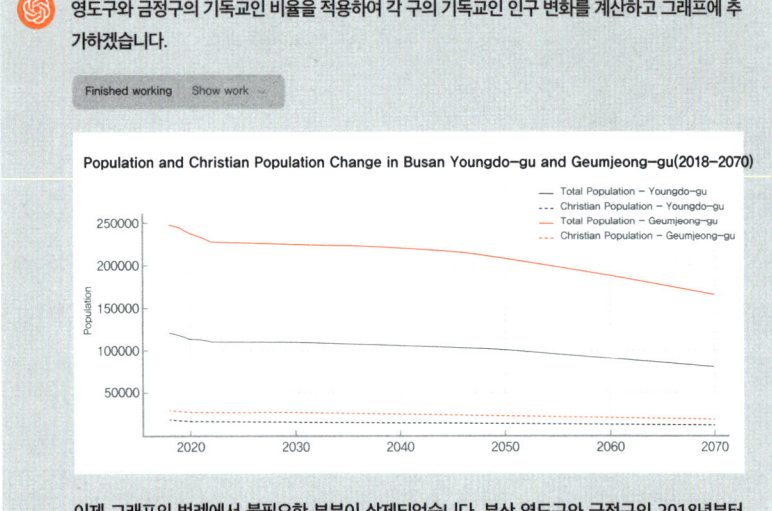

이제 그래프의 범례에서 불필요한 부분이 삭제되었습니다. 부산 영도구와 금정구의 2018년부터 2070년까지 전체 인구와 기독교인 인구 변화를 보여 줍니다. 점선은 기독교인 인구를 나타냅니다.

시대를 통찰하려면 데이터를 보라

시대가 변하면, 소명도 변한다. 각 시대마다 하나님의 계획이 각기 다르기 때문이다. 과거에는 시대가 바뀌는 속도가 매우 느렸다. 지금은 매 10년마다 시대가 변한다. 주님 오실 날이 가까울수록 시대 변화가 빠르다는 성경의 예언대로다. 시대 변화가 빠르기 때문에, 우리의 소명은 시대 변화에 맞춰 잘 조절해야 한다. 미래 탐색을 부지런히 하여, 내가 살아갈 시대에 '하나님이 나를 필요로 하시는 영역'을 찾아야 한다. 세상은 비전의 사람이 하나님의 계획을 성취하는 장소다. 변화는 필요를 만든다. 하나님은 세상에 다양한 필요를 만드시고, 그것을 해결해 가는 과정에서 하나님의 영광이 드러나게 계획을 세우셨다.

하나님이 세상의 필요를 만드시는 5가지 방법은 기회, 위기, 문제, 욕구, 결핍의 생성이다. 미래 탐색은 이 5가지를 찾는 과정이다. 하나님의 뜻(하나님의 기준, 성품, 가치)을 기준으로 5가지 필요를 어떻게 해결해야 하나님의 영광이 드러날지, 하나님 나라가 확장될지, 하나님의 계획이 성취될지, 어떻게 선한 열매를 맺을지 등에 대해 거룩한 근심을 해야 한다.

"하나님의 뜻대로 하는 근심[하나님의 뜻으로 세상의 문제를 근심]은 후회할 것이 없는 구원에 이르게 하는 회개를 이루는 것이요 세상 근심[자기 욕망으로 세상 문제를 근심]은 사망을 이루는 것이니라 보라 하나님의 뜻대로 하게 된 이 근심이 너희로 얼마나 간절하게 하며 얼마나 변증하게 하며 얼마나 분하게 하며 얼마나 두렵게 하며 얼마나 사모하게 하며 얼마나 열심 있게 하며 얼마나 벌하게 하였는가 너희가 그 일에 대하여 일체 너희 자신의 깨끗함을 나타내었느니라"(고후 7:10-11).

기회(機會, chance, opportunity)는 기대했던 바로 그때, 그 일(인류와 사회, 문명의 발전을 만드는 원동력이 된다)을 가리킨다. 변화는 다양한 기회를 만들어 낸다. 그 기회를 누가 주도하느냐에 따라서 세상의 방향이 바뀐다. 성경이 말하는 기회는 육체의 소욕을 이루는 기회가 아니다. 하나님의 일을 할 수 있는 기회를 말한다. 기회는 목적한 바를 이룰 수 있는 좋은 타이밍을 의미한다.

세상의 목적은 육체의 소욕이지만, 성도의 목적은 하나님의 영광이다. 성도와 교회는 새로운 변화를 육체의 기회로 삼지 말고, 하나님의 사랑을 실천하는 기회로 삼아야 한다. 기회는 모든 사람에게 주어지지만, 기회를 잡아 하나님의 영광을 드러내는 것은 지혜자만 할 수 있다. 시대를 통찰하는 청지기만 할 수 있다.

"내가 다시 해 아래에서 보니 빠른 경주자들이라고 선착하는 것이 아니며 용사들이라고 전쟁에 승리하는 것이 아니며 지혜자들이라고 음식물을 얻는 것도 아니며 명철자들이라고 재물을 얻는 것도 아니며 지식인들이라고 은총을 입는 것이 아니니 이는 시기와 기회는 그들 모두에게 임함이니라"(전 9:11).

"이 징조가 네게 임하거든 **너는 기회를 따라 행하라** 하나님이 너와 함께하시느니라"(삼상 10:7).

기회를 놓치면 위기가 따른다. 위기(危機, crisis)는 위협적이거나 고통스러운 상태, 상황, 일을 가리킨다. 변화는 다양한 위기를 만들어 낸다. 위기가 발생할 때 가장 고통받는 이들이 사회적 약자다. 성경을 보면, 주님은 고아와 과부로 상징된 사회적 약자들의 고통에 관심이 많으셨다. 위기는 교회가 예언자적 목소리, 회복과 구원의 해답을 세상에 외칠 수 있는 절호의 기회다. 교회는 위기 해결책을 제시할 잠재력이 있다. 교회가 교회다워지고 성도가 성도다워지면, 경기 침체와 사회 혼란은 고통스럽지만 신앙 공동체가 어떻게 치유와 통합에 기여할 수 있는지를 보여 줄 영적 기회가 된다.

앞으로 한국 사회는 1-2인 가구, 결손 가정이 넘쳐 나는 미래로 간다. '외로움과 상처'가 가득한 한국 사회가 될 것이다. 이런 미래는 한국 사회 전체가 한국 교회의 '사랑'을 원하는 시대가 된다는 의미다. 상상을 뛰어넘는 '기술 발달이 인간성을 무너뜨리는 미래'를 만들어 갈 수도 있다. 이런 미래는 인류 전체에게 '하나님이 우리를 얼마나 사랑하시는가'를 교회가 알려 주는 영적 기회를 만든다. 경제 대위기가 오고 부의 불평등은 심해지는 미래가 올 것이다. '경제적 상실과 고통'이 가득한 흉년의 시간이 올 것이다. 이런 미래는 한국 사회 전체가 한국 교회가 주는 '치유와 소망'을 절실히 요청하는 시대를 만든다. 부에 대한 성경적 기준을 가르칠 기회가 오는 셈이다.

> "그들이 그곳에서 부르짖기를 애굽의 바로 왕이 망하였도다 그가 기회를 놓쳤도다"(렘 46:17).

문제(問題, problem)는 해답을 요구하는 물음, 일이다. 욕구(欲求, need, desire)는 본성에 따라 얻고자 하는 일이다. 변화는 인간의 선한 욕구, 나쁜 욕구를 자극하는 계기가 된다. 변화의 시기마다 성도는 선한 욕구가 세상을 이끌도록 지도해야 한다. 결핍(缺乏, deprivation)은 필수적인 것이 박탈된 상태(인지하지 못할 경우가 많다)다. 채우지 못하면 언젠가 치명적 손실이나 죽음에 이르게 된다.

필요를 만드는 5가지 요인들은 창세기 1장 28절에서 하나님이 명령하신 '다스림 사역'을 회복하는 기회를 준다. 성도가 세상을 '다스림'의 뜻은 3가지, 즉 경계하고(watch, guard), 대비(대응, 치유)하고(prepare, respond, heal), 이끄는 것(lead)이다. 이것은 청지기적 경영의 정수와 맞닿아 있다. 성도의 '세상 다스림'은 지배, 남용, 낭비가 아니다. '다스림'은 경계하고, 대비(대응, 치유)하고, 이끄는 것이다. 세상 변화에 대해 무관심하고, 변화가 만들어 낸 기회, 위기, 문제, 욕구, 결핍에 대비하지 않고, 세상을 올바른 미래로 이끌지 않는 것은 "다스리라"라는 창조 대명령(문화 대명령)을 어기는 행위다. 불충한 청지기다.

첫째, 빠르게 변하는 시대에 교회와 성도도 두 가지를 경계해야 한다. 하나는 기술 변화가 하나님의 영광과 하나님의 선한 뜻에 따라 사용되도록 경계해야 한다. 성도와 교회가 이런 사역을 게을리하면, 시대마다 새로운 바벨탑(창 10-11장) 반역이 등장한다. 구약 성경에 나오는 바벨탑은 하나님이 주시는 지혜의 남용과 오용의 상징이다. 다른 하나는 시대마다 만들어지는 새로운 약자, 이웃이 겪을 시대적 고통도 경계해야 한다는 것이다. 전자는 죄의 관영함을 막기 위함이고, 후자는 이들이 복음 전파의 대상이며 구원받고 보호받아 마땅한 존귀한 하나님의 창조물이기 때문이다. 이 모든 것이 교회 사역의 중심에 들어와야 한다.

둘째, 성도와 교회가 대비하고 대응(치유)해야 할 것은 무엇인가? 한국 교회와 성도에게 이미 들이닥친 위기에 대응해야 한다. 그리고 앞으로 나타날 시대적 위기도 대비(준비)해야 한다.

셋째, 교회와 성도는 세상을 어디로 이끌어야 할 것인가? 모세와 여호수아는 이스라엘 백성을 '약속의 땅'으로 인도했다. 한국 교회는 성도들을 하나님의 사람으로 온전하게 성장하도록 이끌고, 성령의 열매 맺음과 시대적 소명 감당으로 이끌어야 한다. 이렇게 세워진 성도들은 세상으로 나가서 세상을 하나님이 기뻐하시는 더 나은 미래로 이끌어야 한다. 궁극적으로, 하나님 나라로 이끌어야 한다.

> "하나님이 그들에게 복을 주시며 하나님이 그들에게 이르시되 생육하고 번성하여 땅에 충만하라, 땅을 정복하라, 바다의 물고기와 하늘의 새와 땅에 움직이는 모든 생물을 **다스리라** 하시니라"(창 1:28).

교회와 성도에게 세상은 어떤 곳인가? 사탄의 소굴인가? 죄악으로 가득 찬 소돔과 고모라인가? 도망가고 피하고 몸담으면 안 되는 더러운 곳인가? 세상에 죄악이 가득한 것은 당연하다. 정확히 말하면, 인간이 있는 곳에는 죄악이 있다. 아담의 범죄 결과다. 하지만 하나님은 죄는 미워해도 인간은 불쌍히 여기시고 사랑하신다. 하나님의 형상으로 만드신 유일한 생명체이기 때문이다. 그래서 하나님은 인간이 모여 사는 세상도 불쌍히 여기신다. 세상은 하나님의 섭리가 작용하는 장소다. 하나님이 은혜와 사랑과 공의로 일하시는 장소다. 그래서 우리도 일해야 한다. 도망쳐야 할 곳이 아니라, 사역해야 할 곳이다. 세상에 물들지 않고, 지키고 다스려야 할 장소다.

요한계시록 21장 26절은 주님이 다시 오시면 "사람들이 만국의 영광과 존귀를 가지고 그리로[거룩한 성으로] 들어가겠고"라고 가르친다. 기술과 문명의 출처는 하나님이시다. 하나님은 이 땅에서 하나님의 지혜와 지식으로 만들어진 만국 문명의 영광과 존귀를 천국에 포함시킬 계획을 가지고 계신다. 이런 진리를 깨달은 신학자 아브라함 카이퍼(Abraham Kuyper)는 창세기 1장 28절의 '문화 명령'과 요한계시록 21장 26절을 다음과 같이 해석했다.[36]

"하나님은 원창조 속에 문화를 형성할 '계획'을 세우셨다. 하나님은 출산 이상의 것, 동산을 문화 활동의 과정과 결과로 채우는 계획을 세우셨다. 아담과 하와가 도구를 만들고 작업 계획과 (예술, 과학, 기술, 정치, 여가 활동 등) 문화적 상호 반응의 모형을 수립하고, 에덴동산은 죄가 없는 상태에서 하나의 도시(문화적 상호 반응들이 복합적으로 일어나는 장소)로서 경연장이 되었을 것이다. 하지만 이 모든 것은 타락에 의해 깊게 영향을 받았다. 문화 형성 능력에는 흉터가 생겼고, 심각하게 왜곡되고 부패했다.

그러나 하나님이 인간 속에 깊이 심어 놓으신 문화 형성 능력은 없어지지 않았고, 문화 활동을 향한 충동도 계속된다. 하나님도 인간의 문화 성취 영역들을 결코 포기하지 않으신다. 하나님은 일반은혜를 통해 악한 인간이 주도권을 잡고 있을 때도 (문화 형성 능력을 활용해서) 선한 것을 만들게 하신다. 일반은혜는 곧 도래할 것을 준비하기 위한 수단이기도 하다. 인류 역사에서 성취된 모든 것은 종말에 씻고 정화되어 하나님 나라에 수렴(편입)될 것이다. 각기 다른 문화적 배경을 가진 구속받은 자들이 거룩한 성에 들어갈 때, 문화적 다양성 속에서 자신을 확장하고 펼치신 하나님의 신적 형상이 풍부하게 계시된다."

종교개혁자 존 칼빈의 말을 한 번 더 언급한다.[37]

"하나님은 친히 창조하신 세상을 책임지고 있고, 자신의 능력으로 자연 세계의 일들을 유지해 나갈 뿐만 아니라, 인간의 마음을 통치하고 자기의 선택과 일치하도록 이러저러한 모양으로 그들의 의지를 굴복시키고, 그들의 행동을 지시하는 분이시다. 그래서 그들은 하고자 하는 일이 무엇이든지 간에, 결국에는 하나님이 정하지 않은 어떤 것도 행하지 않는다. 따라서 거의 확실하게 우연히 일어난 것처럼 보이는 것들이 사실은 필연적으로 일어난다. 그것들 스스로의 내재적인 속성에 의해서 일어나는 것이 아니라 영원하고 지속적인 하나님의 목적이 주권적으로 그것들을 통치하고 있기 때문에 일어난다."

두 개의 목회 축 변화를 주목하라

시대를 통찰하여 '하나님이 나를 필요로 하시는 영역'을 찾아 사역의 지경을 넓히려면 데이터를 봐야 한다. 지금부터는 필자가 시대 흐름을 알려주는 빅데이터를 보고 통찰한 새로운 시대적 사역 몇 가지를 소개하겠다. 먼저, 제4의 대부흥기를 이끌 교회는 뒤바뀌고 있는 두 개의 목회 축을 주목해야 한다. 필자는 이 변화에 대해서 몇 년 전부터 중요성을 강조했다.

첫 번째 주목해야 할 뒤바뀌고 있는 목회 축은 '가구 구성 변화'다. 가구 구성은 목회의 중심축이다. 2023년 기준, 한국의 총 가구 수는 2,183만 3,527가구다. 이 중에서 1인 가구는 734만 1,206가구로 33.62%다. 2인 가구는 634만 3,687가구로 29.06%다. 1-2인 가구를 합하면 1,368만 4,893가구이고 62.68%를 차지한다. 3인 가구는 424만 2,115가구이며, 4인 가구는 306만 136가구이며, 5인 이상 가구는 84만 6,383가구이다. 2050년이면, 1인 가구는 905만 3,860가구로 39.62%로 증가한다. 2인 가구도

827만 2,359가구로 36.20%까지 증가한다. 2050년 1-2인 가구를 합하면 1,732만 6,219가구이고 75.82%를 차지한다. 반면, 3인 가구는 379만 7,340가구로 줄어들고, 4인 가구는 142만 4,629가구, 5인 이상 가구는 30만 954가구까지 줄어든다.

이외에도 한국 사회에서 벌어지고 있는 가구 구성 변화는 더 있다. 2022년 기준, 다문화 가구도 39만 9,396가구다. 한부모 가구는 149만 4,067가구다. 비친족 가구는 51만 3,889가구다. 비친족 가구는 혈연 또는 친족 관계가 없는 사람으로 구성된 가구를 의미한다. 분거 가족도 416만 6,577가구나 된다. 분거 가족이란 가구주와 떨어져 사는 배우자와 30세 미만의 미혼 자녀를 뜻하며, 분거 가족이 있는 가구는 가구주 기준으로 분거 가족이 있는 일반 가구를 의미한다. 독거 노인 가구는 187만 5,270가구다. 독거 노인 가구는 2050년까지 467만 693가구까지 증가할 것으로 예측된다. 2022년 대비 3.5배 증가다. 2022년 기준, 맞벌이 가정은 584만 6천 가구로 전체 가구 중 46.1%를 차지한다. 2021년 기준, 기초생활보장 수급자는 235만 9,672명이나 된다.

이 모든 변화는 무엇을 의미할까? 현재, 당신이 섬기는 교회 성도 절반 이상이 1-2인 가구 구성을 가진다. 당신이 섬기는 교회 성도의 상당수가 다문화 가구, 한부모 가구, 비친족 가구, 분거 가구, 독거 노인이다. 이들 중 10%는 기초생활보장 수급자들이다. 이들이 갖는 걱정거리 1-3위는 경제 문제, 외로움, 건강, 주거 고통, 안전 위협, 사별과 이별의 고통, 식사 문제다. 이런 데이터는 미래에 일어날 일이 아니다. 이미 당신이 섬기는 교회 안의 현실이다. 이런 데이터가 보이지 않는다면 부자 교회이거나 자비심을 잃은 불충한 청지기다.

| 중심 가구 변화 |

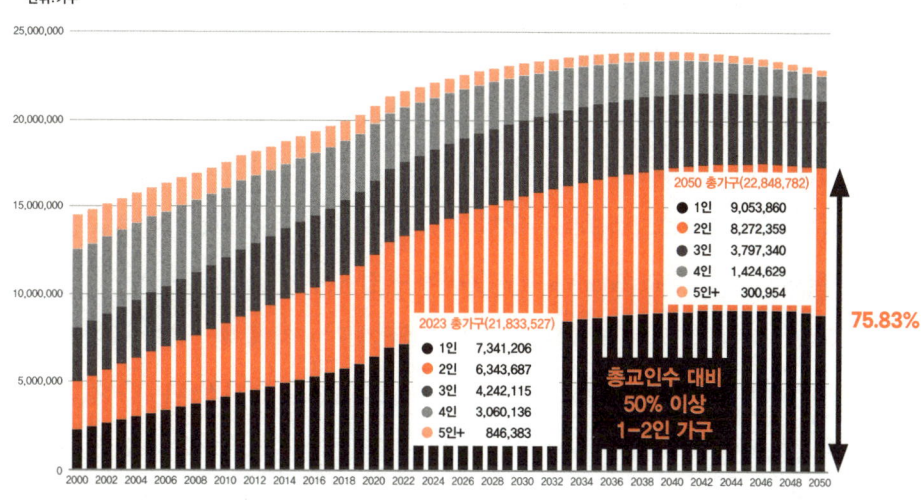

출처: 통계청 장래가구 추계

    1-2인 가구, 결손 가정과 고통받는 가정이 넘쳐 나는 한국 사회는 '외로움과 상처'가 가득한 사회다. 한국에서 매년 수천 명의 사람들이 고독사에 처한다는 것이 CNN 뉴스에 등장할 정도다.[38] 시대를 통찰하여 '하나님이 나를 필요로 하시는 영역'을 찾기 원하는가? 통찰력 있고 시대를 읽는 지도자는 한국 사회 전체가 한국 교회의 사랑을 원하는 시대가 되었다는 것을 깨달아야 한다.

    다행히 이런 시대적 필요 사역에 눈뜬 교회들이 하나둘 늘고 있다. 서울의 몇몇 교회들은 서울시와 종교협의회를 구성해 위기 가구를 발굴하고 섬기는 사역을 하고 있다.[39] 설립 70년이 넘은 익산의 한 교회는 시설을 개방하여 도서관, 풋살장, 미혼모 시설까지 지역 필요에 동참하는 '동네 교회'라는 의식 전환을 했다. 목회자가 통찰력을 가지고 방향을 정하자 성도들이 선교적 의식을 가지고 연약한 이들을 환대하고 지역의 필요를 돕는 시대적 사역에 자발적으로 동참하고 있다.[40] 세종시, 화성시, 동탄시 등 젊은 도시에서도 학원, 문화원 등 청소년과 학부모가 필요로 하는 '눈높이 사역'이 펼쳐지면서 새로운 부흥의 불씨를 만들고 있다.[41]

호주에서 시작된 '남자들의 헛간'(men's shed)이라는 모임은 외로움의 문제를 다루면서 뉴질랜드, 영국, 미국 등으로 확산되어 사회적 약자들을 돕는 새로운 프로그램으로 주목받고 있다. 호주 정부는 헛간이나 차고를 보유한 주택과 DIY(Do It Yourself) 목공예를 접목하여 지역 내 신중년 남성들이 가구를 만들며 교제하고, 직접 만든 가구는 지역 내 어린이들에게 전달하는 아이디어를 냈다. 조기 퇴직, 이혼 등으로 정서적 위축을 경험한 신중년은 사회에 도움이 되는 물건을 만들면서 인간관계와 사회적 소속감을 회복했다. 2021년 12월 기준, 호주 전역에는 1,100여 개의 '남자들의 헛간'이 운영 중이다.

2021년 2월 일본은 고독·고립 담당 장관을 임명하고 고독·고립 대책 담당실을 마련했다. 2018년 영국이 외로움부(고독부)를 창설한 이후 두 번째다. 도쿠시마 성도교회에서 사역하는 이명규 선교사는 "일본 사회의 외로움 문제 해결 방법은 시민들의 적극적인 봉사와 NPO 활동의 결합"이라고 진단했다. 이 선교사는 "도쿠시마 지역에서는 화단 만들기, 일대일 일본어 강습, 도움이 필요한 어린이 도시락 만들어 주기 등의 활동이 활발한데, 관계 단절을 경험한 이들의 자존감을 회복하는 데 도움을 준다"고 설명했다.[42] 필자는 이런 아이디어들을 한국 교회가 적극 수용하여 지역사회를 치유하는 일을 주도했으면 한다.

한국 사회가 병들고 있다. 한국 사회가 병들면 교회도 병들고, 성도도 병든다. 주님도 슬퍼하신다. 하나님은 한국 교회가 건강한 사회를 만드는 중심 기관이 되기를 원하신다. 지금은 사람들이 좋은 것을 스스로 찾아가는 시대다. 고통받는 이들을 교회로 올 수 있게 자리를 만들라. 자신의 문제를 치유받으며 예수님에 대한 이야기를 충분히 들을 수 있게 하라. 이런 사역의 포인트는 시대 변화를 통찰하고 수고하고 무거운 짐 진 사람들이 원하는 필요(기회, 위기, 문제, 욕구, 결핍)를 채워 주는 사역에 눈을 뜨는 것이다.

앞으로 30년, 목회 축의 핵심은 신중년이다

주목해야 할 뒤바뀌고 있는 두 번째 목회 축은 '중심 연령의 변화'다. 앞으로 한국 사회, 한국 교회의 중심 연령층은 '신중년'(新中年)이라는 세대다. 앞으로 30년, 목회 축의 핵심도 신중년이다. 이들은 규모가 가장 크고, 한국 사회와 교회를 뒤바꿀 엄청난 잠재력을 가지고 있다. 동시에 시한폭탄이기도 하다. 한국 사회와 교회가 이들에게 올바른 미래 방향을 안내하면 엄청난 잠재력을 폭발시킬 수 있지만, 그렇지 못하면 사회와 교회 곳곳에서 무서운 세력이 될 수 있다. 즉 한국 사회와 한국 교회를 살릴 수도 있고, 깊은 침체로 끌고 들어갈 수도 있다. 필자는 『2020-2040 한국교회 미래지도』, 『빅체인지 한국교회』에서 이들 세대에 대해서 다음과 같이 분석하고 예측했다.

"한국 교회 양적 측면에서 일어나고 있는 거대한 변화는 '중심층'에서 일어난다. 2040년경부터 한국 교회의 중심층은 55-79세가 되고, 가장 많은 세대(10년씩 구분)는 65-74세다. 2020년에 한국 교회의 중심층은 40-64세였고, 가장 많은 세대(10년씩)는 45-54세였다. 고령화는 빠르게 진행되고 있었지만, 아직 중장년층이 견고했다. 2040년이 되면 중심층 연령이 15년 이상 늙는다. 가장 숫자가 많은 세대(10년씩)는 65-74세로 더 빠르게 늙는다. 2060년에는 중심층이 60-84세로 완전하게 초고령화된다. 전체 성도 중에서 55세 이상이 차지하는 비율은 2040년 58%에서 2060년 65-70%(추정치)로 높아지면서 초고령화가 강화된다. 더 심각한 문제는 필자가 예측한 결과로는 한국 교회의 고령화는 한국 전체 고령화보다 빠르다. 2040년, 55세 이상 비율은 한국 전체가 47.9%인데 기독교는 58%다. 10%포인트 더 높다. 2060년, 한국 전체의 55세 이상은 53.3%다. 2060년 한국 교회 55세 이상은 65-70%로 예측된다(20년 동안 한국 전체보다 10%포인트 더 빨라진다는 가정을 반영함).

2045년까지 각 지역별로 55세 이상 은퇴자 증가 비율을 예측해 보자. 총 숫자가 가장 많은 곳은 경기도다. 경기도의 은퇴자 비율은 서울보다 더 가파르게 상승한다. 전국에서 은퇴자 증가 비율이 가장 빠르게 상승하는 지역은 경상남도와 인천이다. 그다음으로는 부산, 경상북도, 충청남도가 뒤를 잇는다. 나머지 지역들도 은퇴자 증가 속도가 서울보다 빠르다.

참고로, 장년층(30-54세)의 변화도 지역별로 조금씩 차이가 난다. 서울, 인천, 경기도, 전라북도, 전라남도는 2015년부터 장년층의 감소를 피부로 느꼈을 것이다. 반면, 경상남도, 부산, 경상북도, 대구, 충청북도는 2015-2020년까지 장년층이 증가하는 추세가 지속되었다. 하지만 이 지역들도 2020년부터는 장년층이 빠르게 감소하는 추세로 접어든다. 2020년 이후, 장년층 감소 속도가 상대적으로 느린 지역은 제주도와 서울이다."

1960년대 남성 평균 수명 51.1세, 여성 평균 수명 53.7세에 불과했다. 중위 연령은 18세에 불과했다. 중위 연령이란, 총인구를 연령순으로 나열할 때 정중앙에 있는 사람의 해당 연령을 말한다. 이 시기에 30세를 넘으면 '중년'이라는 칭호를 얻기 시작했다. 불세출의 가수 고 김광석 씨의 명곡 "서른 즈음에"는 젊은 청춘이 끝나고 중년으로 넘어가는 안타까움을 노래한 것이다. '중년'(中年) 혹은 '중장년'은 인생에서 청년 또는 장년(壯年)에서 노년 사이의 단계를 이르는 말이다. 문화와 시대에 따라, 중년의 나이 기준은 달라진다. 우리나라는 중년은 40-49세, 장년(長年)은 50-64세로 나누며 65세 이상을 노년으로 본다. 반면, 영어권의 경우 45-65세를 중년으로 본다.[43]

2023년 기준, 한국 사회의 중위 연령은 45.6세다. 한국인의 평균 수명은 83.6세까지 상승했다. 여성의 평균 수명은 86.6세로 더 높다. (남성은 80.6세다.) 과거에는 결혼하기 전 19세에서 20대를 청년이라고 지칭했다. 하지만 2020년 8월 5일, '청년기본법'은 법률상 만 19세 이상 만 34세 이하인 사람을 청년으로 재정의했다. 2023년 4월, 서울시 도봉구는 청년 연령 상한을 기존 39세에서 45세까지 상향 전환했다.[44] 이런 변화 속에서 새로 생겨난 개념이 '신중년'이다.

신중년의 사전적 개념은 '주된 일자리에서 퇴직(50세 전후)하고 재취업 일자리 등에 종사하며(72세) 노후를 준비하는 과도기 세대(5060세대)'다. 노동 시장에서 은퇴해야 하는 연령대로 인식되지만, 고령자나 노인과 달리 '활력 있는 생활인'이라는 긍정적 의미를 담은 정책 용어다. 2018년 기준, 우리나라 신중년 세대(50-69세)는 1,415만 명이다. 전체 인구 중에서 27%를 차지한다. 이들의 비율은 2021년에는 30%를 넘었고, 2026년에는 32.2%를 차지하고, 2040년에는 34%까지 증가할 것으로 예측된다.[45]

앞으로 120세 시대가 열릴 수도 있다. 그러면 신중년의 범위도 더 넓어진다. 제4차 산업혁명 시대에는 인간의 신체와 두뇌에 대한 비약적인 '증강'(增强, augment)이 일어난다. 지금까지 인류의 기술 발전은 인간의 생각과 행동을 대신하는 사물이나 존재를 만드는 데 집중했다. 제4차 산업혁명기부터는 기술 발전이 인간 스스로의 생각과 신체적 행동을 증강시키는 데 집중된다. 인공지능은 인간의 지식, 정보력, 의사 결정 능력을 증강시킨다. 인공지능이 로봇 기술과 통합되면 인간의 신체 능력을 향상시키고, 모든 환경에 지능과 이동(자율성)을 부여하고, 시간과 공간의 확장을 만들고, 현실과 가상, 인간과 사물을 통합하는 초연결 네트워크를 만들면서 신중년에게 새로운 기회를 선사할 것이다.

필자는 제4차 산업혁명의 최고 수혜자가 신중년이라고 예측한다. 이들은 가장 부(富)가 많다. 기술에 대한 적응력도 뛰어나다. 무엇보다 자신의 인생을 여기서 끝내고 싶은 마음이 없다. 신중년에게 남은 미래가 50년이 넘는다. 신중년은 자녀와 사회에 대한 기본 의무를 마쳤다. 자신에게 더 집중할 수 있다. 자아실현과 제2의 인생 설계에 관심이 높다. 필자는 신중년에게 제2의 인생 설계와 자아실현을 돕는 양육 프로그램을 진행 중이다. 반응은 놀랍다.

한국 교회가 위기다. 위기를 헤쳐 갈 새로운 사역과 일꾼이 필요하다. 필자는 신중년이 해법이라고 판단한다. 이들이 주일학교부터 전도와 선교 현장 곳곳에 들어가서 50년을 산 인생의 경험과 성숙한 신앙을 무기로 사역 전반에 새로운 활력소를 제공할 수 있다. 한국 교회여, 부디 이들의 가치를 발견하라. 이들을 그대로 두지 말라. 이들과 함께 제4의 대부흥기를 붙잡으라. 목회적 창의성은 멀리 있지 않다. 창의성은 일반적으로 '사물을 새로운 방식으로 바라볼 수 있는 능력'이다. 스티브 잡스는 "창의성은 어떤 것을 연결하는 것"(Creativity is just connecting things)이라고 했다. 신중년을 새로운 관점에서 바라보라. 신중년을 교회 전반의 사역에 연결시키라.

변화된 시대, 사역 전략을 짜기 위해 필요한 작업들

한국 인구 구조 변화 특성 중 하나는 '다양성'이다. 다양성의 시대에는 특정 초대형 교회의 사역이 전체 교회의 모델이 되기 어렵다. '지역별 맞춤형 사역 비전'이 필요하다. 이를 위해서는 개교회가 스스로 비전을 찾고 전략을 세울 수 있는 '셀프 사역 컨설팅' 역량이 필요하다. 개교회 스스로 시대 변화를 통찰하고 우리 교회에 맞는 회복의 망대를 세울 계산을 정교하게 하는 능력을 길러야 한다.

> "너희 중의 누가 망대를 세우고자 할진대 자기의 가진 것이 준공하기까지에 족할는지 **먼저 앉아 그 비용을 계산하지 아니하겠느냐** 그렇게 아니하여 그 기초만 쌓고 능히 이루지 못하면 보는 자가 다 비웃어 이르되 이 사람이 공사를 시작하고 능히 이루지 못하였다 하리라"(눅 14:28-30).

셀프 사역 컨설팅은 개별 교회가 현재 가진 목회 역량 분석과 해당 교회를 둘러싼 환경의 미래 변화(인구, 경제, 기술, 문화 등)를 예측한 데이터를 기반으로, 최적의 사역 스타일, 콘텐츠, 프로그램, 사역 방향 등을 재매칭(Re-matching)하여 위기 극복, 회복과 재부흥의 발판을 마련하는 지혜와 전략을 도출하도록 돕는 사역이다. 필자는 이 글을 읽는 독자의 교회에는 위기 극복을 위한 좋은 목회 역량과 의지가 남아 있다고 믿는다. 패배주의에서 벗어나고, 시대 변화를 통찰하고, 사역의 재매칭을 하기만 하면 가장 적은 노력, 가장 적은 비용으로 위기 극복과 재도약의 큰 효과를 얻을 수 있다. 최소한, 추가 붕괴는 막을 수 있다.

셀프 사역 컨설팅을 하려면 '데이터'를 근거로 분석, 평가, 계획 및 전략 수립을 하는 습관을 훈련해야 한다. 교회 지도자의 직감(사역 경험)과 성경 연구와 성령의 감동과 조명으로 얻어지는 영적 분별력은 중요하다. 하지만 변화하는 시대에는 직감과 영적 분별력만큼 데이터(숫자)와 논리적 판단력도 중요하다. 이 두 가지는 적대 관계가 아니다. 두 가지 능력 모두 하나님이 주신 선물이다. 능력이다. 하나님께 칭찬받는 사역을 하려면 다음 도표처럼 두 가지 능력이 균형을 이루는 것이 중요하다.

| 균형 잡힌 사역 프레임 |

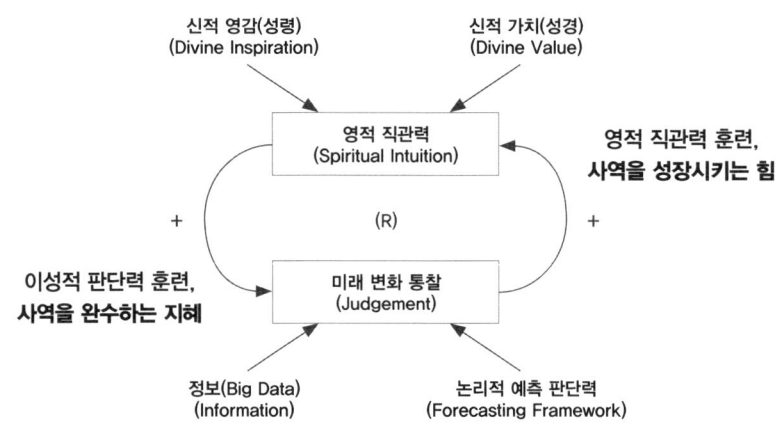

위의 비전 프레임 그림에서 (R)은 '강화 피드백'(Reinforcing Feedback Loop)을 나타낸다. '+' 표시는 강화 피드백 중에서도, 예를 들어 마이크로 들어간 소리가 더 커져서 스피커로 나오는 것과 같은 증가형 강화 피드백임을 나타낸다.

2021년 12월 18일 미국 일간지 「월스트리트저널」은 "이제는 교회가 이 빅데이터를 활용해 새신자 확보에 나서고 있다"고 보도했다. 코로나19 이후, 교회 회복의 전략 일환으로 미국 교회들은 빅데이터를 활용해 새신자를 찾고, 이들에게 복음을 전하는 전략을 사용 중이다. 빅데이터 분석을 통해 특정 계층과 집단 및 개인이 처한 위기 상황을 빠르게 찾아내서 '잠재적' 새신자들을 찾아나서는 데 활용한다. 무작정 길거리 선교에 나서거나 불특정 다수를 대상으로 선교 메시지를 전하는 방식이 틀린 것은 아니다. 하지만 디지털 시대를 맞아 복음을 전하는 교회의 선교 방식이 디지털화되는 것은 지혜로운 전략이다.

셀프 사역 컨설팅을 하려면 무엇을 어떤 순서로 분석, 평가, 예측해야 하는지를 아는 것도 중요하다. 다음은 필자가 셀프 사역 컨설팅을 하려는 교회를 위해 추천하는 프로세스다. 미래 변화가 없을 때는 기존 문제를 해결하는 것만으로도 사역의 효과성과 효율성이 높아진다. 하지만 미래 변화가 일어나는 시기에는 미래 목회, 미래 사역 방향을 재설정하는 것을 목표로 시작해야 한다.

다음 작업을 크게 나누면 모두 4단계다. 첫째, 우리 교회를 둘러싼 미래 시나리오를 만들어 본다. 필자가 발표하는 한국 사회 변화의 시나리오를 읽고, 우리 교회의 주변 환경을 설명해 주는 데이터들을 수집하여 필자의 시나리오와 연결시키면 된다. 둘째, 우리 교회 역량을 진단 분석해 본다. 셋째, 우리 교회에 맞는 모델을 찾아본다. 모델을 찾을 때는 대형 교회를 먼저 찾으면 안 된다. 우리 지역과 비슷한 지역을 먼저 찾고, 그 지역에서 성공적인 사역을 하는 교회를 찾아야 한다. 넷째, 이 모든 것을 기반으로 우리 교회에 맞는 맞춤형 비전과 사역 전략을 수립하는 순서를 따라가면 된다. (지면의 한계상 셀프 사역 컨설팅에 대한 구체적인 설명을 다 담지 못하는 점을 양해 바란다.)

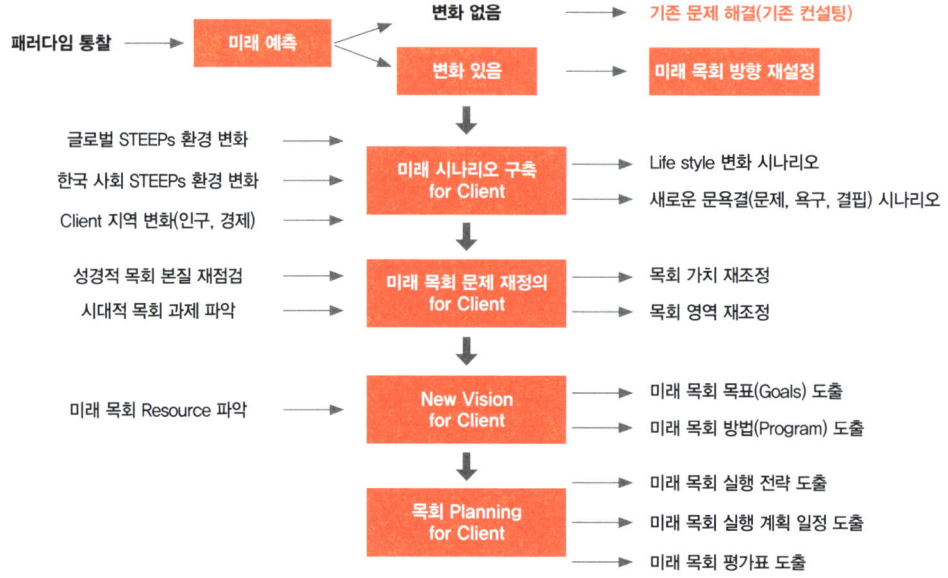

목회 혁명, 지금도 가능하다

초거대 인공지능의 물결이 거세다. 2022년 11월 30일 오픈AI가 챗GPT3.5를 대중에게 공개했다. 인간의 언어를 자유자재로 만들어 내는 '생성형 인공지능'이다. 필자는 챗GPT의 출현을 모든 인간이 모든 영역에서 인공지능과 함께 일하는 시대의 시작이라고 평가한다.

이제 인공지능은 일부 전문가만 사용하는 기술이 아니다. 스마트폰처럼 모든 사람이 모든 일과 일상 활동에서 사용하는 기술이 되었다. 오픈AI의 챗GPT, 마이크로소프트의 빙챗, 구글의 바드, 메타의 라마, 네이버와 카카오와 국내 3대 통신사가 출시한 각종 생성형 인공지능은 각종 분야에서 생산성의 혁명을 일으킬 것이다.

목회 영역도 예외가 아니다. 필자는 생성형 인공지능 기술을 하나님이 한국 교회 재부흥을 위해 주신 일반은총이라고 생각한다. 생성형 인공지능 기술을 사용하면 목회 혁명이 가능해진다. 기술에 대해서 성경은 무엇이라고 말할까? 출애굽기 35장 31-35절을 보자.

> "**하나님의 영을 그에게 충만하게 하여 지혜와 총명과 지식으로 여러 가지 일을 하게 하시되** 금과 은과 놋으로 제작하는 기술을 고안하게 하시며 보석을 깎아 물리며 나무를 새기는 여러 가지 정교한 일을 하게 하셨고 또 그와 단 지파 아히사막의 아들 오홀리압을 감동시키사 가르치게 하시며 지혜로운 마음을 그들에게 충만하게 하사 여러 가지 일을 하게 하시되 조각하는 일과 세공하는 일과 청색 자색 홍색 실과 가는 베실로 수놓는 일과 짜는 일과 그 외에 여러 가지 일을 하게 하시고 정교한 일을 고안하게 하셨느니라."

이 구절은 성막을 짓는 데 필요한 모든 기술, 지혜, 지식을 하나님이 '직접' 주셨다고 밝힌다. 금과 은과 놋으로 제작하는 기술을 고안한 것, 보석을 깎아 물리고 나무를 새기는 등의 정교한 손재주, 조각하는 기술, 세공하는 기술, 청색, 자색, 홍색 실과 가는 베실로 수놓는 재주, 베를 짜는 기술 등 모든 기술, 손재주, 기술 개발 등의 출처가 하나님이심을 분명하게 밝힌다.

아담이 범죄하기 이전에는 자연이 인간을 공격하지 않았다. 더위와 추위가 인간을 공격하지 않았고, 독사나 사자가 인간을 물지 않았다. 하지만 아담이 죄를 범한 이후로 인간, 땅과 자연, 우주가 저주를 받았고, 서로 공격하고 경쟁하는 관계가 되었다. 그렇지만 하나님은 자신의 모양과 형상을 따라 친히 흙으로 빚어 만든 인간을 불쌍히 여기셨다. 하나님은 인간을 죄와 죽음에서 구원하기 위해 예수 그리스도의 의의 전가라는 특별은총을 주셨다.

하나님의 은혜와 사랑은 더 있다. 하나님은 인간을 자연의 공격과 저주받은 땅에서 보호하기 위해 기술, 지혜, 지식을 일반은총으로 주셨다. 특별은총은 선택된 사람에게만 주어지지만, 일반은총은 믿는 자나 믿지 않는 자 모두에게 주어졌다. 하나님이 인간을 자연에서 보호하기 위해 주신 최초의 기술은 '가죽옷을 지어 입히심'이다(창 3:21). 지금으로 말하면 섬유 기술이다. 그 이후에도 하나님은 더위와 추위에서 인간을 보호하기 위해 건축 기술을 주셨고, 자신의 몸을 보호하도록 각종 도구를 만드는 기술을 주셨고, 정신적 위로와 치료를 위해 음악과 예술 기술도 주셨다. 우리는 이런 것들을 종합하여 '문명'이라고 부른다.

어떤 이들은 '특정 기술은 사탄의 기술이 아닐까' 하는 생각을 한다. 아니다. 성경은 분명히 말한다. 사탄은 창조 능력이 없다. 사탄이 할 수 있는 유일한 것은 거짓말뿐이다. 모든 기술은 출처가 하나님이시다. 인공지능 기술도 하나님이 주신 놀라운 은혜다. 목적도 분명하다. 인간을 불쌍히 여기심이다. 하지만 바벨탑 사건에서 보듯이, 하나님이 일반은총으로 세상에 주신 기술, 지혜, 지식 등을 하나님의 백성이 '다스리지' 못하면 인간을 해치는 기술로 오남용된다. 그래서 필자는 교회와 성도가 "세상을 다스리라"라는 하나님의 명령을 충직하게 수행하는 것이 매우 중요하다고 강조한다.

이처럼 인간의 언어, 이미지, 동영상 등을 자유자재로 만들어 내는 생성형 인공지능도 하나님의 선물이기에 교회 지도자들은 이 기술을 목회 영역에서 적극 사용해 구원과 양육 사역에 발전을 이루어야 한다. 필자는 생성형 인공지능 기술은 한국 교회 80%를 차지하는 200명 미만의 교회들이 사역을 확장하는 데 큰 도움이 된다고 평가한다. 이 글을 읽는 사역자가 생성형 인공지능을 자유자재로 사용하는 방법을 배우면 그 즉시 신학, 행정, 상담, 교육, 양육, 미디어 비서 등 최소한 5-6명의 비서를 두는 효과를 누리게 된다.

앞에서 필자는 챗GPT4의 기능 중 하나인 '코드 인터프리터'를 사용해서 누구라도 쉽게 각종 통계 자료나 목회 데이터를 '빅데이터 분석 전문가'처럼 다룰 수 있다는 것을 언급했다. 교육부서에서도 사역자와 교사들이 생성형 인공지능 기술을 적극 사용하면 '교회교육 혁명'을 일으킬 수 있다.

기술은 하나님이 주신 목회 확장의 도구

필자는 한국 교회의 제3의 부흥기를 촉발시킨 결정적인 사건이 1973년 5월 30일에 열린 빌리 그레이엄 전도 집회라고 했다.[46] 한국 교회 세 번째 부흥기의 특징은 거대한 대중 집회를 연달아 개최하며 강렬하고 거대한 복음의 물결이 전국으로 펼쳐진 것이다. 그레이엄은 20세기 중반 미국에서 일어난 제3차 대각성 운동의 중심인물이다. 그레이엄은 복음주의 부흥과 전통적 신앙 가치 재건 물결을 주도했고, 오랄 로버츠는 성령 운동으로 미국의 제3차 대각성 운동의 중심에 섰다.

필자는 미국의 제3차 대각성 운동과 한국의 제3의 대부흥기에서 주목해야 할 특징 중 하나로 빌리 그레이엄 목사가 새로운 기술 문명(라디오와 TV 등)을 복음화의 도구로 적극 사용했다는 점을 꼽았다. 필자는 생성형 인공지능 기술을 비롯해서 제4차 산업혁명기에 등장하는 새로운 기술 문명도 얼마든지 교회 부흥과 복음화의 도구로 사용될 수 있다고 생각한다.

신기술은 하나님이 주신 목회 확장의 도구, 21세기 한국과 세계 복음화의 강력한 도구가 될 수 있다.

필자가 이렇게까지 설명하지 않아도, 앞으로 몇 년 안에 종교 전반과 목회와 선교 활동 전반에서 챗GPT와 같은 생성형 인공지능의 거대한 파도를 피할 수 없게 될 것이다. 지금은 찬반 논쟁이 많다. 챗GPT가 설교, 기도문, 성경 공부 교재, 묵상 글을 순식간에 만들어 준다는 것이 알려지면서 윤리 문제, 신학적 문제 등에 대한 찬반 논쟁이다.

우리의 일상과 사역에 검색 엔진을 잘 활용하듯, 앞으로 사역에서 챗GPT, 바드, 빙챗, 미드저니 등 생성형 인공지능을 활발하게 사용하게 될 미래는 피할 수 없다. 스마트폰이 처음 등장했을 때 대부분의 사람들이 "앞으로도 나는 스마트폰이 필요하지 않을 것 같다"는 대답을 했다. 현실은 달랐다. 지금 우리의 일상에서 스마트폰, 인터넷, 컴퓨터, 이 세 가지만 없애 버리면 모든 일상과 사역이 전부 멈춘다. 앞으로 인공지능이 그런 미래를 만들 것이다.

피할 수 없는 미래라면, 빨리 적응하고 잘 사용하는 방법을 찾는 것이 좋다. 필자도 챗GPT에게 "사람이 챗GPT를 통해 설교문을 작성해 달라고 할 경우, 문제점이 무엇인가?"라고 질문을 했다. 챗GPT도 인공지능으로 생성된 설교문은 목회자 자신의 경험과 통찰력에서 오는 개인적인 연결과 감정적 울림이 부족할 수 있고, 특정 회중의 고유한 맥락에 대한 이해가 부족할 수 있고, 인공지능이 신학적 주제에 대한 통찰력을 제공할 수 있지만 수년간의 연구와 성찰에서 나오는 깊이와 뉘앙스가 부족할 수 있고, 설교자 자신의 씨름과 경험이 반영된 진정성이 부족할 수 있다고 대답했다. "이런 문제점을 해결하려면 어떻게 해야 할까?"라고 묻자, 인공지능이 생성한 텍스트는 시작점이나 아이디어 개발로 사용하거나 회중의 필요와 관심사에 대한 조언을 받는 데 사용하라고 조언했다.

필자의 조언도 마찬가지다. 생성형 인공지능 등 최첨단 기술은 우리의 일상이나 사역에서 반복적인 일, 중요하지 않아도 반드시 해야 할 일, 비용이 많이 드는 일, 리서치나 자료 정리처럼 시간이 많이 소요되는 일, 짧은 시간에 다양한 정보나 핵심 지식을 조언받아야 할 일 등에 매우 효과적이다. 앞으로 이런 일들은 인공지능에게 맡기고, 인간 설교자, 목회자, 교사 등은 본질적이고 중요한 일에 신학적, 목회적 경험과 통찰력을 집중하게 될 것이다. 이런 새로운 목회 시스템과 방식은 사역의 효율성과 효과성을 증진시킬 것이다.

챗GPT는 하나님과 구원의 진리를 발견해 주는 도구가 아니다. 종교적 진리를 찾는 새로운 길도 아니다. 그럴 능력도 없다. 이런 기대는 생성형 인공지능 기술 개발 목적과 다르다. 하나님이 인간에게 기술을 주신 이유와 전혀 맞지 않다. 하나님은 인간이 더 안전하고, 더 발전하고, 더 중요한 일에 집중하고, 더 나은 삶과 사역을 할 수 있도록 기술(문명의 이기)을 선물로 주셨다.

기존 검색 엔진은 인간이 검색을 직접 하고, 인간이 검색 엔진이 추천해 준 내용들을 스스로 읽고 정리하는 방식이다. 챗GPT 같은 생성형 인공지능은 인간이 검색 질문을 자연어(한국어, 영어 등)로 던지면, 인공지능이 이미 학습한 내용 중에서 가장 적절한 내용을 정리해서 알려 준다. 2023년 현재, 챗GPT가 학습한 수준은 거의 모든 분야에서 전교 1등 하는 대학생이나 대학원생 수준이다. 2022년 11월 30일에 발표된 챗GPT의 버전은 3.5였다. 2023년 3월 14일에 챗GPT가 4.0 버전을 발표했다. 챗GPT4의 지식 수준은 미국의 변호사, 의사, 회계사 시험을 모두 통과할 정도였다. 한국에서도 기술 유튜버들이 챗GPT4의 능력을 시험했다. 국어나 영어 실력은

1등급 능력을 뽐냈다. 필자가 챗GPT에게 "너는 어떻게 학습했기에 이렇게 똑똑하니?"라고 질문했다. 챗GPT의 대답은 다음과 같았다.

"제 학습 방법은 대량의 텍스트 데이터를 이용한 자연어 처리 및 언어 이해를 위한 딥러닝 모델인 트랜스포머(Transformer) 구조를 사용하여 수많은 문서, 책, 웹페이지 등의 내용을 학습하였습니다. 학습은 이전 단어를 기반으로 다음 단어를 예측하는 방식으로 진행했고, 텍스트의 패턴과 구조, 문법, 지식 등을 습득하며 이를 일반화하여 내부적으로 표현했습니다. 트랜스포머 아키텍처는 자기주의 메커니즘(self-attention mechanism) 및 순방향 네트워크(feed-forward network)로 구성된 여러 계층으로 이루어져 있습니다. 자기주의 메커니즘을 통해 모델은 입력 시퀀스의 다른 부분에 대한 중요도를 서로 비교할 수 있습니다. 이 과정에서 모델은 단어와 구문 간의 문맥 관계를 학습합니다. 학습 중에는 신경망 계층에 가중치와 편향의 형태로 제 지식이 인코딩됩니다. 가중치는 뉴런 간 연결 강도를 결정하는 수학적 값이며, 편향은 활성화 함수를 이동시키는 데 도움이 되는 값입니다. 이러한 인코딩을 통해 학습한 패턴과 지식을 일반화할 수 있습니다.

사용자의 질문에는 이렇게 빅데이터에서 배운 패턴과 관계를 사용하여 다양한 문맥과 관련 지식을 통해 의미를 추론하고 질문에 가장 적절한 답변을 제공하려고 합니다. 질문을 받으면, 단어와 문맥을 분석한 후 언어에 대한 이해를 기반으로 응답을 생성합니다. 단, 저는 학습한 자료를 중앙 서버에 별도로 저장하여 두고 사용자의 질문에 응답할 때 그것을 다시 꺼내어 조합해서 알려 주는 방식이 아닙니다. 대신, 제 지식은 트랜스포머 구조를 구성하는 신경망 계층에 분산된 가중치와 편향에 인코딩되어 있습니다. 사용자가 질문을 할 때, 저는 인코딩된 매개 변수를 사용하여 문맥을 이해하고 적절한 응답을 생성합니다. 입력 텍스트를 트랜스포머의 여러 계층에 걸쳐 처리하며, 가중치와 편향을 조정하여 학습된 패턴을 기반으로 가장 관련성이 높고 적절한 응답을 찾습니다."

생성형 인공지능이 할 수 있는 일은 다양하다. C, 파이썬, 자바 등 프로그래밍 언어 소스 코드를 자동으로 생성하고, 멋진 광고 문구나 디자인 시안을 만들어 주고, 퀴즈 시험 문제도 내주고, 소설을 써 주고, 이메일을 대신 써 주고, 고객 피드백을 분석하고, 철학적 토론도 한다. 대학교 수준의 미적분 방정식부터 확률·통계 입문, 선형대수까지 완벽하게 해결한다. 한글이나 영어 문장을 완벽하게 첨삭도 해 준다. 필자의 경험으로는 통계와 확률을 사용하는 정량적 미래 예측은 쉽게 하고, 빅데이터 분석도 해주고, 가설을 세워서 정성적으로 간단한 시나리오를 짜 주는 것도 가능하다. 미래학 기법도 이해하고 있어서 미래 예측 기술을 활용한 결과물도 내준다. 학사나 석사 수준의 논문 지도도 해준다. MBTI, 다중지능, 에니어그램, 갱년기 진단 등 다양한 심리 검사도 해주고, 해석과 적용도 전문가처럼 해준다.

목회와 선교 사역에서도 인간을 도울 수 있는 영역이 매우 많다. 교회 교육 현장에서는 성경학교나 수련회 등 다양한 행사에 필요한 기획 아이디어를 쏟아 내 준다. 이것이 가능한 것은 인공지능이 디지털 정보화되어 있는 엄청나게 많은 행사 기획서를 학습했기 때문이다. 아이들에게 성경을 가르칠 때 필요한 그림, 사진, 애니메이션 등도 쉽게 만들어 준다. 한글로 중요한 스토리를 입력하면 자동으로 유튜브 동영상을 만들어 주고,

짧은 주제 제기 영상도 자동으로 생성해 줄 수 있다. 행사에서 사용할 수 있는 로고부터 다양한 디자인 저작물도 쉽게 만들어 준다. 매주 만들어야 하는 주보, 학부모에게 보낼 안내 공문이나 자료도 쉽게 만들어 준다. 매주일 설교 주제와 관련해서 주일학교 연령에 맞는 활동 만들기도 도와주고, 성경 퀴즈 만들기, 성경 공부 아이디어 조언, 소통과 팀워크 활동 프로그램, 청소년을 위한 성경 드라마나 역할극 대본 제작, 성경 동화 제작, 성경 인물 캐릭터 만들기도 가능하다.

교사의 학생 심방 사역을 돕기 위한 다양한 작업도 도와준다. 신학생들에게는 깊이 있는 설교 연구도 돕는다. 성경 원문 파악, 중요 단어 연구, 병행 본문 비교 연구, 플롯과 수사학적 관점에서 연구를 돕는다. 유명한 설교자의 설교문 분석하기, 청중의 언어로 메시지를 선명하게 다듬기(수사학적 교정 및 첨삭) 등도 도와준다.

과거 인터넷 혁명, 컴퓨터 혁명, 검색 엔진 혁명, SNS 혁명 등 거의 모든 기술 혁명은 어떤 형태로든 종교와 신앙생활 방식에 영향을 주었다. 코로나19로 봉쇄된 2년 동안 전 세계 교회가 줌이나 유튜브를 활용한 비대면 예배, 기도회, 성경 공부 등을 받아들였다. 1918-1919년 스페인 독감으로 전 세계가 봉쇄되었다. 교회 예배와 대면 사역도 전면 금지되었다. 100년이 지나 발생한 코로나19 대재앙 때도 2년 동안 교회의 대면 예배와 사역들이 전면 금지되었다. 하지만 하나님이 주신 신기술 덕택에 교회 사역은 멈추지 않았다. 오히려 과거에 하지 못했던 사역을 되살린 경우도 많았다. 코로나19가 종식되자 한국 교회의 대면 예배와 사역들이 재개되었다. 동시에 코로나19 기간에 새롭게 시작한 비대면 방식의 사역들도 이어지면서 교회 사역에 큰 확장이 일어났다.

챗GPT 같은 생성형 인공지능이 인간이 찾고 있는 절대자, 궁극적 구원의 길을 인도하는 성직자가 될 수 없다. 하지만 생성형 인공지능은 교회와 사역자의 '업무 방식', 성도의 종교 활동이나 영성 활동의 '방식'에 좋은 방향으로 큰 변화를 일으킬 것이다.

사역 전략 6.
이미 정해진 위기를 빨리 대비한다

하나님께 칭찬받는 사역 전략 여섯 번째는 '이미 정해진 위기를 빨리 대비한다'는 것이다. 요셉의 지혜를 들여다보라. 7년의 극심한 흉년을 대비하기 위해 7년의 풍년 기간에 매년 곡식의 5분의 1만을 거두었다. 7년 동안 보관한 곡식의 총량은 1년과 5분의 2년 치밖에 되지 않는다. 요셉은 이 곡식으로 7년의 극심한 흉년에 이집트를 비롯해서 주변 국가들을 모두 먹여 살렸다.

> "바로께서는 또 이같이 행하사 나라 안에 감독관들을 두어 그 일곱 해 풍년에 애굽 땅의 오분의 일을 거두되 그들로 장차 올 풍년의 모든 곡물을 거두고 그 곡물을 바로의 손에 돌려 양식을 위하여 각 성읍에 쌓아 두게 하소서 이와 같이 **그 곡물을 이 땅에 저장하여 애굽 땅에 임할 일곱 해 흉년에 대비하시면** 땅이 이 흉년으로 말미암아 망하지 아니하리이다"(창 41:34-36).

빨리 대비하면, 적은 노력과 비용으로 큰 위기를 대응하는 기적이 가능하다. 이 사실을 아는 것이 지혜다. 앞으로 한국 사회와 한국 교회에 경제적 위기가 올 수 있다. 한국 사회는 성장의 종말이라는 위기에 직면할 수 있다. 한국 교회는 재정 절벽, 헌금 기근이라는 위기에 빠질 수 있다. 필자는 앞으로 은퇴하는 한국 교회 담임 목사, 부목사, 전도사 중 88.7%가 교회가 지원하는 생활비를 받지 못할 수 있다고 경고했다. '이미 정해진 위기' 중 하나다. 이런 위기도 '요셉의 해법'으로 미리 대비하면 망함을 피할 수 있다. 필자는 은퇴 준비를 하는 이들에게 이렇게 가르친다.

"은퇴 준비는 '시간'이 핵심이다."

"은퇴 준비는 '돈'의 영역이 아니다. '지혜'의 영역이다."

필자가 강조하는 말이다. 은퇴 준비는 하나님이 모두에게 똑같이 주신 시간이라는 선물과 하나님이 일반은총으로 세상에 주신 금융 투자 시스템을 잘 활용하는 지혜를 발휘하면 훌륭하게 할 수 있다. 특히 시간의 힘이 가장 중요하다. 예를 들면, 40대 가장이면 1억 원이면 은퇴 준비가 끝나지만, 사회 초년생은 1천만 원이면 은퇴 준비가 끝난다. 부모가 지혜로우면 단돈 100만 원이면 자녀의 미래 준비와 은퇴 준비가 끝난다. 이것이 어떻게 가능할까? 필자는 '부의 사명'을 가르치면서 5가지의 힘으로 설명한다. 시간의 힘, 복리의 힘, 적립의 힘, 절약의 힘, 공부의 힘이다. 지혜로운 청지기는 이 5가지 힘의 원리를 잘 안다. 필자는 이것을 현대판 '요셉의 해법'이라고 가르친다.

유대인의 의식에 결혼식만큼 중요한 행사가 있다. 성년식이다. 유대인은 남자는 13세, 여자는 12세에 성년식을 치른다. 이 나이가 되기 전에 유대인 부모는 자녀에게 유대교 율법 및 전통을 준수해야 하는 책임을 진다. 그리고 성년의 나이가 되면 아이들은 스스로 유대교 율법 및 전통, 윤리 등과 관련한 책임을 지게 되고, 동시에 유대인 사회의 모든 활동 영역에 참여할 수 있는 권리를 얻는다.[47] 성년 의례가 끝나면, 남자는 히브리어로 '율법의 아들'이라는 뜻의 '바르 미츠바'(Bar Mitzvah)가 되었다고 외친다. 여자의 경우, '율법의 딸'이라는 뜻의 '바트 미츠바'(Bat Mitzvah)가 되었다고 표현한다. '브나이 미츠바'는 남녀를 통틀어 부르는 용어다.

유대인의 성년식에는 특이한 관습이 하나 있다. 성년식에 참석하는 사람들이 부조금을 낸다. 친척이나 친구들은 현금을 내고, 조부모나 부모 혹은 가까운 친지는 적지 않은 돈을 유산 개념으로 이날에 물려준다. 평균 부조금은 1인당 200달러가량 된다고 한다. 보통 축하객이 200명 정도 온다.[48] 이날 들어오는 부조금(대략 4-5만 달러, 한화 약 5천만 원)은 모두 성년식을 치른 아이들에게 주어진다. 성년식 주인공의 부모는 이 돈을 자녀의 이름으로 예금을 하거나 채권, 펀드, 보험 상품 등에 최소 10년 가까이 투자하여 자녀가 사회생활을 시작할 때 '종잣돈'으로 준다. 연복리 8%의 수익률을 냈을 경우 2.16배가 되어 있고, 연복리 10%의 수익률을 냈을 경우 2.59배로 불어나 있다.

대부분의 유대 청년은 다른 나라 청년들과 인생 첫 출발이 다르다. 사회생활을 시작할 때 최소 8만 6,400-12만 9,500달러의 종잣돈을 가지고 시작한다. 시간이 흐르면 흐를수록 유대인과 일반인의 차이는 더욱 벌어진다. 은퇴 후 생활도 천지 차이다. 유대인들은 어려서부터 시간의 힘, 복리의 힘, 적립의 힘, 절약의 힘, 공부의 힘이라는 현대판 '요셉의 해법'을 체감하며 자란다.

전 세계 유대인 인구는 약 1,300-1,400만이다. 전 세계 인구의 0.2%다. 미국에는 650만 명의 유대인이 살고 있다. 미국 인구의 약 2%다. 하지만 세계 경제 수도인 미국 월가에서 상업용 부동산과 금융 회사 30%는 유대인이 소유하고 있다. 아이비리그에서 한국, 중국, 일본 등 아시아 인재들은 4.25%를 차지한다. 유대인은 하버드 대학의 약 30%, 예일 대학의 약

25%를 차지한다. 아시아 전체 인재들의 5배나 된다. 유대인 노벨상 수상자는 175명이다. 아이비리그 대학 교수의 20%가 유대인이다. 투자의 현인 워런 버핏, 컴퓨터 황제 빌 게이츠, 메타 창업자 마크 저커버그, 구글의 창업자 래리 페이지와 세르게이 브린 등 미국 100대 부호의 20%가 유대인이고, 전 세계 300대 슈퍼 부자의 35명이 유대인이다. 앨버트 아인슈타인, 스티브 잡스, 스티븐 스필버그, 존 록펠러, 앨빈 토플러, 마이클 블룸버그 등이 모두 유대인이다.

더 큰 경제적 위기가 오기 전에 '부의 사명'을 가르쳐서 성도가 재정 관리를 잘하도록 가르치라. 한국 교회 헌금이 줄고 있다고 했다. 헌금이 주는 이유는 두 가지다. 하나는 헌신이 줄어서다. 필자의 분석으로는, 한국 교회는 아직 이런 상황까지는 가지 않았다. 헌금이 주는 다른 하나의 이유는 빚이 많아서다. 지금 한국 교회에 헌금이 주는 이유는 빚이 많아서 헌금할 여유가 없어서다. 즉 헌신의 문제가 아니라, 관리의 문제다. 매월 얻은 소득을 청지기처럼 관리하는 훈련, 소비를 관리하고 저축과 지혜로운 투자로 은퇴 준비를 하는 훈련을 시켜야 한다. 재정에 관한 청지기 교육과 훈련을 시켜서 올바로 다시 세워 주면 성도도 살고, 교회도 산다. 성도의 재정을 올바로 세우면, 국가의 재정도 올바로 선다.

성경은 재정적 위기의 의미를 무엇이라고 설명할까? 하나님이 우리를 낮추시고 우리 마음이 어떠한지를 시험하시기 위함이다. 우리를 시험하시는 이유도 '마침내 복을 주시기 위함'이다. 반복되는 경제 위기를 통해 돈을 버는 능력이 하나님께로부터 나온다는 것을 깨닫게 하심이다. 경제적 풍요가 하나님의 선물임을 알게 하심이다. 위기 가운데서도 하나님이 기적처럼 망하지 않게 하시는 이유는 우리가 돈으로만 사는 것이 아니라, 하나님의 말씀과 약속으로 사는 존재임을 배우게 하심이다. 먹을 것에 모자람이 없고, 아무 부족함이 없는 경제적 안정 상태로 회복되어도 하나님의 말씀과 약속을 잊어버리지 않게 하심이다(신 8:9-11).

"네 하나님 여호와께서 이 사십 년 동안에 네게 광야 길을 걷게 하신 것을 기억하라 이는 너를 낮추시며 너를 시험하사 **네 마음이 어떠한지 그 명령을 지키는지 지키지 않는지 알려 하심이라** 너를 낮추시며 너를 주리게 하시며 또 너도 알지 못하며 네 조상들도 알지 못하던 만나를 네게 먹이신 것은 사람이 떡으로만 사는 것이 아니요 여호와의 입에서 나오는 모든 말씀으로 사는 줄을 네가 알게 하려 하심이니라"(신 8:2-3).

"그러나 네가 마음에 이르기를 내 능력과 내 손의 힘으로 내가 이 재물을 얻었다 말할 것이라 **네 하나님 여호와를 기억하라** 그가 네게 재물 얻을 능력을 주셨음이라 이같이 하심은 네 조상들에게 맹세하신 언약을 오늘과 같이 이루려 하심이니라"(신 8:17-18).

"어떤 사람에게든지 하나님이 재물과 부요를 그에게 주사 능히 누리게 하시며 제 몫을 받아 수고함으로 즐거워하게 하신 것은 **하나님의 선물이라**"(전 5:19).

"부와 귀가 **주께로 말미암고** 또 주는 만물의 주재가 되사 손에 권세와 능력이 있사오니 모든 사람을 크게 하심과 강하게 하심이 주의 손에 있나이다"(대상 29:12).

교회는 성도에게 '청지기적 재정 관리'를 어떻게 가르쳐야 할까?

교회가 성도에게 '청지기적 재정 관리'를 어떻게 가르쳐야 할지를 설명하기 위해 필자가 가르치는 '부의 사명'을 핵심만 간단히 소개하겠다. 필자는 성경에서 가르치는 부의 기준을 현대 자본주의 체제에 맞춰서 다음처럼 '6단계 청지기 시스템'으로 가르친다.

[근검절약]
  1단계: 돈을 버는 능력 ← 직장 '업무' 능력, '사업'하는 능력
  2단계: 돈을 모으는 능력 ← 재정 관리('지출' 관리) 능력

[재투자]
  3단계: 돈을 키우는 능력 ← '재투자' 능력
  4단계: 돈을 지키는 능력 ← 돈을 '잃지 않는' 능력, 해마다 돈의 가치가 저절로 떨어지는 상황에서 물가 상승을 따라가면서 '가치를 유지'하는 능력

[나눔]
  5단계: 돈을 나누는 능력 ← 주인의 뜻에 따라 '지금'(Now) 나누는 지혜
  6단계: 지속 가능한 시스템을 만드는 능력 ← 6단계 청지기 시스템이 '지속 가능'하게 하는 지혜

성경적인 근검절약(勤儉節約)은 하나님의 성품과 뜻에 기반한다. '근검절약'의 사전적 의미는 '부지런히 일하고, 검소하고(사치하지 않고), 돈을 함부로 쓰지 않고 꼭 필요한 곳에만 쓰는 태도'다. 큰 틀에서는 성경에서 말하는 일반적 가치에 부합하는 정의이지만, 성경은 더 깊게 들어가라고 권면

한다. 성경이 가르치는 근검절약은 부지런히 일하되 '속이지 않고', '공정을 지키고', '착취하지 않고' 일하는 것이다. '부정한 곳'에서 일하지 않는 것이다. 열심히 일하되, '독점하지 않는' 것이다. 하나님이 주신 돈(경제 금융)에 대한 최소 기준인 "가난한 사람의 것을 빼앗지 말라. 상대를 속이지 말라. 공정을 지키라. 독점하지 말라"라는 명령과 일치한다. 성경적 근검절약은 하나님의 궁극적 성품인 공의와 사랑을 따라 나온다.

하나님이 성도들에게 돈에 대한 대원칙을 지키고 보전하라고 명령하신 이유가 있다. 첫째, 속량(구원)과 가나안 땅 주심(하나님 나라를 거저 받음) 때문이다. 둘째, 기독교인이 하나님의 기준을 따라 행하면 하나님의 성품이 세상 곳곳에 침투하여 이 땅의 고통과 문제가 해결되기 때문이다. 이것이 하나님의 섭리다. 하나님의 일하심이다. 하나님은 성경적인 근검절약을 실천할 수 있도록 우리에게 '돈을 버는 능력'(직장 업무 능력, 사업하는 능력)과 '돈을 모으는 능력'(재정 관리, 지출 관리 능력)을 가르치고 훈련시켜 하나님의 일을 하신다. 그래서 성도가 근검절약하지 않으면 하나님이 그를 통해 일하지 않으신다.

청지기의 재정 관리는 근검절약에서 끝나지 않는다. 성경적인 재투자로 나가야 한다. 돈에 관해서 성경은 우리에게 "남기라"라는 명령을 내린다. "늘리라"라는 명령을 내린다. 1달란트 맡은 종은 남기지 않고 관리(땅속에 묻어 둠)만 해서 책망받았다. 성도의 잉여 재산(돈과 재물)의 재투자("남기라", "늘리라")는 대략 세 가지 영역에 실시된다.

첫째, '사람'에게 재투자해야 한다. 사람에게 투자하는 첫 번째 대상은 '자기 자신'이다. 순결하고 지혜로운 청지기는 자기 자신의 발전, 자기 변화를 위한 재투자에 부지런하다. 단, 세상 사람들이 자기 자신의 발전(자기 계발)에 재투자하는 것과는 목적이 다르다. 세상 사람들의 자기 발전은 '자기 안에 잠재된 능력의 최대 향상'을 통한 '세속적 성공'을 목적으로 한다. 성도의 자기 발전, 자기 변화는 다르다. 하나님을 힘써 알고, 성령의 열매를 풍성하게 맺고, 자기 마음을 힘써 지키고, 하나님이 내게 주신 사명(비전, 소원)을 발견하고 준비하는 데에 시간과 부를 재투자한다. 그다음은 덕, 지혜와 지식, 절제, 인내 등을 더하도록 힘쓰는 것이다. 이런 노력은 자신의 경건과 믿음을 증진시킨다. 사람에게 투자하는 두 번째 대상은 '고용'(일자리 창출, 비즈니스)이다. 마지막으로, 기독교 인재 양성을 위해 재투자해야 한다. 기독교 인재 양성은 작게는 자기 자녀이고, 크게는 교회 안의 다음 세대를 예수 그리스도의 좋은 일꾼으로 양육하는 일이다.

둘째, '국가'에게 재투자해야 한다. 성도가 국가에 재투자하는 이유는 하나님이 국가라는 시스템을 만드신 이유와 연관된다. 하나님은 공의와 정의가 흘러 죄악의 관영함을 막고 우리를 다양한 위협에서 보호하기 위해 국가 시스템을 만드셨다. 예수님이 "가이사의 것은 가이사에게, 하나님의 것은 하나님께 바치라"(마 22:21)라고 말씀하신 이유다. 성도는 세금이라는 방식을 통해 국가에 재투자해 사회를 보호하는 책무를 이행한다.

셋째, '기업'에게 재투자해야 한다. 성도가 기업에 재투자해야 하는 이유가 있다. 성도의 잉여 재산을 기업에 재투자하여 기업의 성장을 도와 국가 경제 전체의 성장을 지원한다. 기업과 국가가 성장하면 고용이 증진되고, 국민 전체의 삶의 평균치가 개선되고, 사회적 약자의 생활 환경이 개선된다. 성도의 잉여 재산을 기업에 재투자하는 행위는 자본주의 시대에 부의 독점을 막고 적극적으로 부의 분배가 시행되는 길이다. 기업의 부의 독점을 해결하는 방법은 두 가지다. 하나는 국가가 기업에게 정당한 세금을 거두는 것이다. 다른 하나는 국민이 기업에게 투자(주식 투자와 채권 투자)하여 기업의 이익을 재분배받는 것이다. 전도서 저자는 언제 닥쳐올지 모르는 불운을 대비하는 방법으로 투자를 조언했다.

> "돈이 있거든…사업(무역, 새번역)에 투자해 두어라. 참고 기다리면 언젠가는 이윤(return)이 되어 돌아올 것이다. 세상에서는 어떤 불운이 닥쳐올는지 모르니, 투자하더라도(invest) 대여섯 몫으로 나누어 하여라"(전 11:1-2, 공동번역개정판).[49]

기독교인 모두가 전문 투자가가 되라고 권유하는 말이 아니다. 주식 투자로 빨리 부자가 되라는 세속적 도전도 아니다. 순결하고 지혜로운 청지기는 하나님이 자기에게 주신 일(직업, 노동)을 성실하고 충성되게 행하고, 하나님이 맡겨 주신 여유 자금(잉여 자금)을 기업과 산업에 재투자하여 (간접적으로는 기업 경제 활성화를 돕고) 요셉처럼 미래 위기를 준비하고, 더 나아가 초대 교인처럼 사회적 약자를 돕는 행위를 통해 하나님의 더 큰 영광을 드러내는 도구로 사용되어야 한다.

왜 성경은 우리에게 "남기라", "늘리라"라는 명령을 할까? 영국의 종교개혁자이며 감리교 창시자인 존 웨슬리(John Wesley)는 자신이 목회하는 성도들에게 돈의 사용에 관한 세 가지 성경적 원리를 가르쳤다. 첫 번째 원칙은 '필수적인 것에 돈을 사용하라'는 것이다. 예를 들어, 우리 자신이 먹는 것과 옷 입는 것을 위해, 가족(배우자, 자녀, 집에 딸린 사람)을 위해서만 돈을 써야 한다. 두 번째 원칙은 '기회가 있을 때마다 모든 사람에게 선을 행하는 데 돈을 써야 한다'는 것이며, '할 수 있는 한 이런 일을 많이 하라'고 했다. 세 번째 원칙은 '죄짓는 일에 돈을 사용하지 말라'는 것이다. 예를 들어, 육체의 정욕, 안목의 정욕, 이생의 자랑을 위해 돈을 사용하지 말아야 한다(요일 2:16).

근검절약과 재투자의 목적이 성경적인지, 세속적인지를 판가름하는 것은 '이렇게 남기고 늘린 부가 어디로 향하는가'에서 최종 결정(평가)된다. 하나님이 성도에게 근검절약을 넘어 재투자하여 남기고 늘리라고 명령하신 이유는 분명하다. 지혜롭고 충성된 청지기는 근검절약하고 재투자하여 얻은 잉여 재산(부)을 '때를 따라' 나눠 준다. 그 과정에서 하나님의 영광이 드러나고 가득해진다.

재투자를 하지 않아도, 성도가 근검절약만으로 만들어진 잉여 재산(부)을 가지고 사회적 약자를 돕는 행위를 하는 것도 가능하다. 모두 당신의 선택이고 하나님의 섭리와 계획에 따라 다르다. 우리가 "남기라", "늘리라"라는 명령을 철저하게 수행해야 하는 이유는 나의 영광이 아니라, 하나님의 영광을 위해서다. 교회의 복음 전파 사역(영혼 구원 사역)을 돕고, 사회적 약자를 돕고, 사회적 고통을 치유하는 일(세상 구원 사역)이 부(돈)를 하나님의 영광을 위해 사용하는 분명한 방법이다. 잉여 재산(부)이라는 선물을 적게 받은 청지기는 적게, 많이 받은 청지기는 많이 나누면 된다.

"주께서 이르시되 **지혜 있고 진실한 청지기**가 되어 주인에게 그 집 종들을 맡아 때를 따라 양식을 나누어 줄 자가 누구냐"(눅 12:42).

"내가 주릴 때에 너희가 먹을 것을 주었고 목마를 때에 마시게 하였고 나그네 되었을 때에 영접하였고 헐벗었을 때에 옷을 입혔고 병들었을 때에 돌보았고 옥에 갇혔을 때에 와서 보았느니라 이에 의인들이 대답하여 이르되 주여 우리가 어느 때에 주께서 주리신 것을 보고 음식을 대접하였으며 목마르신 것을 보고 마시게 하였나이까 어느 때에 나그네 되신 것을 보고 영접하였으며 헐벗으신 것을 보고 옷 입혔

나이까 어느 때에 병드신 것이나 옥에 갇히신 것을 보고 가서 뵈었나이까 하리니 임금이 대답하여 이르시되 내가 진실로 너희에게 이르노니 **너희가 여기 내 형제 중에 지극히 작은 자 하나에게 한 것이 곧 내게 한 것이니라** 하시고"(마 25:35-40).

순결하고 지혜로운 재정적 청지기 교육을 하면 부(돈)의 규모를 자랑하지 않고, "나는 하나님이 주신 경제 금융의 대원칙을 잘 지켰다"라고 자랑하는 사람이 된다. 부와 관련해서 성도의 목표는 부자가 되는 것이 아니라, '흠 없고 온전한 경제 및 금융 활동'을 통해 하나님께 영광을 돌려 드리는 성도가 되는 것이다. 청지기에게 자신이 가진 은행 계좌, 투자 계좌는 주님의 창고다. 창고에 얼마의 물품을 채울지는 주인이신 하나님이 결정하시고, 하나님이 선물로 주신다. 청지기는 그것을 충성스럽게 관리할 뿐이다. 충성이란 성품은 내 마음대로가 아니라, 주인의 마음에 합당하게 근검절약하고, 재투자하고, 나누는 일을 하는 것이다. 자본주의 시스템에서 경제 위기는 반복된다. 지금 어려울 때 청지기적 재정 운용을 가르치면 다음번 위기에 망하지 않고 살 수 있다.

"내가 모든 재물을 즐거워함같이 주의 증거들의 도를 즐거워하였나이다 내가 주의 법도들을 작은 소리로 읊조리며 주의 길들에 주의하며 주의 율례들을 즐거워하며 주의 말씀을 잊지 아니하리이다"(시 119:14-16).

사역 전략 7.
천국을 소망하게 한다

하나님께 칭찬받는 사역 전략 마지막은 '천국을 소망하게 한다'는 것이다. 코로나19 이후, 새로운 메시지는 참 소망과 온전함이 되어야 한다. 코로나19 팬데믹 대재앙을 거치면서, 교회 안팎에 있는 모든 사람이 소망을 잃어버릴 정도로 심각한 고난의 시간을 겪고 있다. 이들에게 필요한 것은 불변하는 진리와 소망의 메시지다.

"하나님이 우리와 함께 계신다. 고난은 성령이 우리를 다시 태어나게 하시는 은혜다. 광야는 우리 손에 하나님의 지팡이를 쥐어 주는 시간이다. 다시 일어나서, 하나님의 지팡이를 가지고 선한 능력을 발휘하자."

성경이 말하는 '온전해짐'(who are mature)은 영적으로 성인이 됨이다(빌 3:15). 이제 한국 교회는 회복을 넘어 재부흥으로, 치유를 넘어 온전함으로 나아가야 한다. 온전함은 천국에 대한 참 소망을 잊지 않을 때 완성된다. 사도 바울은 빌립보서 3장 12절에서 "오직 내가 그리스도 예수께 잡힌바 된 그것을 잡으려고 달려가노라"라고 고백했다. 구원이고 천국의 소망이다. 사도 바울은 자신의 노력과 헌신의 목적은 예수 그리스도와 천국의 소망이라고 했다. 성도와 교회의 성숙(more and more)은 계시의 말씀(성경)과 구원과 천국의 약속을 따라 이 시대에 주신 사명을 이루기 위해 달려가야 얻을 수 있는 축복이다. 그렇기 때문에 칭찬받는 사역을 하는 교회는 날마다 천국의 소망을 선포한다. 제4의 대부흥기도 천국의 소망이 퍼져 나갈 때 성취된다.

"너희의 믿음의 역사와 사랑의 수고와 우리 주 예수 그리스도에 대한

소망의 인내를 우리 하나님 아버지 앞에서 끊임없이 기억함이니"(살전 1:3).

"네가 이 세대에서 부한 자들을 명하여 마음을 높이지 말고 정함이 없는 재물에 소망을 두지 말고 **오직 우리에게 모든 것을 후히 주사 누리게 하시는 하나님께 두며**"(딤전 6:17).

"내 아버지 집에 거할 곳이 많도다 그렇지 않으면 너희에게 일렀으리라 내가 너희를 위하여 거처를 예비하러 가노니 가서 너희를 위하여 거처를 예비하면 **내가 다시 와서 너희를 내게로 영접하여 나 있는 곳에 너희도 있게 하리라**"(요 14:2-3).

한국 교회여! 천국의 소망을 다시 외치자. 천국의 소망을 갖게 하는 것이 부흥의 완성이고 하나님의 지혜의 정수다.

나가는 말

무너진 한국 교회를
다시 세우는 유일한 길

　조각가 미켈란젤로(Michelangelo)가 어느 날 아주 잘생긴 돌 하나를 발견했다. 그는 그 돌을 보자마자 미친 듯이 큰 소리로 웃으며 외쳤다.
　"와! 다윗이 걸어 나온다. 다윗이 걸어 나오고 있어!"
　돌을 옮겨 온 사람과 구경꾼들은 미켈란젤로의 외침을 듣고 도저히 이해할 수 없는 표정을 지었다. 그들의 눈에는 그저 큰 돌일 뿐이었다. 하지만 미켈란젤로의 눈에는 그 돌이 다듬어지고 깎이면 아름다운 다윗 상이 만들어질 위대한 가능성이 보였다.
　성경에는 겉으로는 보잘것없지만 하나님의 눈에는 위대한 가능성을 가진 사람으로 보였던 인물이 많다. 아브라함, 야곱, 요셉, 모세, 기드온, 다윗, 베드로 등 셀 수 없이 많다. 이스라엘 백성은 수없이 무너지고 하나님을 배반했지만, 하나님은 그들을 끝까지 포기하지 않으셨다. 끊임없이 치유하시고 회복시키시고 다시 일으키시는 역사를 이루셨다.
　하나님은 아직도 한국 교회를 포기하지 않으셨다. 우리가 포기했을 뿐이다. 열왕기상 18장처럼, 한국 교회 지도자들은 패배의식에 빠져 모두 굴에 숨어 있다. 한국 교회 성도들은 갈피를 잡지 못하고 머뭇거리고 있다. 지금이라도 도망자, 패배자 의식을 버리고 하나님을 바라보자. 하나님은 아직도 이 글을 읽는 당신과 함께하시고 당신을 사용할 때 일어날 놀라운 미래를 보고 계신다.

필자는 믿는다. 하나님이 '반드시' 한국 교회를 고치신다. 고쳐서, 다시 사용하신다. 하나님은 우리가 어떠한 불리한 조건에 있더라도 맡은바 임무인 충성을 다하면, 불리한 조건을 넘어서 돌과 흙도 태워 녹여 버리는 여호와의 불(왕상 18:38)을 내리는 놀라운 기적을 베푸실 것을 믿는다. 저출산, 초고령화, 경제 위기, 도덕적 황폐화, 무신론과 유물주의 팽배 등 불리한 조건을 태워 녹여 버리시는 기적이 일어날 것이라고 믿는다. 한국 교회가 회개하고 마음을 돌이키는 기적이 일어날 것이라고 믿는다. 첫사랑이 회복되고 한국 교회에 새로운 영적 대각성의 불길이 다시 타오를 것이라고 믿는다. 엘리야의 기도로 가뭄이 그치고 큰비가 내리는 기적이 일어났듯이, 재정 위기를 극복하고 통일한국의 미래를 감당할 능력을 회복하실 것을 믿는다.

우리가 "여호와여, 주의 백성을 불쌍히 여겨 주옵소서"라고 부르짖으면, "내가 그들을 향하여 휘파람을 불어 그들을 모을 것은 내가 그들을 구속하였음이라 그들이 전에 번성하던 것같이 번성하리라"(슥 10:8)라는 하나님의 약속이 성취되는 기적을 볼 것이라고 믿는다. "여호와의 말씀에 너희는 이제라도 금식하고 울며 애통하고 마음을 다하여 내게로 돌아오라 하셨나니 너희는 옷을 찢지 말고 마음을 찢고 너희 하나님 여호와께로 돌아올지어다 그는 은혜로우시며 자비로우시며 노하기를 더디 하시며 인애가 크시사 뜻을 돌이켜 재앙을 내리지 아니하시나니"(욜 2:12-13)라는 약속이 성취되는 기적을 볼 것이라고 믿는다. 하나님은 말세에 새로운 비전(사명)을 부어 주어 기적같이 역사하겠다고 약속하셨다.

"그 후에 내가 내 영을 만민에게 부어 주리니 너희 자녀들이 장래 일을 말할 것이며 너희 늙은이는 꿈을 꾸며 너희 젊은이는 이상을 볼 것이며 그때에 내가 또 내 영을 남종과 여종에게 부어 줄 것이며"(욜 2:28-29).

필자는 이 약속의 말씀이 한국 교회에서 일어나기를 간절히 소망한다. 한국 교회가 하나님 앞에 올바로 서고, 성도를 온전히 세우는 데 다시 전념하고, 복음을 전하는 사명을 다시 시작하면 "네가 네 하나님 여호와의 말씀을 삼가 듣고 내가 오늘 네게 명령하는 그의 모든 명령을 지켜 행하면 네 하나님 여호와께서 너를 세계 모든 민족 위에 뛰어나게 하실 것이라 네가 네 하나님 여호와의 말씀을 청종하면 이 모든 복이 네게 임하며 네게 이르리니"(신 28:1-2)라는 하나님의 약속처럼, 한국 사회가 성장의 종말이라는 어두운 미래가 아니라, 나라 전체가 복 받는 더 나은 미래가 펼쳐질 수 있을 것이라 믿는다.

"안 된다", "대안이 없다"는 패배의식에서 벗어나자. 예수님은 우리 마음속에 무엇이 일어나고 있는지를 알고 계신다. 두려움이 무엇인지 알고 계신다. 의심이 무엇인지 알고 계신다. 사라진 희망이 무엇인지 알고 계신다. 그리고 이렇게 말씀하신다.

"일어나라 **두려워하지 말라**"(마 17:7).

"너희에게는 심지어 머리털까지도 다 세신바 되었나니 **두려워하지 말라** 너희는 많은 참새보다 더 귀하니라"(눅 12:7).

"그리하면 여호와 그가 네 앞에서 가시며 너와 함께하사 너를 떠나지 아니하시며 버리지 아니하시리니 너는 **두려워하지 말라** 놀라지 말라"(신 31:8).

"내가 네게 명령한 것이 아니냐 강하고 담대하라 **두려워하지 말며** 놀라지 말라 네가 어디로 가든지 네 하나님 여호와가 너와 함께하느니라"(수 1:9).

우리의 사역에서 패배의식을 쫓아내고, 하나님의 임재와 역사를 기대하자. 하나님의 함께하심을 믿자. 하나님은 한국 교회를 회복시킬 때까지 우리를 떠나지 않겠다고 약속하셨다.

"솔로몬에게 이르되 너는 강하고 담대하게 이 일을 행하라 두려워하지 말며 놀라지 말라 네가 여호와의 성전 공사의 모든 일을 마치기까지 **여호와 하나님 나의 하나님이 너와 함께 계시사 네게서 떠나지 아니하시고 너를 버리지 아니하시리라**"(대상 28:20).

"주께서 영원하도록 버리지 아니하실 것임이며"(애 3:31).

우리가 하나님의 말씀 앞에 올바로 선다면 세상의 조롱과 핍박을 두려워할 필요가 없다. 움츠러들 필요가 없다. 하나님의 말씀이다.

"의를 아는 자들아, 마음에 내 율법이 있는 백성들아, 너희는 내게 듣고 그들의 비방을 두려워하지 말라 그들의 비방에 놀라지 말라"(사 51:7).

"그러므로 너희 담대함을 버리지 말라 이것이 큰 상을 얻게 하느니라"(히 10:35).

주님의 구원 사역은 결코 멈추지 않는다. 앞으로 우리의 전도가 그 어떤 어려움과 장벽에도 반드시 승리하는 이유다.

"나를 보내신 이의 뜻은 내게 주신 자 중에 내가 하나도 잃어버리지 아니하고 마지막 날에 다시 살리는 이것이니라"(요 6:39).

"하나님이 그 미리 아신 자기 백성을 버리지 아니하셨나니"(롬 11:2).

필자가 이 책에서 나눈 하나님의 지혜와 도전을 정리한다. 한국 교회 회복을 넘어 재부흥의 해법 시작은 패배의식 탈출부터다. 회개부터다. 그리고 하나님이 세상을 어디로 어떻게 이끌고 가시는지를 꿰뚫어 보는 통찰력을 기르자. 교회 리더 그룹의 마인드 셋(Mind set, 생각의 틀)을 재조정하고, 사역의 중심을 재조정하자. 생각을 바꾸어(think differently) 새로운 부흥의 동력들을 발견하자. 전도의 접점을 전환하고, 필요한 것을 나눠 주고, 성경을 더 열심히 더 많이 가르치자. 자기 변화가 일어날 때까지 포기하지 말고 양육을 하자. 한국 교회 성도는 아직도 헌신할 마음이 남아 있다.

한국 교회에는 위대한 영적 자산과 사역이 많다. 올바른 복음과 신학, 영성 집회, 제자 훈련, 새벽 기도, 부르짖는 기도, 전도와 선교 열정, 말씀 사경회 등이다. 이런 거룩한 유산을 시대 코드를 맞춰서 재조정하면 된다. 가수 임영웅 씨가 일으킨 트로트 열풍을 보라. 트로트는 한국 가요의 자랑할 만한 자산이다. 하지만 MZ세대에게는 맞지 않았다. 그러나 임영

웅 씨 같은 신세대 가수가 트로트라는 자산에 숨겨진 가치를 끄집어내서 시대 코드에 다시 맞추었다. 결과는 놀라웠다. 남녀노소 전 세대가 열광했다. 한국 교회도 위대한 영적 자산과 사역들을 시대 코드에 다시 맞추는 작업을 하자. 그리고 멀리 내다보는 목회를 하자. 사역을 하자. 선교를 하자. 멀리 내다본다는 것은 최소 10년이다. 그다음은 통일한국이 만들어낼 제5의 대부흥기다. 종국에는 천국을 소망하는 목회와 사역이다.

하나님은 전능자를 넘어 '스스로 계신 자'이시다(출 6:3). 스스로 계시는 분이 스스로 하신 언약(약속)을 지키시는 분이다(출 2:24). '전능자'는 능력에 초점이 맞춰진 작은 개념이지만, '스스로 계신 자'는 존재까지 아우르는 극대 개념이다. 비교할 존재가 없다는 개념이다. 출애굽기 6장 8절은 하나님이 극대 개념을 가지고 언약을 지키심을 강조하는 말씀이다.

> "내가 아브라함과 이삭과 야곱에게 주기로 맹세한 땅으로 너희를 인도하고 그 땅을 너희에게 주어 기업을 삼게 하리라 나는 여호와라 하셨다 하라."

하나님의 말씀은 "~하라. 그리하면 ~하리라"라는 약속(언약)의 문법을 가진다. 아브라함은 이미 주신 약속("그에게 이미 말씀하시기를")을 믿고 이삭을 번제로 드리는 행동을 했다. 하나님의 약속을 믿고 행동했다. 하나님의 약속을 믿고 그것을 따라 행동해야 기적이 일어난다. 기적은 인간이 할 수 없는 일이 일어나는 것이다. 인간이 할 수 없는 일은 하나님만이 하시는 일이다. 하나님의 약속을 따라가야 하나님만이 하실 수 있는 일이 일어난다.

우리의 죄를 기억도 하지 않으시는 하나님의 용서를 믿고 다시 시작하

자. 하나님은 단번에 우리를 용서하셨다. 우리의 잘못을 인정하고(회개), 우리의 연약함을 인정하고(겸손), 하나님의 선한 손을 붙잡고(은혜), 다시 시작하자. 다시 순종하자. 다시 하나님이 기뻐하시는 시대적 소명으로 일어서자. 이것이 무너진 한국 교회를 다시 세우는 유일한 길이다.

하나님은 당신이 이 글을 읽고 있는 순간에도 일하고 계신다. 이미 하나님은 위기 탈출과 재부흥을 위한 지혜와 환경을 준비해 두셨다. 당신이 "주님, 제가 여기 있습니다!"라고 외치며 나오기만 하면 역사는 시작된다.

주

PART. 1 2050 한국 교회 대전망

1. 교회가 무너지면, 30년 후에 한국은 이단과 무신론자의 나라가 된다

1) 우성규, "개신교 6.8% 유교보다 낮다니…전도 어떻게 하나", 국민일보, 2023.07.07.
2) 유경진, "'나는 종교적인 사람인가' 물음에…61개국 평균 62% · 한국인 36% '그렇다' 응답…한국인, 종교적 성향 옅다", 더미션, 2023.04.13.
3) 양윤우, 유예림, "사이비 종교에 빠진 66만 명, 이들은 왜 스스로 교회에 갇히나", 머니투데이, 2023.03.07.; 정형권, "교회 출석 않는 '가나안 성도' 주목해야", 기독신문, 2013.11.05.
4) 이현성, "수십 년째 내리막 걷는 영 · 미 교회…탈기독화 흐름 꺾을 해법은", 국민일보, 2023.06.06.
5) 서은정, "'교회 살리자'…영국 성공회, 10년간 5조 7,000억 쏟아붓는다", 국민일보, 2022.05.13.
6) 최승현, "15년 치 교세 통계 비교…목사 · 교회만 늘고 교인은 줄어", 뉴스앤조이, 2019.10.07.
7) 유영대, "美 대도시서 벌이는 영적 전투", 국민일보, 2018.12.12.
8) https://ko.wikipedia.org/wiki/한국의_기독교#cite_note-14
9) https://www.gallup.co.kr/gallupdb/reportContent.asp?seqNo=1208; www.hrcopinion.co.kr
10) 최경식, "신자 10명 중 1명 이단…최대 66만 명 달할 듯", 더미션, 2023.03.03.
11) 양윤우, 유예림, "사이비 종교에 빠진 66만 명, 이들은 왜 스스로 교회에 갇히나", 머니투데이, 2023.03.07.; 정형권, "교회 출석 않는 '가나안 성도' 주목해야", 기독신문, 2013.11.05.
12) https://www.gallup.co.kr/gallupdb/reportContent.asp?seqNo=1208
13) 이현우, "'가나안 성도' 5년 새 배로 늘어", 국민일보, 2017.12.29.
14) 이학후, "신천지는 대체 왜? 슈퍼 전파자가 되었나", 오마이뉴스, 2020.03.08.
15) 양윤우, 유예림, "사이비 종교에 빠진 66만 명, 이들은 왜 스스로 교회에 갇히나", 머니투데이, 2023.03.07.

16) 표성중, "한국에 500여 개의 이단이 존재한다", 아이굿뉴스, 2009.01.20.
17) 유승훈, 김형준, "국내 이단 약 200여만 명…교회 현장에서 예방 교육하면 이단 퇴치할 수 있어", 웨슬리안타임즈, 2021.09.13.
18) 김효정, "크리스마스: '나는 투잡·쓰리잡 뛰는 목사입니다'", BBC코리아, 2020.12.25.
19) 김병국, "2022년 한국 교회를 전망한다 ①데이터로 보는 한국 교회", 기독신문, 2022.01.18.; 최승현, "주요 교단 7개 교인 수, 정점 찍고 128만 명 빠졌다", 뉴스앤조이, 2019.10.07.
20) 김성진, "전체 교인 수 235만 8,914명…2028년, 200만 명 선 붕괴", 한국기독공보, 2022.08.12.; 최승현, "주요 교단 7개 교인 수, 정점 찍고 128만 명 빠졌다", 뉴스앤조이, 2019.10.07.
21) 최승현, "주요 교단 7개 교인 수, 정점 찍고 128만 명 빠졌다", 뉴스앤조이, 2019.10.07.
22) 김성진, "전체 교인 수 235만 8,914명…2028년, 200만 명 선 붕괴", 한국기독공보, 2022.08.12.
23) 유영대, "美 대도시서 벌이는 영적 전투", 국민일보, 2018.12.12.
24) 우성규, "개신교 6.8% 유교보다 낮다니…전도 어떻게 하나", 국민일보, 2023.07.07.
25) 박이삭, 박재찬, "2020년 8월에 무슨 일이…왜 기독교 관련 뉴스 쏟아졌나", 국민일보, 2022.06.16.
26) 서윤경, "혹독했던 거리 두기…매일 교회 6곳 문 닫았다", 국민일보, 2022.09.15.
27) 이용희, "코로나19 2년, 교회의 16.4%가 예배당 문을 닫았다", 크리스천투데이, 2021.12.13.; 박용미, "교회학교 자체 채널 만들고…'현장 예배 회복하자' 찬양·음향 업그레이드…팬데믹 속 美 한인 교회의 신선한 도전", 국민일보, 2022.08.29.
28) 박용미, "코로나 이후 성도 20% 넘게 줄었다", 국민일보, 2022.05.20.; 박지훈, "코로나 직격탄…감리교인 2020년 이후 10만 명 급감", 국민일보, 2022.12.07.
29) 서윤경, "관계 갈급한 '주캐·부캐 성도' 품을 온·오프 통합 사역 마련을", 국민일보, 2022.03.30.
30) 같은 글.
31) 서윤경, "예배당 없는 온라인 교회…美 대형 교회의 파격", 국민일보, 2022.01.14.

2. 헌금 기근의 시대가 온다

1) 이현우, "'가나안 성도' 5년 새 배로 늘어", 국민일보, 2017.12.29.
2) 같은 글.
3) 우성규, "개신교인 일주일에 64분 성경 읽고 하루 24분간 기도한다", 국민일보, 2023.07.10.
4) 이후도, "개신교 월평균 헌금 코로나 전보다 줄어…월평균 20만 원", 주간조선, 2023.06.24.
5) 구은서, "청년 '체감 실업률' 사상 최고", 한국경제, 2020.08.12.
6) 박종오, 안태호, "역대 최저 청년 실업률의 비밀…오토바이 팔고 식당 알바로", 한겨레, 2023.05.03.
7) https://kosis.kr/statHtml/statHtml.do?orgId=101&tblId=DT_1DE7106S&checkFlag=N
8) 임하은, "직장 옮긴 3명 중 1명 월급 깎였다…중소→대기업 이직 11%", 뉴시스, 2023.06.08.
9) 김지섭, "4050들 알바 뛰러 나온다…지원자 1년 새 2-3배 폭증", 조선일보, 2023.05.18.
10) 김경택, "자영업자 1명당 대출 3.3억…빚 폭탄 경고음", 국민일보, 2023.06.22.
11) 박호현, "한숨 커지는 자영업자…절반이 月 100만 원 벌 때 알바생은", 서울경제, 2023.06.25.
12) 박슬기, "'월급 절반가량은 빚 갚는 데 쓴다' 올 1분기에도 DSR 40% 넘겨", 머니S, 2023.06.27.
13) 이창훈, "2년 뒤면 초고령사회…일 필요한 노인들, '인력난' 대안으로", 파이낸셜뉴스, 2023.06.27.
14) 박지훈, "한국 교회, 대한민국보다 5년 빨리 늙어 간다", 국민일보, 2023.03.23.
15) 박상구, "1인 가구 절반이 빈곤층…노인 1인 가구 빈곤율은 72% 달해", 매일신문, 2023.04.09.
16) 이슈&탐사팀, "임금 19% 오를 때 집값 149%↑…사라진 건 노동의 가치", 국민일보, 2023.06.26.
17) 조성준, 이상봉, "지금 집 사면 쪽박, 데이터는 더 센 하락장 온다는데", 머니투데이, 2023.05.26.

18) 최현종, "한국 교회 재정 구조 분석: 한국 교회는 시장 체계를 뛰어넘을 수 있을까?", 신학과사회 31(3), 2017, p. 223.
19) 엄무환, "예장통합 소속 교인 100명 미만 교회, 68.9%…총회 교회동반성장위원회 밝혀", 가스펠투데이, 2022.12.07.
20) 최현종, "한국 교회 재정 구조 분석: 한국 교회는 시장 체계를 뛰어넘을 수 있을까?", 신학과사회 31(3), 2017, p. 231.
21) 이국희, "교인 500명 이상 대형 교회 담임 목사 2명 중 1명 '번아웃 상태'", 한국기독신문, 2022.06.15.
22) 대한예수교장로회총회교육진흥원, "종교개혁 500주년 기념 한국 교회 미래 전략 수립을 위한 설문 결과 보고서" 중에서, 2017.05.
23) 정성경, "한국 교회 목회자 절반은 극빈층에 속해", 가스펠투데이, 2020.01.03.; 최경식, "하루 9.8시간, 주 5.7일 사역하는데 월 260만 원…팬데믹 후 온라인 부담까지…부목사님의 '3중고'", 국민일보, 2022.08.18.
24) 박재찬, "코로나 삭풍 2년에 폐지 줍고 일시 문 닫기까지…개척·미자립 교회 갈림길에 서다", 국민일보, 2022.01.24.
25) 김아영, "교회 개척 사역 중 가장 어려운 점은…① 생활고 ② 교회 성장 부담감", 국민일보, 2023.06.30.
26) 최경식, "중소형 교회 은퇴 목회자들이 위험하다", 국민일보, 2022.05.17.

PART. 2 하나님이 주실 두 번의 기회, 전략 목회로 대부흥기의 파도를 타라

3. 앞으로 두 번의 대부흥이 온다

1) 천헌옥, "한국 교회 추락하고 있지만 아직은 날개가 있다", 코람데오닷컴, 2017.12.28.
2) 갤럽, "한국인의 종교 1984-2021 (1) 종교 현황", 2021.04.07.
3) 우성규, "개신교인 일주일에 64분 성경 읽고 하루 24분간 기도한다", 국민일보, 2023.07.10.
4) 김동규, "봉사 안 하는 성도 10명 중 6명 '기회 되면⋯'", 국민일보, 2023.07.13.
5) 신내리, "교회 성장에 관한 연구", p. 421.
6) 인천시 항동에 있는 '한국기독교100주년 기념탑'에 기록되어 있다.
7) 개혁타임즈, "한국 교회의 최초의 전도지에 대하여", 개혁타임즈, 2023.03.08.
8) "권서, 한국 교회 부흥의 밑거름" http://www.thetruthlighthouse.org/wp-content/uploads/2015/10/08-권서colporteur-매서인-⋯-7.pdf
9) 이새은, "오순절 신앙, 韓복음화 구심점 되다", 데일리굿뉴스, 2022.10.04.
10) 나무위키, 1907년 평양 대부흥회
11) 박경숙, "식민지 시기(1910-1945년) 조선의 인구 동태와 구조", 한국인구학 제32권 제2호 (2009년), p. 32.
12) 박명수, "스페인 독감과 3·1운동", 미래한국, 2020.03.16.
13) 나무위키, 스페인 독감
14) 자세한 내용은 필자의 다른 저서 『빅체인지 한국교회』(생명의말씀사)를 참고하라. 이병문, "1918년 스페인 독감, 당시 세계 인구 3분의 1 감염된 후 '소멸'", 매일경제, 2020.4.17.; 신동수, "1920년대 미국 '영적 대공황' 2020년 한국 교회에 주는 교훈", 크리스천투데이, 2020.11.26.
15) 박명수, "스페인 독감과 3·1운동", 미래한국, 2020.03.16.
16) 신내리, "교회 성장에 관한 연구", p. 421-422.
17) 기독교역사전시관, "한국 교회사", http://www.saeronam.or.kr/home/tour_zone5
18) 박보경, "1950년 한국전쟁 당시 한국 교회의 역할", 선교와신학 26집, p. 112-114.
19) 노치준, "한국전쟁이 한국 교회의 성격 결정에 미친 영향", p. 14.; 박보경, "1950년 한국

전쟁 당시 한국 교회의 역할", 선교와신학 26집, p. 116-117.
20) 박보경, "1950년 한국전쟁 당시 한국 교회의 역할", 선교와신학 26집, p. 126.
21) 이새은, "오순절 신앙, 韓복음화 구심점 되다", 데일리굿뉴스, 2022.10.04.
22) 신내리, "교회 성장에 관한 연구", p. 423.; Samuel. H. Moffett, "The Christians of Korea", *Friendship Press* (1962), p. 119.
23) 박보경, "1950년 한국전쟁 당시 한국 교회의 역할", 선교와신학 26집, p. 119-120.
24) https://www.1907revival.com/news/articleView.html?idxno=3373
25) 박보경, "1950년 한국전쟁 당시 한국 교회의 역할", 선교와신학 26집, p. 122-125.
26) 같은 책, p. 128.
27) 이새은, "오순절 신앙, 韓복음화 구심점 되다", 데일리굿뉴스, 2022.10.04.
28) 송금관, "1907-2017 한국 교회 집회와 운동 변천사", LA크리스찬투데이, 2017.11.14.
29) https://www.1907revival.com/news/articleView.html?idxno=3373
30) 신내리, "교회 성장에 관한 연구", p. 423.
31) 나무위키, 바빌론 유수
32) 나무위키, 예루살렘 성전
33) 위키피디아, 예후드 메디나타
34) 이현성, "목회자 5명 중 1명 '무기력'…영적 회복 급하다", 국민일보, 2023.06.06.
35) https://namu.wiki/w/우생학
36) 김택규, "제3차 대각성 운동의 횃불 올랐나?", 미주중앙일보, 2023.03.15.
37) http://www.1907revival.com/news/articleView.html?idxno=3318
38) Billy Graham, "Our Great Secret Weapon", *The American Magazine 158* (November, 1954), p. 19.
39) 조재현, "선수가 의식을 잃은 순간 기도의 본능이 깨어났다", 국민일보, 2023.07.04.
40) 정혜정, "경기 중 심정지로 쓰러진 선수, 사흘 만에 깨어나 던진 첫 질문", 중앙일보, 2023.01.07.
41) "5060세대, '신앙은 삶의 역경을 이기는 힘이다!'", 목회데이터연구소(제138호), 2022.04.06.; "3040세대 개신교인 신앙 의식 조사", 목회데이터연구소(제173호), 2022.12.27.

4. 하나님께 칭찬받는 7가지 사역 전략으로 두 번의 대부흥기에 동참하라

1) 서윤경, "'행동 없으면 회개 없다' 미 남침례회의 결단", 국민일보, 2022.06.20.
2) 장 칼뱅, 박건택 편역, 『칼뱅 작품 선집 4 의지의 속박과 자유』(총신대학교출판부, 2009), p. 112.
3) 네이버 지식백과, 교회의 속성[敎會-屬性, the attributes of the church](교회용어사전: 교리 및 신앙, 2013.09.16., 가스펠서브)
4) "사이언톨로지 사고의 기초", p. 5.
5) https://namu.wiki/w/사이언톨로지
6) 천수연, "2050년 전 세계 기독교인 수 33억 명 넘어, 23% 증가 전망", 노컷뉴스, 2022.02.08.
7) 정원식, "개신교에 밀려 영향력 잃어 가는 중남미 가톨릭", 경향신문, 2022.01.12.
8) 박재찬, "오순절 교회 글로벌 급성장 이유 있었네", 국민일보, 2022.01.20.
9) 정원식, "개신교에 밀려 영향력 잃어 가는 중남미 가톨릭", 경향신문, 2022.01.12.
10) 박지훈, "교회학교, 저출산 쇼크에 아이들 사라져…10년새 45% 뚝", 국민일보, 2023.03.06.
11) 유엔의 populationpyramid.net의 자료를 참조했다.
12) 전종보, "늘어나는 청소년 자살률…무엇이 그들을 죽음으로 내모나?", 조선일보, 2023.01.04.
13) 박용주, "한국 자살률 OECD 1위…20대 여성·10대 남성 크게 늘어", 연합뉴스, 2021.09.28.
14) 최은경, 최원국, "청소년 우울증 19% 증가…문제는 입시 스트레스", 조선일보, 2023.06.20.
15) 서한길, "고등학생 하루 6.1시간 수면…아동·청소년 행복도 OECD 최하", 동아일보, 2019.12.24.
16) "크리스천 부모, '자녀 신앙 교육 방법 배우고 싶다' 82%", 목회데이터연구소(제95호), 2021.05.14.
17) "5060세대, '신앙은 삶의 역경을 이기는 힘이다!'", 목회데이터연구소(제138호), 2022.04.06.

18) "크리스천 부모, '자녀 신앙 교육 방법 배우고 싶다' 82%", 목회데이터연구소(제95호), 2021.05.14.
19) 같은 책.
20) "3040세대 개신교인 신앙 의식 조사", 목회데이터연구소(제173호), 2022.12.27.
21) 더미션(https://www.themission.co.kr)
22) "권서, 한국 교회 부흥의 밑거름", http://www.thetruthlighthouse.org/wp-content/uploads/2015/10/08-권서colporteur-매서인-...-7.pdf
23) 네이버 지식백과, 갈등[conflict](심리학용어사전, 2014.04.)(두산백과 두피디아, 두산백과)
24) 이빈섬, "칡덩굴과 등나무가 우리에게 가르쳐 준 것들", 더뷰스, 2023.02.13.
25) 김동규, "손뼉 치고 떼창 하던 신병들 믿음의 군사로 거듭나", 국민일보, 2023.07.25.
26) 문세영, "뻔하지만 중요한 '8가지 습관', 수명 최대 24년 늘린다", 동아사이언스, 2023.07.25.
27) "앤디 워홀, 박용현 등 성공한 사람들이 실천한 '한 번 하기'의 힘", 경향신문, 2016.03.24.
28) 민경화, "성공한 사람들의 시작점은 '작은 행동'이었다", 경기신문, 2016.03.14.
29) 이재영, "가나안, 10명의 정탐꾼과 여호수아·갈렙이 달랐던 점", 크리스천투데이, 2019.12.19.
30) "종교개혁 500주년 기념 한국 교회 미래 전략 수립을 위한 설문 결과 보고서", 대한예수교장로회총회교육진흥원, 2017.05.
31) 박지훈, "농어촌 교회 목회자 절반 '시골 교회엔 희망이 없다'", 국민일보, 2023.03.31.
32) 정영효, "日 일으킬 '사람' 없다…4년간 마을 164개 소멸", 한국경제, 2022.04.22.
33) 정영효, "임종 준비하는 마을…'일본 소멸'의 현장을 가다", 한국경제, 2022.05.15.
34) 서은정, "'교회 살리자'…영국 성공회, 10년간 5조 7,000억 쏟아붓는다", 국민일보, 2022.05.13.
35) 김동규, "봉사 안 하는 성도 10명 중 6명 '기회 되면…'", 국민일보, 2023.07.13.
36) 아브라함 카이퍼, 『일반은혜』(부흥과개혁사, 2017), p. 17-28.
37) 장 칼뱅, 박건택 편역, 『칼뱅 작품 선집 4 의지의 속박과 자유』(총신대학교출판부, 2009), p. 112.
38) 이용성, "'매년 수천 명 godoksa'…CNN, 韓 중년 남성 고독사 집중 조명", 조선일보,

2022.12.20.
39) 서윤경, 최기영, 유경진, "교회·市 '위기 가구 발굴' 협업 효과…'외로움 사역' 가능성 봤다", 국민일보, 2023.02.27.
40) 김아영, "도서관·풋살장·미혼모 시설까지…지역 필요 다 채워 주는 동네 교회", 국민일보, 2023.07.24.
41) 신지호, "'젊은 도시' 속 교회들, 학원·문화원 등 '눈높이 사역' 주력", 국민일보, 2022.08.17.
42) 최기영, 서윤경, "호주 '남자들의 헛간' 효과 만점…일본선 이웃 돕는 자원봉사 활기", 국민일보, 2023.04.26.
43) 위키백과, 중년
44) 이성희, "서울 도봉구, 청년 연령 상한 '39세→45세'로 상향", 경향신문, 2023.04.24.
45) 네이버 지식백과, 신(新)중년 지원(키워드로 보는 정책, 대한민국 정책 브리핑)
46) https://www.1907revival.com/news/articleView.html?idxno=3373
47) https://ko.wikipedia.org/wiki/바르와_바트_미츠바
48) 김문섭, "유태인의 성년식 '바르 미츠바'를 아시나요?", 한국의약통신, 2012.01.06.
49) 새번역 성경에는 '사업'이라는 단어가 '무역'으로 번역되어 있다. 개역개정 성경에는 1절이 "너는 네 떡을 물 위에 던져라 여러 날 후에 도로 찾으리라"라고 번역되어 있다. NIV 성경에는 1-2절이 "Ship your grain across the sea; after many days you may receive a return. Invest in seven ventures, yes, in eight; you do not know what disaster may come upon the land"라고 번역되어 있다.

사명선언문

너희가 흠이 없고 순전하여……세상에서 그들 가운데 빛들로
나타내며 생명의 말씀을 밝혀 _ 빌 2:15-16

1. 생명을 담겠습니다
만드는 책에 주님 주신 생명을 담겠습니다.
그 책으로 복음을 선포하겠습니다.

2. 말씀을 밝히겠습니다
생명의 근본은 말씀입니다.
말씀을 밝혀 성도와 교회의 성장을 돕겠습니다.

3. 빛이 되겠습니다
시대와 영혼의 어두움을 밝혀 주님 앞으로 이끄는
빛이 되는 책을 만들겠습니다.

4. 순전히 행하겠습니다
책을 만들고 전하는 일과 경영하는 일에 부끄러움이 없는
정직함으로 행하겠습니다.

5. 끝까지 전파하겠습니다
모든 사람에게, 땅 끝까지, 주님 오시는 그날까지
복음을 전하는 사명을 다하겠습니다.

서점 안내

광화문점 서울시 종로구 새문안로 69 구세군회관 1층
02)737-2288 / 02)737-4623(F)

강남점 서울시 서초구 신반포로 177 반포쇼핑타운 3동 2층
02)595-1211 / 02)595-3549(F)

구로점 서울시 동작구 시흥대로 602, 3층 302호
02)858-8744 / 02)838-0653(F)

노원점 서울시 노원구 동일로 1366 삼봉빌딩 지하 1층
02)938-7979 / 02)3391-6169(F)

일산점 경기도 고양시 일산서구 중앙로 1391 레이크타운 지하 1층
031)916-8787 / 031)916-8788(F)

의정부점 경기도 의정부시 청사로47번길 12 성산타워 3층
031)845-0600 / 031)852-6930(F)

인터넷서점 www.lifebook.co.kr